面向 21 世纪电子商务专业核心课程系列教材
全国高等院校电子商务联编教材

电子商务原理
Principles of E-Business

王全胜　等编著

北京大学出版社

Peking University Press

内 容 提 要

电子商务作为一个新兴的商务应用领域,正在影响和改变着社会经济生活的各个方面。政府、个人、企业都应从不同的方面了解电子商务的技术,以适应信息社会。本书的目的就是全面介绍电子商务的应用和相关技术。全书共分 8 章,分别介绍了电子商务的概念、发展历史及其对社会经济的影响,电子商务的机理与运行模式,电子商务的网络基础 —— Internet 和 WWW,电子商务的安全技术,电子商务的支付技术,电子商务物流,电子数据交换标准 —— EDI 和电子商务交换标准,最后探讨了企业电子商务应用战略。

本书系"面向 21 世纪高等院校电子商务专业核心课程系列教材"中的一种,可作为高等院校电子商务本专科专业、经济管理类本科生的教科书,也可作为 MBA、经济管理类专业硕士生的教学用书,对企、事业单位从事电子商务研究与应用的管理和技术人员也有重要的参考价值。

图书在版编目(CIP)数据

电子商务原理/王全胜编著. ——北京:北京大学出版社,2002.1
(面向 21 世纪电子商务专业核心课程系列教材)
ISBN 978-7-301-05025-5

I. 电… II. 王… III. 电子商务－高等学校－教材
IV. F713.36

中国版本图书馆 CIP 数据核字(2001)第 039938 号

书　　　名:	电子商务原理
著作责任者:	王全胜
责任编辑:	王 妍
标准书号:	ISBN 978-7-301-05025-5/TP · 0533
出 版 者:	北京大学出版社
地　　　址:	北京市海淀区中关村北京大学校内　100871
电　　　话:	出版部 62752015　发行部 62750672　编辑部 62765013　出版部 62754962
网　　　址:	http://www.pup.cn
电子信箱:	xxjs@pup.pku.edu.cn
印 刷 者:	河北滦县鑫华书刊印刷厂
发 行 者:	北京大学出版社
经 销 者:	新华书店
	787 毫米×1092 毫米　16 开本　14 印张　342 千字
	2002 年 1 月第 1 版　2012 年 8 月第 17 次印刷
定　　　价:	22 元

未经许可,不得以任何方式复制或抄袭本书之部分或全部内容。
版权所有,侵权必究
举报电话:010－62752024;电子信箱:fd@pup.pku.edu.cn

面向21世纪电子商务专业核心课程系列教材
编 委 会

顾 问

王其文（北京大学光华管理学院副院长，博导）
丁秋林（南京航空航天大学计算机应用研究所所长，博导）

编委会主任

宋　玲（信息产业部信息化推进司司长、中国电子商务协会理事长）

编委会副主任

谢新洲（北京大学新媒体与网络传播系主任，教授）
张会生（信息产业部信息化推进司综合处处长、中国电子商务协会副理事长）

编委会成员

张宝泰（信息产业部信息化推进司发展处处长、中国电子商务协会副理事长）
洪京一（信息产业部信息化推进司基础处处长）
刘　航（信息产业部信息化推进司综合处副处长）
赖茂生（北京大学信息管理系副主任、博导）
马费成（武汉大学信息管理学院院长、博导）
张　进（南京审计学院博士后）

总 策 划

姚国章

副总策划

王曰芬　黄建康

策划编辑

黄庆生

编写人员（按姓氏笔划排序）

丁晟春（南京理工大学）　　　　王曰芬（南京理工大学）
王立松（南京航空航天大学）　　王全胜（南京大学）
傅铅生（南京航空航天大学）　　甘利人（南京理工大学）
伍琳瑜（南京邮电学院）　　　　刘　玉（南京审计学院）
李世收（南京工业大学）　　　　汪　群（河海大学）
陈　兵（南京航空航天大学）　　张忠林（南京理工大学）
张　铎（北方交通大学）　　　　张　楚（北京邮电大学）
邵兵家（重庆大学）　　　　　　陆敬筠（南京工业大学）
罗正军（南京航空航天大学）　　林自葵（北方交通大学）
姚国章（南京邮电学院）　　　　姚志国（审计署南京特派办）
徐月芳（南京航空航天大学）　　高富平（华东政法学院）
钱旭潮（河海大学）　　　　　　钱红燕（南京航空航天大学）
黄建康（南京审计学院）　　　　盛晓白（南京审计学院）
潘　郁（南京工业大学）

丛 书 总 序

王其文（2002 年 1 月）

以互联网为核心的信息技术正在对人类社会的发展、进步和繁荣起着越来越重要的影响。以互联网在经济活动中的应用为本质特征的电子商务已经渗透到社会生活的方方面面，成为推动新世纪世界经济增长的重要力量。

在我国，电子商务的发展在经历了"概念炒作"的第一阶段和"DOT COM 公司竞相涌现"的第二阶段后，目前已基本进入理性发展的第三阶段。这一阶段的主要特征是：大量的传统企业作为电子商务发展的主角，通过网络和其他信息技术在生产经营活动各个环节中的应用，以达到降低生产成本、提高效率、开拓市场和服务客户等目的，继而提高企业的市场适应能力和竞争实力。

在经历了长达十五年之久的艰苦谈判以后，中国加入 WTO 最终变成了现实。对数以千万计的中国企业来说，"入世"为它们打开国际市场的同时，也对它们的生存、发展带来了前所未有的挑战，惟有审时度势、苦练内功、不断提升企业的核心能力，适应世界经济全球化的需要，才能在日益加剧的国际、国内竞争中赢得更为广阔的发展空间。发展电子商务是中国企业迎接"入世"挑战，增强企业实力的必然选择。从未来的发展趋势看，网上市场已成为另一个"WTO"，没有电子商务这张入场券，企业必将被排斥在"网络 WTO"之外。不要低估这个虚拟的"WTO"的作用，实际上，经济全球化的发展越是深入，它的作用和地位就越是突出。尽管加入"网络 WTO"不需要漫长的等待和繁琐的程序，但需要每一个企业切切实实的行动。

制约中国电子商务发展的因素有多种，但我认为，最关键的还是缺乏适应电子商务发展要求的高素质、复合型人才，"入世"的冲击将使这一问题更加表面化。可喜的是，培养高层次电子商务人才已受到我国政府和各高校的普遍重视。2001 年第一批经国家教育部批准的 13 所高校，如北方交通大学、北京邮电大学、南京理工大学、南京审计学院等已经正式开始招收"电子商务"专业本科生。有关高校在 MBA 人才培养上也增加了电子商务研究方向的比重，有的高校已经开始通过网上远程教育的方式培养电子商务的专门人才，如重庆大学、华南理工大学、厦门大学等。作为高等教育发展的后起之秀，目前国内有很多高职高专的院校把培养电子商务应用型人才作为自己的责任，这几年的招生规模在不断扩大。此外，电子商务自学考试和各种形式的在职培训以及职业技能教育对培养各种层次的电子商务人才也起着不可或缺的作用。可以说，在还没有成熟的国际经验可以借鉴的情况下，我国电子商务专业人才的培养已经有了一个良好的开端。但是，我们也应看到，目前我国在电子商务人才培养方面还存在诸多的不足，如课程设置、教材与实验室建设、师资配备等许多方面离高层次、复合型的电子商务人才培养要求还存在不小的差距。

在电子商务教材建设方面，目前市场上已经有多种，不同的版本都各具特色，为中国电子商务教育的发展起到了重要的推动作用。摆在读者面前的这一套由北京大学出版社组织编写的"面向 21 世纪电子商务专业核心课程系列教材"的特色体现在以下三个方面：

第一，系列教材的课程设置较为全面、科学。全套教材一共有 12 种，分别是：《计算机网络技术》、《电子商务原理》、《电子商务网站设计与管理》、《电子商务数据库技术》、《企业信息化建设与管理》、《电子商务与企业管理》、《电子商务法》、《电子商务与现代物流》、《网络安全与电子商务》、《网络营销与管理》、《网络金融学》和《电子商务案例》，基本涵盖了电子商务学科发展的各个方面，既可以作为电子商务本、专科专业学生的教材，也适合 MBA、经济管理类专业的硕士生和本科生选用，对高职、高专的学生来说，可以选用其中的数种，舍去一部分较难的内容，同样是一套合适的教材。

第二，作者队伍阵容强大。系列教材的 20 余位作者来自国内十余所大学和政府机构，不少是近年来活跃在电子商务教学与科研领域的专家、教授，其中将近一半具有博士学位或为在读博士，具有一定的学术造诣。来自不同学校和机构的各位作者自始至终秉着"信任、合作、创新、发展"的原则，视推动我国电子商务教育发展为己任，充分发扬了良好的团队精神。是他们的精诚团结和卓有成效的工作才完成了这项有意义的任务，为读者奉献上了有价值的作品。

第三，有较大的创新之处。在电子商务学科建设方面，国际上也没有完全成熟的经验，尽管有各类商业性的培训，但在课程设置和教学内容等方面明显缺乏系统性和科学性。本系列教材在课程设置、内容安排上有较大的创新，较好地把信息技术和经济管理的基本理论紧密结合起来，内容深入浅出，融会贯通，不但适合课堂教学，而且也适合学生自学。

这套教材虽有 12 本之多，但只是集中在培养电子商务专业人才的一个方面——电子商务技术的层面。作为一个从事电子商务的高素质、复合型人才，管理学领域的基础知识应该是他们的基本功，比如生产作业管理、财务会计、市场营销、人力资源管理、组织行为、战略管理等。这些内容有些包括在本套系列教材的章节中，有些因为已经有了多种现成的教材，所以系列教材选题时不是面面俱到，而是集中在国内的教材比较缺乏的课程上。

当然，作为一套颇具新意的电子商务专业教材，肯定会有一些不足之处，比如还缺乏有关电子商务实验的课程，另外在吸收国外同行的学术研究成果方面也显不够。相信在教师和学生的使用过程中还会发现不少问题，希望各位作者充分把握学科的发展趋势，注意吸收国内外最新的研究成果，最大限度地考虑读者的各种需求，在再版时进一步完善。

丛书介绍

由全国十余所大学 20 多位专家、学者共同参与编写的"面向 21 世纪电子商务专业核心课程系列教材"今天终于与读者见面了，我们怀着欣喜和不安的心情期待着广大读者的评判。喜的是，经过全体参编人员历时一年的艰苦努力总算有了一个满意的结果；不安的是，尽管我们已经尽了最大的努力，但我们知道，离读者的需要和社会的发展还存在不小的差距，我们还需要继续坚持不懈的努力。

组织编写这套教材的目的是为了适应信息技术的发展需要，推动中国经济和社会的信息化进程，加快中国电子商务的发展步伐，促进高层次、高素质、复合型的电子商务专业人才的培养。众所周知，中国加入 WTO 后，国内市场国际化的进程将大大加快，参与世界经济全球化的程度也将大大深入。在新形势下，如何提升我国的综合国力和增强我国企业的国际竞争力，已成为各级政府和相关企业共同面临的紧迫任务。国际、国内的实践证明，发展电子商务是推动国民经济发展、促进社会繁荣、进步的重要举措，共同推进中国电子商务的发展已成为各级政府和广大企业的共识。发展电子商务的关键是人才，培养电子商务人才的重点在于教育。而教材建设在电子商务教育中又起着十分重要的作用。北京大学出版社把电子商务专业教材建设作为一项重要任务，组织了这样一套有价值、有特色、有创新的适合于电子商务专业本、专科专业教学，同时也适用于 MBA、经济管理类专业硕士生、本科生学习电子商务知识的教材。

本系列教材一共有 12 种，每一种的主要内容如下：

《计算机与网络技术》作为电子商务技术基础课，主要包括计算机硬件基础及系统结构、常用外设和接口、计算机多媒体技术、计算机网络基础和综合布线等四部分。除了介绍一般的计算机组成原理外，还包含了当前最新的计算机接口、外部设备和计算机网络等实用技术，是一本通俗易懂、注重实用的教科书。

《电子商务原理》的目的是全面介绍电子商务的应用和相关技术。全书分别介绍了电子商务的概念、发展历史及其对社会经济的影响，电子商务的机理与运行模式，电子商务的网络基础——Internet 和 WWW，电子商务的安全技术，电子商务的支付技术，电子商务物流，电子数据交换标准——EDI 和电子商务交换标准，最后探讨了企业电子商务应用战略。

《电子商务网站设计与管理》在介绍电子商务应用系统工作流程与电子商务网站类型、结构及功能的基础上，概括了电子商务网站设计与管理的总体思路；详细地阐述了电子商务网站规划的意义和具体内容；介绍了电子商务网站运行的技术环境和当前流行的网站开发技术与工具；全面地论述了电子商务网站内容设计的流程、网页的构建过程、网站管理的具体内容和管理系统的建立。此外，本书还介绍了几种典型的电子商务网站的解决方案和功能结构；最后以一个实际企业为例，全面而具体地讲解了电子商务网站设计与管理的实践操作。

《电子商务数据库技术》全面地介绍了信息管理的模型以及关系数据库的相关理论、

基于 Web 的数据库技术的基本概念、开发方法和工作内容。重点阐述 SQL 语言和集成开发工具、数据库设计方法和开放数据库互联（ODBC）技术等基础知识，详细地介绍了当前流行的关系数据库管理系统主要技术内容，并通过实验教学和案例分析，为读者全面了解数据库技术在电子商务中的应用，运用计算机网络从事商业活动，应用、维护和开发电子商务网站打下坚实的基础。

《电子商务与企业管理》着重讨论了三个问题：电子商务对企业管理的影响；电子商务在企业管理中的应用；适应电子商务发展的企业管理变革。全书的内容包括：概论、电子商务与企业组织结构变革、电子商务与企业竞争力、电子商务与人力资源管理、网络财务管理、虚拟企业管理、电子化采购管理、电子商务服务管理、电子商务与供应链管理、电子商务与客户关系管理、电子商务与知识管理、电子商务与业务流程重组、电子商务与企业文化建设。本书内容新颖、实用性强，较好地把 IT 技术和经济管理的基本理论结合了起来，有一定的创新。

《电子商务与现代物流》主要从电子商务与现代物流的关系入手，系统地介绍了在电子商务环境下如何开展现代物流管理。首先介绍了现代物流基础知识和物流的基本功能，通过探讨电子商务与物流的关系，引出物流模式，对物流管理、企业物流管理作了详尽的论述，强调了物流信息技术和物流信息管理的重要性，结合电子商务条件下的物流特点，介绍了供应链管理的基本知识和几种主要的供应链管理方法。

《电子商务法》的内容分成三篇：第一篇，电子商务法基础，主要论述什么是电子商务法、网站及其责任和电子商务的主体；第二篇，电子商务基本法律制度，包括数据电文的法律制度、签名认证法律制度，电子合同及其不同类型的在线交易法律调控的法律制度；第三篇，电子商务相关法律问题，主要涉及消费者保护、个人资料保护、不正当竞争、法律救济等与电子商务密切相关的法律问题。

《网络安全与电子商务》主要围绕保障电子商务活动的安全性进行展开，这些保障措施包括网络安全技术、信息加密技术和电子支付安全技术。该书包括三部分：第一部分为计算机网络安全基础，主要介绍 TCP/IP 协议，网络安全的基本概念，常见的网络攻击与防范手段；第二部分介绍了密码学基础，主要包括密码学的基本概念，现代加密技术，密钥管理技术和鉴别与认证，并穿插介绍了 DES 算法、RSA 算法和数字签名技术等内容；第三部分着重电子商务中支付安全的研究，重点剖析了 SSL 协议和 SET 协议，并以某图书批销系统为例，说明在具体的电子商务应用中保障其安全性所采取的各种措施。

《网络营销与管理》的出发点有两个，一是传统企业如何利用互联网开展市场营销活动；二是互联网企业如何利用市场营销方法规划并发展自己的业务。全书从网络营销特征、网络营销环境、顾客网络购买分析、网络调研、网络目标市场选择、网站策略、顾客策略、成本策略、渠道策略、网络沟通等方面讨论网络与营销的整合，形成网络营销体系。

《网络金融学》讨论了以下问题：网络经济与网络金融的关系；网上银行基本知识；银行 CALL CENTER（呼叫中心）应用；网上证券业务；网上保险业务；其他网络金融业务；电子货币；网络金融安全；网络金融法规建设；网络金融对传统金融理论的冲击。作为电子商务应用的重要领域，金融业的电子商务发展颇受关注，本书深入浅出，全面讨论了与网络相关的各种金融问题。

《企业信息化建设与管理》从信息系统开发与信息资源利用的双重角度，介绍了企业信息化建设与管理的问题。全书包括三个部分，第一部分主要介绍了有关信息化管理的基础知识，具体包括信息、信息资源、信息资源开发与管理、信息化与信息化管理、企业信息化建设与管理任务等方面的内容；第二部分主要介绍了企业信息化建设的内容，具体叙述了计算机网络建设、网站建设、数据库建设、办公自动化系统建设、制造企业的生产作业信息化管理、进销存业务信息化管理、财务信息化管理、人力资源的信息化管理、知识管理系统、ERP、BPR、DSS、CRM 以及电子商务等有关内容；第三部分主要介绍了企业外部信息资源的开发方法，具体涉及客户信息资源的开发、市场信息资源的开发、网络信息资源的开发以及竞争信息资源的开发。

《电子商务案例》包含上、中、下三篇。上篇为"行业电子商务发展案例"，主要提供了零售业、国际贸易业、银行业、证券业、保险业、旅游业、航空业、汽车制造业和医药业的电子商务发展研究报告，并对各行业的典型案例作了详细介绍；在该篇的"其他行业"部分对邮政、铁路运输、农业、化工、安全认证和移动电子商务等行业的电子商务应用典型案例进行了介绍。中篇为"企业电子商务案例"，分别从不同角度、不同层次的企业电子商务应用出发，精选了 20 余个案例进行分析，案例的类型有企业电子商务基础应用、ERP、网络营销、网上交易、EDI 和综合电子商务应用等。下篇为"电子政务理论与案例"，全面、系统地分析了电子政务的基本理论，提供了国内外多种形式的电子政务案例。

在整套系列教材的编写过程中，作者参考了大量的国内外优秀的文献，部分已在教材的不同位置进行了标注，有的因为出处不详等原因无法标注，敬请原作者谅解。在此，谨向各位文献的原作者和提供文献的各类媒体致以最诚挚的谢意。

在长达一年的书稿编写过程中，我们得到了来自各界的帮助与支持。北京大学出版社的各位领导自始至终给予了指导与支持；各位参编作者学校的领导和同事都给予了不同形式的关心、合作和帮助；编委会顾问北京大学光华管理学院王其文教授和南京航空航天大学计算机应用研究所所长、博士生导师丁秋林教授给编委会工作给予了很多建设性的指导，王其文教授还在百忙之中欣然作序；南京审计学院院长助理张进博士、经济学系主任兼电子商务研究所所长盛晓白教授、电子商务教研室主任兼电子商务研究所副所长黄建康副教授、经济学系刘玉老师等给教材编写工作予以了大力的支持；IBM 中国有限公司大学合作部的李晶晖经理、教育专员曹晶小姐也给予了相应的帮助；兄弟院校各位专家、教授对我们的关心、帮助和指导无法一一列举。在此，一并表示最衷心的感谢。

我们恳切希望各位读者对我们的教材提出中肯的批评，也希望各位专家、学者能给予更多的指导和帮助。

"面向 21 世纪电子商务专业核心课程系列教材"编委会
2002 年 1 月

前　　言

从 20 世纪 90 年代中期开始蓬勃兴起的电子商务，目前已经遍及世界各地，电子商务作为一种新的商务运作模式正影响着各行各业，从政府到企业，从企业到消费者，都被卷入到电子商务浪潮中。为了在这一新兴的领域中取得竞争优势，各企业需要改变传统的经营模式，重新构思工作方法，并与各自的贸易伙伴及客户形成新的关系。

作为一门新的学科，电子商务正处在建设和发展过程中，其经营模式正在日新月异地变化着。要想跟上电子商务的潮流，政府、个人、企业都应从不同的方面了解电子商务的技术。特别是企业，对于他们来说，电子商务是用全新的方法进行商务活动的基础，同时，也是在客户时代获取竞争优势的基础。

电子商务具有集信息技术和商务应用为一体的复合特性，在本书的编写过程中力求反映电子商务的运作全貌。从认识电子商务，到透视电子商务原理与运行模式，以及电子商务的支撑环境（互联网络、安全与支付、物流、数据交换标准），乃至企业电子商务的应用战略。

本书共分 8 章：

第 1 章扼要介绍电子商务的定义、电子商务产生和发展状况及其对社会经济的影响；

第 2 章介绍了电子商务的框架、功能及分类，重点剖析了 B2C 与 B2B 两种电子商务模式；

第 3 章介绍了电子商务基础 —— Internet 和 WWW；

第 4 章介绍了电子商务的关键技术 —— 安全与控制的方法；

第 5、6 章分别介绍了电子商务应用不可缺少的环节——电子支付与物流；

第 7 章介绍了 EDI 和电子商务数据交换标准的发展；

第 8 章在掌握前面内容的基础上，讲述了企业开展电子商务应用所涉及到的管理技术，并探讨了企业电子商务应用战略。

其中：第 1、2、3、7 章由王全胜编写；第 4、5、6 章由王全胜、陈鑫编写；第 8 章由丁蔚编写。

在写作过程中，作者参阅了大量国内外资料。在此，谨向书中提到和参考文献中列出的作者表示感谢。

本书要特别感谢南京大学商学院电子商务系钱士钧教授，他在百忙之中对本书进行了认真的审阅，提出了许多宝贵意见。

由于作者水平有限，书中肯定有不少差错和疏漏，敬请广大读者见谅！

本教材可作为大学电子商务专业本专科教材，也适用于硕士研究生、对电子商务和网络营销进行研究的人员以及企事业管理人员。

编　者
2002 年 1 月

目 录

第1章 电子商务引论 ... 1
1.1 电子商务的定义 ... 1
1.1.1 引子 ... 1
1.1.2 对电子商务的不同理解 ... 2
1.1.3 电子商务的本质 ... 5
1.2 电子商务的产生与发展 ... 6
1.2.1 电子商务产生的社会基础和技术基础 ... 6
1.2.2 电子商务发展动力 ... 8
1.2.3 电子商务发展过程 ... 10
1.2.4 国外电子商务发展状况 ... 12
1.2.5 国外电子商务发展的战略分析 ... 15
1.3 电子商务的影响与作用 ... 16
1.3.1 电子商务对人类工作和生活方式的影响 ... 16
1.3.2 电子商务与企业管理变革 ... 17
1.3.3 电子商务的效益分析 ... 21
1.4 中国电子商务的现状与未来 ... 23
1.4.1 我国电子商务的现状 ... 23
1.4.2 中国发展电子商务的障碍与对策 ... 26
1.4.3 中国电子商务发展趋势 ... 27
1.5 本章小结 ... 30
1.6 本章习题 ... 30

第2章 电子商务机理与模式 ... 31
2.1 电子商务的功能与特性 ... 31
2.1.1 电子商务的应用领域 ... 31
2.1.2 电子商务的功能 ... 32
2.1.3 电子商务的特性 ... 34
2.2 电子商务框架结构分析 ... 36
2.2.1 电子商务的一般框架 ... 36
2.2.2 电子商务的参与者(企业/政府/中介机构/消费者) ... 38
2.3 电子商务系统的体系结构 ... 41
2.3.1 电子商务系统的基本结构 ... 41
2.3.2 电子商务系统的基础设施 ... 43

2.3.3　电子商务系统的支撑环境 43
　　　2.3.4　电子商务系统的应用结构 45
　2.4　电子商务的运行模式 47
　　　2.4.1　电子商务模式的基本分类 47
　　　2.4.2　B2C 电子商务模式剖析 48
　　　2.4.3　B2B 电子商务模式剖析 52
　　　2.4.4　电子商务模式的发展与创新 59
　2.5　本章小结 61
　2.6　本章习题 61

第 3 章　电子商务网络基础 62
　3.1　Internet 产生与发展 62
　　　3.1.1　Internet 的产生与发展 62
　　　3.1.2　Internet 的主要功能与应用 65
　3.2　Internet 基本原理 67
　　　3.2.1　Internet 协议 67
　　　3.2.2　IP 地址与域名 68
　3.3　Web 技术 71
　　　3.3.1　Web 技术结构 71
　　　3.3.2　Web 浏览器 71
　　　3.3.3　Web 编程语言 72
　　　3.3.4　Web 应用服务器 74
　3.4　Intranet 和 Extranet 75
　　　3.4.1　从客户/服务器到浏览器/服务器的变迁 75
　　　3.4.2　企业内部网 Intranet 77
　　　3.4.3　企业外部网 Extranet 79
　3.5　Internet 接入技术 80
　　　3.5.1　ISDN 81
　　　3.5.2　专线接入 81
　　　3.5.3　Cable Modem 82
　　　3.5.4　ADSL 83
　3.6　本章小结 83
　3.7　本章习题 83

第 4 章　电子商务安全技术 84
　4.1　电子商务安全要求 84
　　　4.1.1　电子商务所面临的安全问题 84
　　　4.1.2　电子商务安全需求 85
　　　4.1.3　电子商务安全内容 86
　4.2　计算机网络安全技术 87
　　　4.2.1　计算机网络的潜在安全隐患 87

    4.2.2 计算机网络安全体系 88
    4.2.3 常用的计算机网络安全技术 88
  4.3 交易安全技术 92
    4.3.1 加密技术 92
    4.3.2 认证技术 94
    4.3.3 安全认证协议 97
    4.3.4 公钥基础设施 102
  4.4 本章小结 103
  4.5 本章习题 103

第 5 章 电子商务支付技术 105

  5.1 电子支付技术概述 105
    5.1.1 传统支付的局限性 105
    5.1.2 电子支付 106
    5.1.3 电子货币 108
  5.2 电子支付的解决方案 109
    5.2.1 电子现金 109
    5.2.2 信用卡 111
    5.2.3 电子钱包 116
    5.2.4 电子支票 119
  5.3 网上银行 120
    5.3.1 网上银行 120
    5.3.2 支付网关 123
    5.3.3 我国网上银行的现状 124
  5.4 本章小结 126
  5.5 本章习题 127

第 6 章 电子商务与物流 128

  6.1 物流的概念 128
    6.1.1 物流的概念 128
    6.1.2 物流的分类 129
    6.1.3 物流管理 130
  6.2 电子商务与物流的互动 132
    6.2.1 物流是实施电子商务的根本保证 132
    6.2.2 电子商务对物流的影响 134
  6.3 电子商务物流 135
    6.3.1 电子商务物流模式 135
    6.3.2 电子商务物流内容 138
    6.3.3 电子商务物流的基本技术 140
    6.3.4 电子商务物流特点 141
    6.3.5 国外先进的电子商务物流模式案例 142

6.4 中国电子商务物流的发展与对策 144
  6.4.1 我国物流业发展现状 144
  6.4.2 我国电子商务物流发展的障碍 145
  6.4.3 我国电子商务物流发展对策 146
6.5 本章小结 149
6.6 本章习题 150

第7章 电子商务与EDI 151

7.1 EDI概述 151
  7.1.1 什么是EDI 151
  7.1.2 EDI系统的工作原理 152
  7.1.3 EDI应用的现状 156
7.2 EDIFACT标准 157
  7.2.1 EDI报文标准 157
  7.2.2 EDIFACT标准构成 159
  7.2.3 EDIFACT应用结构 160
7.3 基于Internet的EDI 169
  7.3.1 Internet EDI的产生 169
  7.3.2 Internet EDI 172
7.4 XML与电子商务标准 174
  7.4.1 什么是XML标记语言 174
  7.4.2 XML对Internet EDI的影响 176
  7.4.3 XML与电子商务标准 177
7.5 本章小结 180
7.6 本章习题 180

第8章 企业电子商务应用战略 182

8.1 企业电子商务应用框架 182
8.2 供应链管理 183
  8.2.1 供应链管理的概念 183
  8.2.2 电子商务时代的供应链管理 184
  8.2.3 供应链管理的模式与功能 184
  8.2.4 供应链管理系统的组成 185
8.3 供应链管理的方法 186
  8.3.1 快速响应（QR） 186
  8.3.2 效率型消费者响应（ECR） 188
  8.3.3 及时生产方式（JIT） 190
  8.3.4 客户关系管理（CRM） 191
  8.3.5 MRPII与ERP 192
8.4 企业流程再造（BPR） 194
  8.4.1 企业流程再造的概念 194

8.4.2 电子商务与流程再造..195
　　8.4.3 企业流程再造的原则..196
　　8.4.4 企业流程再造的步骤..197
8.5 网络营销..198
　　8.5.1 从传统市场营销到网络营销..198
　　8.5.2 网络营销战略..198
　　8.5.3 网络营销的优势..201
8.6 企业电子商务战略...202
　　8.6.1 电子商务战略的层次性..202
　　8.6.2 企业电子商务战略模式..203
　　8.6.3 企业电子商务战略的实施步骤..204
8.7 本章小结..205
8.8 本章习题..205

参考文献..206

第 1 章　电子商务引论

近年来，Internet 改变了传统企业的经营行为，改写了企业竞争规则，企业界的高级主管到处都可以听到电子商务（Electronic Commerce 或 Electronic Business），它已经成为企业界的讨论热点。要想了解和认识电子商务的本质，必须从其基本概念入手，基于这个目的，本章主要介绍电子商务的基本概念与应用发展的情况。

本章主要内容：
- 电子商务的定义
- 电子商务的起源与发展
- 电子商务的影响与作用
- 中国电子商务的现状与未来

1.1　电子商务的定义

1.1.1　引子

20 世纪 90 年代以来，随着 Internet 的迅速发展，其踪迹已经遍布企业、科研机构、商场、学校乃至家庭的每个角落。这里，我们通过一个日常的事例来说明电子商务。

📖 **购买生日礼物**　一位女士在她丈夫生日的前一天中午，决定为他买件礼物。她用家里的计算机查看了 Internet 上一家连锁商店的电子分类广告后，步行走到了最近的一家连锁商店，径直走到小家电柜台。她问到："你们还有电子分类广告中的特价博卡牌的 MP3 播放机吗？"，商店售货员在计算机上输入一条查询指令。然后立刻回答道："尽管现在我们这里已经没有货了，但今天下午 4 点将会到货。"

这里我们从技术角度来分析一下这个简单的购物过程，首先来分析这位女士，由于现在有很多方法建立与 Internet 的连接，她家里的计算机配备了一个调制解调器，通过现有的电话线连接到一个 Internet 服务提供商。一经与 Internet 连接，她就能运行一个计算机程序——浏览器，来访问和搜索她想访问的站点和相关信息，她直接来到 Yahoo 中文站点，输入了"MP3 播放机"后，在众多的网站中，她选择了本市的一个 DIY（Do It Yourself）商店，该店的主页就出现在屏幕上，一旦从该站点的电子分类广告中选中了内容，就会显示出相应的订单处理和付款处理过程。由于她想在当天下午就买到礼物，她马上记下了当地最近一家 DIY 商店的地址。接下来，我们来分析一下商店的情况，在商店，售货员为了回答这位女士的问题，用计算机键盘输入一条查询指令。该指令首先送到店内计算机系统中，当查知本店无存货时，指令被转送到地区配送中心的服务器中（如图 1.1 所示），具有自己知识库系统的地区服务器认为这是在两个小时内对该产品的第三次查询，在确认当地另外两家商店无存货的情况下，便开始与博卡制造商的订货处理系统进行网络连接，这样一个实时订货交易就此建立，通过批发商的订货处理系统连接并立即给予处理，一个预送货单回应到地区的服务器中，其中确定当天下午 4 点前会给几家商店送货，其中包括该女士正在耐心等待回复的那家商店。其实这前后仅用了几秒钟的时间！

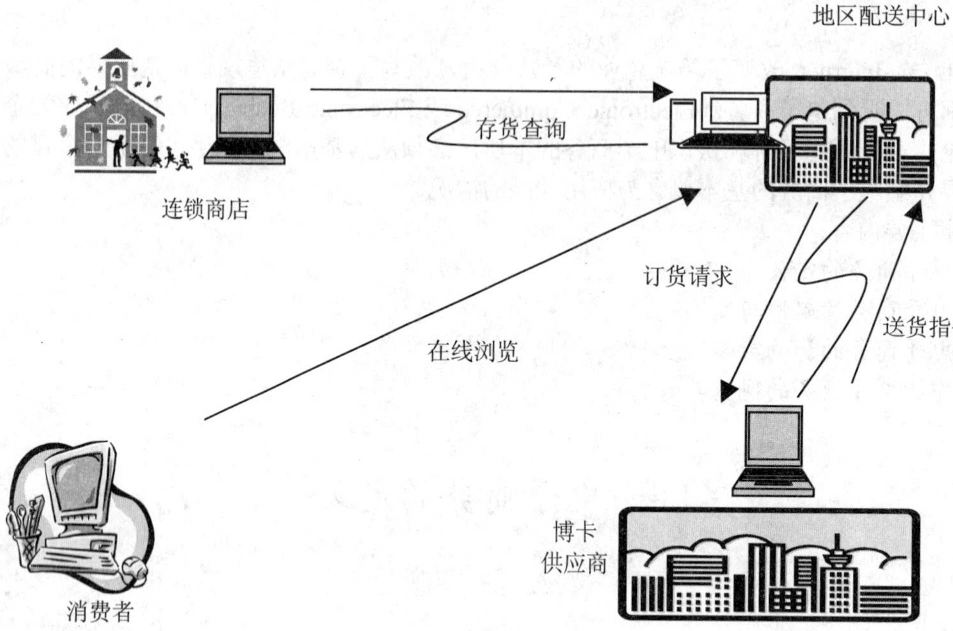

图 1.1　购物案例流程

这个事例说明了由于信息技术的发展，特别是通信网络和 Internet 的飞速发展，新的经营模式——电子商务模式正在涌现，人们不但可以轻松上网购物，而且可以通过开放式的网络银行管理自己的账户资料；企业内部的员工以及企业与企业之间的相互交往方式也会产生前所未有的变化，尤其是越来越多的商家开始利用 Internet 进行商务交往，实现贸易活动电子化。他们从最初的网上信息发布到在网上建立商务信息中心，从在传统的贸易方式下使用不成熟的电子化交易手段到能够在网上建立虚拟市场完成供—产—销的全部业务流程的电子商务，电子商务已逐渐成为商家或企业从事生产经营活动的新模式。电子商务的应用与发展已成为当今经济发展中风头最劲的潮流之一，其影响决不仅仅限于商务本身，它将会对社会的生产和管理、人们的生活和就业、政府职能、法律制度以及教育文化都会带来巨大的影响。为了全面了解电子商务，我们首先从其概念谈起。

1.1.2　对电子商务的不同理解

究竟什么是电子商务？如果你问不同的人，你可以得到不同的电子商务的定义，因为电子商务这一概念自产生起，就没有一个统一的定义，各国政府、学者、企业界人士都根据自己所处的地位和对电子商务的参与程度的不同，从各自的角度提出了自己对电子商务的认识,因而今天我们可以看到关于电子商务的各种阐述。本书将较有代表性的一些定义作一汇集,比较这些定义,有助于全面理解和认识电子商务。

1. 世界电子商务会议关于电子商务的概念

1997年11月6日至7日在法国首都巴黎,国际商会举行了世界电子商务会议(The World Business Agenda for Electronic Commerce)。全世界商业、信息技术、法律等领域的专家和政府部门的代表,共同讨论了电子商务的概念问题。这是目前电子商务较为权威的概念阐述。与会代表认为:

电子商务,是指对整个贸易活动实现电子化。从涵盖范围方面可以定义为:交易各方以电子交易方式而不是通过当面交换或直接面谈方式进行的任何形式的商业交易;从技术方面可以定义为:电子商务是一种多技术的集合体,包括交换数据(如电子数据交换、电子邮件)、获得数据(共享数据库、电子公告牌)以及自动捕获数据(条形码)等。

电子商务涵盖的业务包括:信息交换、售前售后服务(提供产品和服务的细节、产品使用技术指南、回答顾客意见)、销售、电子支付(使用电子资金转账、信用卡、电子支票、电子现金)、组建虚拟企业(组建一个物理上不存在的企业,集中一批独立的中小公司的权限,提供比任何单独公司多得多的产品和服务)、公司和贸易伙伴可以共同拥有和运营共享的商业方式等。

2. 部分学者的观点

美国学者瑞维·卡拉科塔和安德鲁·B·惠斯顿在其专著《电子商务的前沿》中提出:"广义地讲,电子商务是一种现代商业方法。这种方法通过改善产品和服务质量,提高服务传递速度,满足政府组织、厂商和消费者的降低成本的需求。这一概念也用于通过计算机网络寻找信息以支持决策。一般地讲,今天的电子商务通过计算机网络将买方和卖方的信息、产品和服务联系起来,而未来的电子商务则通过构成信息高速公路的无数计算机网络中的一条将买方和卖方联系起来。"

3. 政府和国际性组织的定义

欧洲议会给出的关于"电子商务"的定义是:电子商务是通过电子方式进行的商务活动。它通过电子方式处理和传递数据,包括文本、声音和图像。它涉及许多方面的活动,包括货物电子贸易和服务、在线数据传递、电子资金划拨、电子证券交易、电子货运单证、商业拍卖、合作设计和工程、在线资料、公共产品获得。它包括了产品(如消费品、专门设备)和服务(如信息服务、金融和法律服务)、传统活动(如健身、教育)和新型活动(如虚拟购物、虚拟训练)。

美国政府在其《全球电子商务纲要》中比较笼统地指出:"电子商务是指通过Internet进行的各项商务活动,包括:广告、交易、支付、服务等活动,全球电子商务将会涉及全球各国"。

联合国经济合作和发展组织(OECD)是较早对电子商务进行系统研究的机构,它将电子商务定义为:电子商务是利用电子化手段从事的商业活动,它基于电子数据处理和信息技术,如文本、声音和图像等数据传输。其主要是遵循TCP/IP协议,通信传输标准,遵循Web信息交换标准,提供安全保密技术。

世界贸易组织电子商务专题报告中定义,电子商务就是通过电信网络进行的生产、营销、销售和流通活动，它不仅指基于 Internet 上的交易，而且指所有利用电子信息技术来解决问题、降低成本、增加价值和创造商机的商务活动，包括通过网络实现从原材料查询、采购、产品展示、订购到出品、储运以及电子支付等一系列的贸易活动。

全球信息基础设施委员会（GIIC）电子商务工作委员会报告草案：电子商务是运用电子通信作为手段的经济活动，通过这种方式人们可以对带有经济价值的产品和服务进行宣传、购买和结算。这种交易的方式不受地理位置、资金多少或零售渠道的所有权影响，公有私有企业、公司、政府组织、各种社会团体、一般公民、企业家都能自由地参加广泛的经济活动，其中包括农业、林业、渔业、工业、私营和政府的服务业。电子商务能使产品在世界范围内交易并向消费者提供多种多样的选择。

4. IT 行业对电子商务的定义

信息技术行业是电子商务的直接设计者和设备的直接制造者。许多公司根据自己的技术特点给出了电子商务的定义：

IBM 提出了一个电子商务的定义公式，即电子商务=WEB+IT。它所强调的是在网络计算环境下的商业化应用，是把买方、卖方、厂商及其合作伙伴在因特网、企业内部网（Intranet）和企业外部网（Extranet）结合起来的应用。它所强调的是在网络计算环境下的商业化应用，不仅仅是硬件和软件的结合，也不仅仅是我们通常意义下的强调交易的狭义的电子商务（E-Commerce），而是把买方、卖方、厂商及其合作伙伴在因特网（Internet）、内联网（Intranet）和外联网（Extranet）结合起来的应用。它同时强调这三部分是有层次的。只有先建立良好的 Intranet，建立好比较完善的标准和各种信息基础设施，才能顺利扩展到 Extranet，最后扩展到 E-Commerce。

美国惠普公司（HP）：HP 提出电子商务是指在售前到售后支持的各个环节实现电子化、自动化，电子商务是跨时空的电子化世界（E-World），即 Electronic Commerce + Electronic Business + Electronic Consumer。

惠普对电子商务的定义是：通过电子化手段来完成商业贸易活动的一种方式，电子商务使我们能够以电子交易为手段完成物品和服务等的交换，是商家和客户之间的联系纽带。它包括两种基本形式：商家之间的电子商务及商界与最终消费者之间的电子商务。

对电子业务（E-Business）的定义：一种新型的业务开展手段，通过基于 Internet 的信息结构，使得公司、供应商、合作伙伴和客户之间，利用电子业务共享信息，E-Business 不仅能够有效地增强现有业务进程的实施，而且能够对市场等动态因素作出快速响应并及时调整当前业务进程。更重要的是，E-Business 本身也为企业创造出了更多、更新的业务动作模式。

对电子消费（E-Consumer）的定义：人们使用信息技术进行娱乐、学习、工作、购物等一系列活动，使家庭的娱乐方式越来越多地从传统电视向 Internet 转变。

通用电气公司（GE）：电子商务是通过电子方式进行商业交易，分为企业与企业间的电子商务和企业与消费者之间的电子商务。企业与企业间的电子商务：以 EDI 为核心技术，增值网（VAN）和互联网（Internet）为主要手段，实现企业间业务流程的电子化，配合企业内部的电子化生产管理系统，提高企业从生产、库存、到流通（包括物资和资金）各个环节的效率。企业与消费者之间的电子商务：以 Internet 为主要服务提供手段，实现公众消费和服务提供方式以及相关的付款方式的电子化。

SUN 公司认为,电子商务就是利用 Internet 网络进行的商务交易,在技术上可以给出如下定义:
(1) 在现有的 Web 信息发布的基础上加上 Java 网上应用软件以完成网上公开交易。
(2) 在现有的企业内部交互网的基础上,开发 Java 的网上企业应用,达到企业应用 Intranet 化,进而扩展到外部 Extranet,使外部客户可以使用该企业的应用软件进行交易。
(3) 电子商务客户将通过包括 PC、STB(Set Top Box,即网络电视机顶盒)、电话、手机、PDA(个人数字助理)Java 设备进行交易。

1.1.3 电子商务的本质

从前面的叙述,显然可以看出这些定义是有一定区别的,但从总体上来说,他们都认为电子商务是利用现有的计算机硬件设备、软件设备和网络基础设施,通过一定的协议连接起来的电子网络环境进行各种商务活动的方式,不同之处主要表现为技术和商务的覆盖面不同。

从总体上来说,人们对于电子商务的认识和定义大致有广义和狭义之分。一般认为,广义的电子商务是指利用整个 IT 技术对整个商务活动实现电子化。将利用 Internet、Extranet 和 Intranet 等各种不同形式网络在内的一切计算机网络以及其他信息技术进行的所有的企业活动都归属于电子商务。狭义的电子商务特指运用互联网开展的交易或与交易直接相关的活动,它仅仅将基于 Internet 进行的交易活动归属于电子商务,我们称之为 E-Commerce。

E-Business 是在 Internet 的广阔联系与传统信息技术系统的丰富资源相互结合的背景下应运而生的一种相互关联的动态商务活动,是一种通过电子方式进行的商务活动,它不是传统意义上的通过面对面的交换或面对面的交谈方式进行的交易方式,而是一种系统的、完整的电子化运作,它包括方案的提出、设计、实施以及建立在其上的商务应用等各个方面。E-Business 要比 E-Commerce 囊括的范围宽广得多,因为后者仅指简单的商务交易应用,即单指在网络上做买卖。而 E-Business 是存在于企业与企业之间、企业与客户之间、企业内部的一种联系网络,它贯穿于企业行为的全过程。在电子商务过程中,企业内部通过企业内部网络利用网络计算完成核心业务,实现企业资源优化组合,高度灵活地安排生产和管理业务流程,改善售后服务,缩短周转时间,降低成本,从有限的资源中获取更大的收益。对外通过企业与企业之间的外部网络检索联网供应商的产品与查询客户的需求,从而指导本企业进行有效决策。企业的客户可以通过网络了解本企业的销售管理的产品信息,选中产品后就可以直接从网上发订单并通过网络经银行直接转账付款完成商品购买过程,实现了商品流通与交易功能;并且客户还可以通过网络与企业联系,针对产品中的问题进行交流。通过这种网络方式使企业与顾客联系,与批发商联系,与供货商联系,与股东联系,并且进一步使得他们一起进行相互间的交流。他们在网络上进行业务往来,其业务量将大大超出传统方式,并最终将取而代之。因此,本书中的电子商务的概念是指利用现代电子信息网络来实现各种商务活动,涉及 LAN、WAN、Intranet、Extranet 与 Internet 等网络技术领域,利用前所未有高速网络方式将雇员、顾客、销售商和供货商联系在一起,并将有价值的信息迅速传递给需要的人们。这是一个介于最广义的电子商务与最狭义的电子商务之间的一个活动范畴。之所以这样界定,是考虑到依托互联网的电子商务是今后的发展方向与主流,另外,从发展的眼光来看,将电子商务仅仅局限于网络贸易是不够的,要将利用各类电子信息网络所进行的广告、设计、开发、推销、采购、结算等商务活动都纳入电子商务的范畴较为妥当。

目前电子商务已涉及和可以进行的业务包括：商家在销售前后向客户提供所销售的产品和服务的有关细节、产品的使用技术指南、回答顾客的询问和意见、销售过程的处理等服务；在交易后采用电子资金转账、信用卡、电子支票、电子现金等多种方式进行电子支付；对客户所购买的商品进行发送管理和运输跟踪，包括对可以用电子化方式来传送的产品如软件资料等的实际发送；在因特网上组建一个虚拟企业来提供产品和服务、组织志同道合的公司和贸易伙伴共同拥有和运营共享的商业做法；政府部门和某些机构通过因特网进行的办公业务和行政作业流程等等。

电子商务的运作是在一个范围广阔的开放的大环境和大的系统中，利用计算机网络技术全面实现网上交易的电子化的过程，将参加电子商务活动的各方，包括商家、消费者、运输商、银行和金融机构、信息公司或证券公司以及政府管理部门等联系在一起。电子商务交易得以完成的关键在于可以安全地实现在网上的信息传输和在线支付的功能，所以为了顺利完成电子商务的交易过程，需要健全社会的电子商务服务系统、发展电子商务的规范和法规、建立安全和实用的电子交易支付方法和机制等，来确实保证参加交易的各方和所有的合作伙伴能够安全可靠地用电子商务的方式进行全部的商业活动。

电子商务是在网上开展的一种先进的交易方式，网络是电子商务最基本的构架。电子商务强调参加交易的买方和卖方、银行或金融机构和所有合作伙伴，都要通过企业内部网、企业外部网和因特网密切地结合起来，共同从事在计算机网络环境下的商业电子化应用，实现在真正意义上的电子商务，这也就是说电子商务实质上形成了一个虚拟的市场交换场所，它不但能够实时地为用户提供所需的各类商品的供应量、需求量、发展状况以及买卖双方的详细情况，从而使厂商能够更方便地研究市场，更准确地了解市场和把握市场；而且又是世界各地的厂商进行广告宣传的好渠道，全球性的因特网可以使厂商在电子商务网络上的广告传播最广而耗费成本最低。

总结起来，我们可以这样说：从宏观上讲，电子商务是计算机网络的又一次革命，是在通过电子手段建立一种新的经济秩序，它不仅涉及电子技术和商业交易本身，而且涉及到诸如金融、税务、教育等社会其他层面；从微观角度说，电子商务是指各种具有商业活动能力的实体（生产企业、商贸企业、金融机构、政府机构、个人消费者等）利用网络和先进的数字化传媒技术进行的各项商业贸易活动。

1.2 电子商务的产生与发展

1.2.1 电子商务产生的社会基础和技术基础

电子商务最早产生于 20 世纪 60 年代，发展于 20 世纪 90 年代，其产生和发展的社会基础是：

（1）政府的支持与推动。自 1997 年欧盟发布了欧洲电子商务协议，美国随后发布"全球电子商务纲要"以后，电子商务受到了世界各国政府的重视，许多国家的政府颁布了各种政策和措施鼓励电子商务的应用，这为电子商务的发展提供了有利的支持。

(2) 计算机的广泛应用。近 30 年来，计算机的处理速度越来越快，处理能力越来越强，价格越来越低，应用越来越广，这为电子商务的应用提供了坚实的基础。从我国情况看，近几年计算机销售台数呈直线增长的趋势：1990 年为 8.5 万台，1992 年是 25 万台，1997 年达到 303 万台，销售台数的年平均增长速率为 50.5%，这一数字已跃居世界第六位。1998 年，中国计算机市场容量跃居到第四位，到 1999 年 6 月底，我国计算机社会拥有量已经达到 1200 万台。

(3) 网络的普及和成熟。由于 Internet 逐渐成为全球通信与交易的媒体，全球上网用户呈级数增长趋势，快捷、安全、低成本的特点为电子商务的发展提供了应用条件。从 1980 年到 1998 年全世界 Internet 的使用人数的增长情况看，1998 年全球上网人数已达到 1.13 亿人；估计到 2005 年，世界人口的五分之一，即 10 亿人将使用 Internet。如此众多的使用者，为电子商务市场的广泛发展和应用奠定了良好的群众基础。从各国情况看，美国上网人数最多，1998 年约为 7050 万人，其次为日本，Internet 使用者的数量 1998 年 12 月达到 1385 万人。1997 年德国和英国上网人数均已超过 400 万成为西欧最大的 Internet 市场。从国内的情况看，Internet 用户发展的速度也非常快，在 1996 年 6 月上网用户人数约为 117 万，而到了 1998 年 12 月底，用户上网人数已达到了 210 万，截止到 2001 年 6 月底，我国的上网人数已经达到 2650 万人。

(4) 完善的网络服务。近年来在 Internet 网上如雨后春笋般地建立起的许多信息服务网站。目前，在世界上有影响的网站据统计已有 3500 多个，几乎每一个网站均能开通电子商务的信息和业务。Yahoo、Infoseek、Excite、搜狐、网易、上海热线等一批国际和国内优秀的信息搜索网站涌现了，这些网站对电子商务的开展奠定了非常良好的基础。

(5) 新的经济消费观正在逐步形成。近年来，随着现代信息技术的飞速发展，特别是互联网以其覆盖广泛的信息容量，方便易学的操作方式以及经济实惠的收费价格迅速普及开来，消费者的新的消费观念逐步形成，他们不仅希望能够买到最新的产品，能够从众多的品牌中挑选产品，而且希望节约购买时间和获得更完善的、个性化的服务。而电子商务模式正是适应这种要求而得到迅猛发展。

(6) 信用卡的普及与应用。信用卡以其方便、快捷、安全等优点而成为人们消费支付的重要手段，并由此形成了完善的全球信用卡计算机网络支付与结算系统，使"一卡在手，走遍全球"成为可能，同时为电子商务中的网上支付提供了重要手段。

相应从技术角度来看，近年来，技术快速变革为电子商务打下了坚实的基础，主要表现在：

(1) Web 技术和 Java 语言的广泛应用；
(2) 可以在网络上进行电子数据交换的技术；
(3) 数据和信息可在其上快速传输的高速网、宽带网、广域网和可以互联的计算机网络系统；
(4) 适合在网络上使用的电子邮件以及实现电子公告牌服务的信息发布技术；
(5) 通过网络进行电子资金转账以及共享网络数据库技术；
(6) 在网上进行支付的信用卡技术和电子货币的支付技术，以及电子现金、电子货币与电子支票网络传送的完全认证与可靠支付技术；
(7) 安全保障技术已经进入实用阶段，如数据加密技术、数字签名技术和防火墙技术。
(8) 安全电子交易协议 SET 的出台，为在开放网络上电子商务提供一安全交易环境建立了保障。

1.2.2 电子商务发展动力

电子商务涉及到社会的方方面面,如企业、政府、银行、金融机构以及消费者等,在推动电子商务的这场运动中,与市场利益关系最密切的角色才是电子商务的真正的推动者。实际上,企业、银行、金融机构要提高自身的管理水平和竞争力,政府的介入是为了以新兴产业振兴经济,提高国家的竞争力,同时也要规范游戏规则,发挥政府在法规和政策方面的杠杆作用。企业应该是电子商务真正的推动者,围绕着企业来分析,电子商务的发展得益于三大力量的共同推动:经济力量、顾客交互的力量和科技所带动的数字革命。

1. 经济力量

传统企业环境的快速变迁,企业在减少成本和保持竞争力的双重压力下,不少企业都在寻求组织内和组织外的适应对策,包括了与客户、上游厂商、经销商、工业团体甚至竞争对手之间建立电子连结,以便增加商业通信效率,拓展市场占有率,以及维持其自身的竞争力。电子商务的出现使他们看到了希望,通过电子商务,企业可利用低成本的技术基础设施,降低技术升级所需的成本,降低与供应商进行电子交易的成本,同时提高交易的准确性,降低共享全球信息和广告的成本,并使企业能提供低成本的顾客服务。

(1) 外部集成

电子商务的外部集成是将供应商、政府机构和公司集成为一个共同的社区,使它能在任何计算机平台之间进行通信。如汽车制造业的准时化(JIT)制造方法曾迫使福特公司和通用汽车通过EDI与其供应商进行交互,这就是外部集成。

(2) 内部集成

内部集成比外部集成更为重要。电子商务的直接应用就是企业业务的内部集成。完成内部集成的企业可用电子方式接收订单,然后自动将信息发到生产、运输、结算和存货系统。内部集成确保了关键数据能以数字化方式进行存储,而且存储的格式和媒体都便于快速检索和电子传输。

无论是企业外部集成还是内部集成,协调信息传输的能力都非常重要,而且企业必须找到合适的业务流程设计方法,改变数据生成、操作和分布的方式。技术革新对于信息集成方面非常重要,而协调更是不可缺少的。协调要求员工、顾客和供应商相互合作以解决问题,提高服务水平和开发新产品。

2. 市场营销和顾客交互

电子商务可为企业提供营销渠道,选定目标市场,创造新的顾客服务和支持渠道来提高顾客满意度,还可帮助企业为目标顾客提供更详细的产品和服务信息。随着新产品大量涌入市场,目标市场营销变成了差异化的重要工具。市场上不仅不断出现新产品,在现有产品类别里还不断出现新生产厂家、新的定价策略、新的目标市场、新的市场调查方法等。

由于顾客购买习惯和产品的变化太快,为保持企业的竞争力,营销人员必须使用新兴技术,找出潜在顾客,建立与顾客的紧密联系,培养顾客的忠诚。在这个新的业务环境中,传统的差异化概念已经不再适用,"质量"与原来的意义也不一样了,"内容"不等同于"产品","配送"也不再是"物流"的代名词。

在这个新环境中，品牌价值（即知名品牌具有的价值）可能会迅速消逝。信息技术的进步大大扩展了顾客选择产品的范围。信息大量涌入，能够简便快捷地对产品进行比较，因此顾客对品牌名称也不像原来那么重视了。对于制造商来说，建立一个新品牌更加艰难，同时维持一个现有的品牌也不再那么容易。有鉴于此，各行各业的营销人员都在寻求与顾客沟通和提供服务的新方法。既然信息技术改变了这一切，那么利用信息技术是适应这一变化的最佳途径。

3. 技术和数字整合

整合是指将多个现存技术结合起来，创造出比原有技术更为强大和高效的新技术，从而形成新的技术能力。技术和数字的整合为电子商务的最终实现提供了可能。数字技术可以使文字、声音、图片和图像转换为能集成、储存、操作和迅速传送的一系列数据流，同时不损害传送的质量。这场电子商务和多媒体革命正推动以前根本截然不同的行业如通讯、娱乐、出版和计算机业紧密地联系起来，迫使这些有着不同历史和传统的行业进行竞争和合作。

整合包括两个方面：内容整合和传输整合。

（1）内容整合

不管其原始的形式如何，内容整合使数字化后的信息可以以较低的成本进行处理、检索、分类、排序、压缩、加密、复制和传送。

内容整合对基于内容的行业（如报纸、杂志和书籍）具有深远的意义。它使这些行业有了先进的信息出版和浏览工具。例如，内容整合促进了浏览器行业的出现，浏览器供应商网景公司神话般的发展历程就是个很好的例子。内容整合为企业使用网络连接、共享数据库和电子出版来提高其决策水平和信息处理能力提供新的途径，除了产品生产、分销和商品的运送外，还包括各种形式的信息收集、处理和发布。内容整合促进了计算机和网络基础设施的建设，协调和整合了企业的业务流程或工作流程。

（2）传输整合

传输整合是指压缩和存储数字化信息，使它能通过现有的电话、电视、卫星和无线通信网络进行传输。

传输整合是一种通信设备的整合，即声音、数据、图片和图像在同一条线路上传输所用的"管道"。在单一线路上的传输整合可使计算机、高速外设和家用电子产品轻易地连接起来，并且可增强图像类型应用或多媒体应用。从商业的角度看，传输整合使互联网访问非常简单。对于企业来说，则创造了低成本的产品送达渠道。

由于局域网和专用分组交换技术（FBX）无法调和，语音和数据网络的融合一直都是个难以实现的目标。现在，异步传输模式（ATM）这种新网络技术的出现改变了这一切。今天，我们可以看到从广域网到个人计算机，声音、图像和数据完全集成到一条通道。一个统一的集成网络减少了对线路的要求，也消除了过多的连线。

信息访问设备的融合也促进了传输融合，尤其是电话、计算机和电视之间的界限越来越模糊。线缆调制解调器（Cable Modem）、混合光纤电缆/同轴电缆系统和采用传统双绞线的非对称数字用户线路（Asymmetrical Digital Subscriber Line，ADSL）等技术都能够向家庭提供足够使用的带宽。这些访问技术正在应用于各个领域，还可在各种功能之间进行转换。

各种信息访问设备的结合也创造出了更先进的设备，如可完成电子交易、检索信息并进行顾客认证的POS设备、PC机与电视结合而成的交互式电视，电视和互联网结合而成的互播技术，电话和互联网结合而成的网络电话等。

总之，经济因素、营销因素和数字化整合已经影响整个产业界，各个行业都在进行自我的重新定位以便于利用这个新的机会，包括创造全新的服务渠道、为现有产品开发新的市场以及为在线环境开发基于信息的新产品。例如，数字整合改变了全球电信服务的竞争环境，由于竞争的加剧和电信市场中基本电话服务利润的减少，网络经营公司都在建立新的智能网络以提供大范围的增值服务，这些服务包括视频点播、电动游戏、金融服务及面向一般消费者的交互式服务。

1.2.3 电子商务发展过程

世界上对电子商务的研究与应用始于20世纪70年代末。可以把电子商务的发展分为两个阶段，即始于20世纪80年代中期EDI电子商务和始于90年代初期Internet电子商务。

1. 80年代～90年代基于EDI的电子商务

从技术的角度来看，人们利用电子通信的方式进行贸易活动已有几十年的历史了。早在70年代末就出现了作为企业间电子商务应用系统雏形的电子数据交换EDI（Electronic Data Interchange）和电子资金传送EFT，而实用的EDI商务在80年代得到了较大的发展。EDI电子商务主要是通过增值网络VAN（Value-Added Networks）实现的，通过EDI网络，交易双方可以将交易过程中产生的询价单、报价单、订购单、收货通知单和货物托运单、保险单和转账发票等报文数据以规定的标准格式在双方的计算机系统上进行端对端的数据传送。到了90年代，EDI电子商务技术已经十分成熟。应用EDI使企业实现了"无纸贸易"，大大提高了工作的效率，降低了交易的成本，减少了由于失误带来的损失，加强了贸易伙伴之间的合作关系，因此在国际贸易、海关业务和金融领域得到了大量的应用。众多的银行、航空公司、大型企业等均纷纷建立了自己的EDI系统，在贸易界甚至提出了"没有EDI就没有定单！"、"EDI引发了贸易领域的革命！"等口号。但是EDI电子商务的解决方式都是建立在大量功能单一的专用软硬件设施的基础上。当时的网络技术的局限性限制了EDI的应用范围扩大，同时EDI对技术、设备、人员有较高的要求，并且使用价格极为昂贵。受这些因素的制约，因此EDI电子商务仅局限在先进国家和地区以及大型的企业范围内应用，在全世界范围内得不到广泛的普及和发展，大多数的中小企业难以应用EDI开展电子商务活动。

2. 90年代以来基于因特网的电子商务

随着Internet和计算机网络技术的蓬勃发展，网络化和全球化已成为不可抗拒的世界潮流，价格低廉并且连通全世界的电子信息通道已经形成，应用Internet网开展电子商务业务也开始具备实用的条件，电子商务获得长足发展的时机已经成熟。在90年代初期，计算机网络技术得到了突破性的发展，依托Internet的电子商务技术也就应运而生。Internet电子商务是主要以飞速发展的遍及全球的Internet网络为架构，以交易双方为主体，以银行支付和结算为手段，以客户数据库为依托的全新商业模式。它利用Internet的网络环境进行快速有效的商业活动，从单纯的网上发布信息、传递信息到在网上建立商务信息中心；从借助于传统贸易的某些手段的不成熟的电子商务交易到能够在网上完成供、产、销全部业务流程的电子商务虚拟市场；从封闭的银行电子金融系统到开放式的网络电子银行，在Internet网上的电子商务活动给企业在增加产值、降低成本、创造商机等方面带来了很大的益处。除了Internet的发展外，信息技术也得到了全面发展，例如网络安全和管理技术得到了保证，系统和应用软件技术趋于完善等，这一切为Internet电子商务的发展和应用奠定了基础。

Internet网上的电子商务之所以受到重视，是因为它比基于EDI的电子商务具有明显的优势，一是低廉的费用，一般来说，它的费用不到VAN的1/4，这一优势就使得许多企业尤其是中小型企业对其非常感兴趣；二是覆盖面广，互联网几乎遍布全球的各个角落，用户通过普通电话线就可以方便地与贸易伙伴传递商业信息和文件。依托于互联网，企业能从事在物理环境中所不能从事的业务，有助于降低企业的成本，提高企业的竞争力。尤其是对各种各样的企业，无论大小，不分"贵贱"地都提供了广阔发展天地和商机，帮助他们节约成本，增加价值，扩展市场，提高效率并抓住客户。中小企业可以用更低的成本进入国际市场参与竞争。同时，它能为广大的网上消费者增加更多的消费选择，使消费者得到更多的利益。电子商务也是一场革命，它打破了时空的局限，改变了贸易形态，使Internet成为一种重要的业务传送载体，汇聚信息，生成新的业务，产生新的收入；使企业可以进行相互连锁的交易；电子商务可以使企业逐渐提高自适应导航功能，企业通过网上搜索交换信息，使业务交往个人化和具有动态特征，以赢得用户的欢迎，获得效益，据权威机构Forrester Research的调查，到2002年，全球企业之间进行的电子商务会有40倍的增长，届时，通过Internet进行的贸易金额将从现在的80亿美金增长到3270亿美金，发展电子商务将成为Internet应用中最关键的一部分。

Internet网上电子商务迅速兴起的另一个深刻的背景是因为Internet的爆炸性发展，促进了信息技术更加广泛的应用，由此而引起的剧烈的全球性竞争要求企业具有比竞争对手更大的灵活性来响应业务需求的变化、提高投资回报率、加速新产品上市时间、最佳的价格、及时的商品交付和较好的售后服务。为了适应新的市场发展的需要，全球企业的经营模式面临新的挑战，企业必须调整自己的经营方式和产业结构，才能够在适者生存的市场竞争中取得立足之地。因此电子商务的应用已经成为企业在市场上克敌制胜的关键技术，越来越多的企业开始关注电子商务的应用，企业传统的商务活动进入了新的电子商务时代。另外，世界各大IT厂商积极推出的面向电子商务的软件产品和解决方案，使人们已越来越清楚地看到了电子商务的优势和实际的应用价值。Internet网上的电子商务目前已经被公认为现代商业的发展方向，这是一个发展潜力巨大的市场，具有诱人的发展前景。全球互联网用户1996年不足0.4亿，到2000年6月已经达到2.6亿以上，到2005年将超过10亿，并且平均每个月增加100万户。根据国际Internet协会的统计数字，在1997年，全球电子商务营业额已经达到26亿美元；到1999年底，Internet用户已经超过1亿人，通过互联网实现的交易活动已达到430亿美元；预计到2000年，全球电子商务的交易量将达到1560亿美元，到2002年，全球电子商务营业额将达到3270亿美元；到2003年，全球电子商务交易额将猛增到1.5万亿美元以上。电子商务作为一种崭新的商务交易活动方式，已成为推动未来经济增长的最关键动力。因此，在全世界的范围内已经形成了一个巨大的电子商务市场。在亚洲地区，电子商务的交易额到1999年底已超过30亿美元，并且正在迅速增长。电子商务市场完备的双向信息沟通、灵活的交易手段和快速的交货方式将给人们带来巨大的经济效益，促进社会生产力的大幅度提高。电子商务的广泛推行，大大加速了整个社会的商品流通，尤其是能使中小企业以更低的成本进入国际市场参与竞争。电子商务也为消费者提供了更多的消费选择，使消费者得到更多的实惠。

近年来,世界各国政府与国际组织相继提出了一系列促进电子商务发展的文件。联合国国际贸易法委员会于 1996 年 6 月提出了电子商务示范蓝本,为各国电子商务立法提供了一个范本。1997 年 4 月 15 日,欧盟提出了"欧盟电子商务行动方案",对信息基础设施、管理框架和商务环境等方面的行动原则进行了规定,以促进发展欧洲的电子商务,提高欧盟的全球竞争力。为此,欧盟在网络开放、平等接入、知识产权保护、安全认证等方面制定了一系列法规性文件和指令。1997 年 7 月 1 日,美国政府发表了"全球电子商务框架"文件,提出了开展电子商务的基本原则、方法和措施,克林顿政府还将因特网的影响与 200 年前的工业革命相提并论。1997 年 2 月 5 日,美国与欧盟共同发表了有关电子商务的联合宣言,就电子商务的有关原则达成了一致意见。美国还与日本就电子商务问题正在进行谈判。所有这些都说明,为创造一个适应因特网这一国际性媒体的电子商务框架,各国政府和国际组织正在进行积极的磋商和开拓性的工作。

1.2.4 国外电子商务发展状况

随着技术成熟,电子商务日益蓬勃发展起来,逐渐形成了企业、商家、银行积极主推,各软硬件提供商积极响应,政府大力支持的良好局面,使电子商务风靡全球。

1. 美国电子商务的现状

据美国尼尔森网络评估公司 2001 年 3 月公布的数据,在美国,在家中使用因特网的人数已经达到了 1.5 亿人。

根据 CMR Research 在 1998 年初做的一项调查,大约三分之一的美国公司会在一年内实施电子商务,有 68%的公司考虑发展电子商务模式并提出了重新评估的要求。2002 年实施电子商务的大、中型公司的数量将会增加 68%,在目前已经实施了电子商务的公司中,有 64%的公司期望能在一年内收回投资。在已经实施了电子商务的公司中,有 48%的公司使用公共的 Internet,有 42%的公司使用专用的 Internet 协议网络或虚拟网络。

纵观美国 Internet 的发展历史,从 Internet 的应用角度可将电子商务的发展分为以下几个阶段。

(1)第一阶段称为电子邮件阶段。这个阶段从 20 世纪 70 年代开始,平均的通信量以每年几倍的速度增长。

(2)第二阶段称为信息发布阶段。这个阶段从 1995 年起,主要是以 Web 技术为代表的信息发布系统以爆炸式的速度成长起来,并已成为目前 Internet 的主要应用技术。

(3)第三阶段称为电子商务阶段。这个阶段也才刚刚开始。之所以把电子商务列为一个划时代的新事物,是因 Internet 的最终用途主要是面向商业,Internet 即将成为我们这个信息时代的神经系统。

上述三个应用技术正在以惊人的速度高速扩张。电子邮件已经在很大程度上取代了目前的信件和一定程度上的电话、传真;信息发布功能已经取代了一部分的报纸、电台、电视台的新闻发布功能,几乎所有重要的报纸都有了免费的电子版本供读者查阅。许多日常工作,尤其是情报信息的搜集,通过一个鼠标,就可以在短时间内完成,免去了出差、长途电话、传真、邮寄等过去必需的活动,这些已经产生了不可估量的社会效益。

由于 Internet 对社会资源的节约和巨大发挥,美国政府在促进 Internet 的普及和发展上不遗余力。1997 年 1 月,美国总统克林顿曾说:"在 19 世纪初,我们决定把我国从东海岸扩展到西海岸；在 20 世纪初，我们决定利用工业革命的技术成果，这些决定都带来了巨大的变化；在 21 世纪初，我们要作出的选择就是：加强信息时代和全球社会的力量，发掘全体人民的无穷潜力，建设一个更加完美的联邦。"1997 年 2 月，克林顿又进一步提出确保教育优先，努力实现如下目标：8 岁以上儿童人人必须能读会写，12 岁以上的青少年人人必须会用互联网。我们旨在用互联网把每一间教室联系进来，必须使每一家医院在互联网上联系起来，当互联网成为新的应用技术时，各家各户的电子计算机都成为所有学科、教师和各种文化的联系者。

另外，在 Internet 商业活动还不充分时，美国政府出资支持 Internet 的运行，还规定其政府各个部门 1997 年必须在 Internet 上购买不少于 450 万件的商品，并把指标分配到各地政府和各部门，以培养 Internet 上购物的习惯和环境。1997 年 5 月，克林顿公布了一项政策，即 Internet-Tax-Free-Zone（Internet 免税区），就是在全球范围内，通过 Internet 所购、销的商品不加税，包括关税和商业税。这个政策已得到加拿大、日本、欧洲等国不同程度的支持。Internet 免税区可能将成为世界上最大的自由贸易区，其意义极其深远。总之，在美国，一场历史上最重要的信息技术革命正席卷社会的每一个角落，而且其变革的速度之快，影响之大，涉及面之广都与以往的任何一次技术革命无可比拟。

2. 欧洲地区电子商务的现状

欧洲国家的电子商务起步虽然晚于美国，但发展态势很好，欧洲的各国际组织及各国政府都纷纷出台各项法规，以表示政府对电子商务的积极态度。1995 年 2 月，西方七国集团确立了一个《利用电子商务为中小企业开辟全球市场》的项目，该项目包括三个主题：为中小企业开辟全球信息网络；中小企业行业需求调查；电子商务国际实验地。据此，欧盟于 1996 年设立一个工作小组来推动欧洲的电子商务应用，目前该组织启动的项目已有 18 个。1997 年 4 月，欧盟发表了题为《欧洲电子商务设想》的文件，旨在促进欧洲制定一项有关电子商务的统一政策。文件指出，电子商务对于保持欧洲在世界市场上的竞争力至关重要，欧盟各国必须根据统一的技术、政策和支持框架采取行动。政府应带头采用电子商务技术，并建设一些示范工程。

1993 年秋，法国电信公司与德国电信局结成"战略同盟"，共同建设欧洲的电信基础设施，宣布将投资 1500 亿欧元建设"欧洲信息空间"；1994 年 2 月英国电信局宣布，准备投资 100 亿英镑在英国建立一个光纤通信网络，该网络除向人们提供新闻、教育、金融和娱乐之外，还鼓励企业大力开展全球性的电子商务活动，发展网上贸易。1996 年下半年，英国政府推出"电子政府"计划，企业可以利用最新的信息技术获得政府的服务，"电子政府"充分利用 Internet 等新型电子技术，为企业提供纳税、更换营业执照、咨询政策、获取各类信息等便利。在德国，20 世纪末的上网人数达到 3000 万左右，约 50%的企业接受或利用电子商务；在法国，截至 1996 年，全法国在因特网上已拥有 203 个以上的域名，150 多家上网公司，6 种网络杂志和 100 多家网络咖啡店。在欧洲的其他国家，电子商务也正以令人吃惊的速度发展着，一些国家，如荷兰、丹麦等甚至计划到 2005 年，全国 80%的人员和企业都要求上网。

3. 亚太地区电子商务的现状

在亚太地区，由于各个国家和地区的经济处于不同的发展阶段，从而决定了这些国家和地区发展电子商务的起点也各不相同。作为最具商业发展机会的区域，亚洲电子商务发展一直受到业界人士的关注。一方面，像日本、新加坡、韩国、马来西亚等经济较为发达的国家和我国香港、台湾地区正在积极地向更广泛的领域引入电子商务，其重点是培养一个有需求的环境，以形成一个电子商务文化，包括制定一些新的法规。另一方面，一些经济尚欠发达国家，它们有更重要、更迫切的社会、经济问题亟待解决。通过联合国之类的国际性组织，这些国家也积极地参与信息技术交流，有的甚至还是电子商务的积极推行者。1993 年至 1996 年，亚洲 Internet 网站数目激增 137%，有调查预测，到 2005 年，亚洲国家应用电子商务的贸易额将达 500 亿美元。由此可见，亚洲地区电子商务的发展不容小觑。

1992 年 10 月，日本通产省、建设省、运输省、大藏省管辖的 39 个行业成立了统一的 EDI 协会，以图打破行业阻隔，推广跨行业的电子贸易。1995 年，通产省就提出了电子商务政策，开展电子商务的示范项目。日本政府于 1996 年成立了"电子商务促进会"，通产省为此投入了 317 亿日元，其中 100 亿投到 B2C（B to C）电子商务方面，用于 19 个项目，如虚拟商城项目和通用技术开发，另外的 217 亿日元投向制造企业，共 26 个项目。

在通产省的推动下，日本电子商务已经有了可观的规模，1996 年企业与消费者之间的电子商务以及企业之间的电子商务已达到世界先进水平。另外，据统计，日本接入互联网的主机数从 1993 年的 2.3 万台增加到 1998 年的 116.9 万台，即 5 年增长了 50 倍，WWW 网站从 1993 年的 30 万个增长到 1997 年的 7000 万个，5 年净增长 240 倍。

新加坡政府认为政府对电子商务的支持与管理是同样重要的。没有一定程度上的政府管理，电子商务不可能发展得如此之快，政府的职能应从垄断式的管理转向服务式的管理。在未来的网络世界里，各国政府之间是竞争关系，其关键是谁能以最优惠的价格提供服务、以最完善的经济环境吸引智力和投资。1992 年 1 月新加坡政府宣布把新加坡建成"智慧岛"的《IT2000》计划，其目标是到 2010 年拥有世界上最先进的信息基础设施，用光纤把每个家庭、工厂、学校、办公室连成一体。政府已经投资 2 亿美元推进全国性的电子数据交换 EDI 服务，并于 1998 年建成了 EDI 贸易服务网络（TRADENET），计划铺设长达 1.6 万公里的光缆，用于数据及电话网络，并相继开通了"金融网络"（MNET）和"法律网络"（LAWNET）。目前，新加坡的 EDI 被广泛应用于政府、报关、税收、贸易、运输、制造、教育、医疗、出版、旅游等各个方面，在贸易领域里应用达到了 95%以上。1997 年新加坡政府实施"新加坡 1 号"计划，建立完善的国家互联网络。1998 年 5 月，新加坡提出了电子商务基础设施框架，包括三个层次：电子商务环境、基础服务、商务解决方案。1998 年 8 月新加坡通过了为电子商务提供全面法律框架的法案《全面电子商务法》。

截止到 1999 年 8 月，新加坡家庭计算机普及率达到了 45%，互联网普及率达到了 25%。新加坡生产力与标准局 2000 年 6 月 28 日推出了电子商务行动计划。新加坡政府鼓励中小企业与现有网站进行合作，以便它们能很快拥有在线能力。政府将对有意进行网上交易的中小企业给予帮助，协助它们制定电子商务策略和计划，以减少风险，增加投资收益。政府还将以宣传活动、研讨会、培训等方式普及新经济的概念，以确保公司员工都能够适应并接受这一新概念，顺利推行公司的电子商务策略。

1998 年 6 月，韩国商工能源部组织主要的电子设备公司签署了一项联合协议，旨在制定电子商务的国内标准，为建设一个用于产品开发、采购与供应、营销与服务、产品库存管理的公用数据库而展开广泛的合作。协议规定在 1999 年推广电子数据交换系统的应用，并建成电子购物中心，同时在 2000 年制定出整个业界的电子商务标准。

韩国的"电子商务基本法"已经颁布以便和国际上制定的全球因特网贸易标准接轨。1998

年 5 月，韩国商工能源部提出了一整套电子商务立法的指导原则，它涉及数字化贸易中的关税、税收、知识产权保护、隐私保护等内容。其中主要的建议是根据当前国际上关于电子商务问题的讨论结果提出来的，讨论结果包括不对计算机软件和多媒体内容等在线产品征收关税，使用数字签名和身份认证，加强对软件版权的保护等。韩国在 1999 年 3 月制定了到 2002 年的国家信息化综合计划——《网络韩国 21 世纪》。2000 年 2 月 15 日，韩国政府发表了"促进电子商务综合对策"。根据韩国财政经济部统计，韩国互联网人数 1999 年底达到了近 700 万，购物网站达到了 800 多个，市场规模达到了 2500 亿韩元（1 美元约合 1100 韩元）。网上证券交易额占总交易额的 37%，超过美国成为世界网上证券交易比例最高的国家。

1.2.5 国外电子商务发展的战略分析

纵观世界各国和国际组织的措施，我们可以清晰地看出发达国家促进电子商务发展的战略意图，也可以帮助我们加紧认识电子商务和制定相应的政策规则。

1. 着眼于 21 世纪，寻找促进经济持续增长的推动力

目前，美国电子商务的应用领域和规模远远超过其他国家，1998 年网上交易额达到 170 亿美元，是世界网上交易总额的 1/3。2002 年全美国的网上销售和服务的营业额预计将达 3270 亿美元。从 1999 年 1 月 1 日起，美国政府要求联邦政府所有对外采购均采用电子商务方式，这一措施被认为是"将美国电子商务推上了高速列车"。

日本政府在 1996 年投入 3.2 亿美元推动电子商务计划，1998 年企业对消费者的电子商务营业额达到 65 亿日元，是美国的 3.1%，2003 年预期达到 3.16 万亿日元，争取在 5 年内增长 50 倍。英国政府把发展电子商务作为发展知识经济的重要战略任务，规定 2000～2001 年实现 90% 的日常货物采购电子化，2001 年将 25% 的政府业务网络化。

2. 借助全新手段获得全球性竞争优势

电子商务是获得战略性信息资源的最好手段。利用电子商务方式，企业不但可以构筑覆盖全球的营销体系，实施全球性经营战略，加强全球范围内行业间合作，提高全球竞争能力。特别是对于中小型企业，电子商务可使他们了解世界市场需求，促进跨国合作，形成更大更有效的经济规模。根据统计，在过去的两年中，美国小企业上网比例已由 19.7% 猛增到 41.2%，2001 年全美 20% 的小企业将设立自己的网页，36% 的企业将开展网上销售服务。

3. 谋求 21 世纪国际规则的主导权

1997 年美国出台《全球电子商务框架》，这表明美国已形成发展电子商务的系列化政策，同时也可看出其谋求国际规则主导权的企图。该框架提出了发展全球电子商务的基本指导原则和国际协作领域，即市场导向与民间主导发展；政府应避免设立不当限制；政府干预的重点是建立一个可预见、干预最少的发展环境，并顾及法令的简明及一致性；政府必须认识互联网的特性；在全球范围内推动电子商务。它的协作领域包括：税收与关税、电子支付系统、电子商务通则、保护知识产权、保护隐私权、安全性、电信基础设施和信息技术、信息内容和技术标准。美国的战略部署就是用这些指导原则和协作领域，与各国政府达成共识。

4. 适应与采用新型商务模式

电子商务是未来商业贸易的交易方式,它以网络方式将顾客、销售商、供应商和雇员联系起来,使供需双方更加依赖于信息资源,并及时获得适用的市场信息,降低交易费用和经营成本,从而提高企业的经济效益和竞争力。1998年全球网页达到3000万个,预计2002年全球网页将超过30亿个,70%以上的大公司都将通过网页来进行销售活动。

因此我们说,发展电子商务不能只注重当前的经济利益,更要从国家经济全局出发,规划出长远的发展目标。同时,我们还要重视发展电子商务的政策和法律法规的制定工作,保证电子商务的健康发展,使我国企业在国际电子商务发展中赢得主动权。

1.3 电子商务的影响与作用

电子商务所具有的不同于传统交易手段的新的特点,给社会带来了巨大的经济效益和社会效益,虚拟企业、虚拟银行、网络营销、网上购物、网上支付、网络广告等一大批前所未闻的新词汇正在为人们所熟悉和认同,这些词汇同时也从另外一个侧面反映了电子商务正在对社会和经济产生巨大影响,改变了人们工作和生活的方式,对企业的传统经营管理模式提出了新的挑战。

1.3.1 电子商务对人类工作和生活方式的影响

电子商务所作用的社会是个市场经济的社会,它所基于的"互联网"是个全球性的网络,它正在改变着人们生活、工作、学习、娱乐方式等各个方面。

1. 信息传播方式的改变

首先,Internet 已经成为众所周知的方便、快捷的联络方式。诸如电子邮件、网上电话、网上传真、网上寻呼等功能的实现,使 Internet 不但成为私人之间极好的通信工具,同时又是进行电子商务的极好工具。

其次,Internet 也成为了新的传播媒介。作为一种广义的、宽泛的、公开的和对大多数人有效的交流方式,Internet 具有访问成本低、可随时随地访问、传播便捷以及时空上的独立性。而且网络传播信息有着双向性的特点,客户根据自己的需要获取信息,提出疑问,没有时间、地域的限制。股票信息站点之所以火爆,是因为可以进行股票交易和股票查询。体育站点吸引众多体育爱好者,是它不仅有实时的体育报道,而且允许体育爱好者在其上发表自己的评论。通过网络还可以得到其他双向的信息服务,如通过企业黄页你可以找到商业机会;通过招聘站点可以寻找工作等。

同时,在线出版也对传统出版业造成了很大的冲击。与传统的印刷出版物相比,在线出版物具有许多不同的特点。首先,网上出版物的成本极为便宜。在纸张非常紧张、昂贵的情况下,网上出版物的优点就格外明显。其次,网上出版物的另一优点是读者面广。谁都喜欢多看一些东西,因此,好的网页比好的书报传播得更广,这一现象将随着网络用户的增加而越来越明显。更为重要的是,由于网上出版物使用超文本文件,可以通过链接的方式指向互联网中所有与该网页相关的内容。不管是进行理论研究，还是读新闻，或是寻找商业信息，都可以很方便地找到相关的资料。

2. 生活方式的改变

网络慢慢融入了人们的日常生活，人们可以在它上面发表自己的意见，参加聚会、购物、看电影、玩游戏、看书、收藏、旅游等。不同年龄的人都可以在 Internet 上找到自己活动的领域。孩子们可以通过 Internet 玩游戏，种类繁多的游戏使孩子们爱不释手。学生们利用 Internet 申请大学入学，查询各大学的信息，如考试成绩、专业设置、教师情况等。青年人利用网络交友，谈恋爱。成年人可以通过网络收集信息，了解有关税收法律改变情况，通过网络处理并填写税收表格，缴纳税费。老年人则利用 Internet 聊天，消磨时光。Internet 正在改变着人们生活的方方面面，同时，也带来一些新的问题。小孩子上网入迷，耗费了宝贵的学习时间。某些网站向青少年灌输不健康的思想，信息污染成为家长必须考虑的新问题。家庭隐私的保护也日益被人们所重视，政府还必须考虑新的网络犯罪问题。

3. 办公方式的改变

电子商务使在家办公成为可能。公司办公的目的是完成任务，电子商务方式保证了及时通信和业务处理，故办公方式可以是灵活的，无论在什么地方、什么时间都可以进行办公业务处理。特别是对于执行独立任务的管理人员来说，可以方便地在家中及时处理事务，不必花更多时间在路上和面对面的交流上。在家办公对于减轻城市交通负担，减少城市污染也将起到良好的效果。

4. 消费方式的改变

电子商务的推广，一方面使家庭购物成为现实，消费者能够真正做到足不出户，就可货比三家；另一方面使消费者的支付方式也将得到很大的转变，消费者只需要拥有一个网络账号，就可以在任何地点、任何时间、每天 24 小时不间断使用银行业务服务，包括储蓄、转账等业务，也包括信用卡、证券、交易、保险和公司财务管理等业务。

5. 教育方式的改变

这几年，网络大学、网上远程教育已经成为人们谈论的一个热门话题。它们都属于现代化远程教育的一种方式，以计算机通信技术和网络技术为依托，采用远程实时、多点、双向交互式的多媒体现代化教学手段，可以实时传送声音、图像、电子课件和教师板书，身处两地的师生能像现场教学一样进行双向视听问答，是一种实现跨越时间和空间的教育传递过程。远程教育是低投入、高产出的。首先，它不需要学生宿舍，不需要服务学生生活的庞大后勤辅助机构，学校管理人员和机构也大大减少。其次，排除了地域差别，实时性、交互性远程教育可使多种观念得以沟通和交流。第三，可以最好地发挥好教师、好教材的优势。第四，在线教育与培训为各个年龄层次、各种知识结构、各种需求层次和各个行业的从业者提供了一种新的学习途径，突破了传统教育体系的在时间、空间和资源上的限制。

1.3.2 电子商务与企业管理变革

随着市场竞争的日益增强，各公司都在进行一些基本的变革，依赖信息和信息技术来获取更大的效益。在 Internet 带来机会的同时，企业对有效的业务合作和交流方面的需求也比以往更为强烈。为了降低成本、增强反应能力、改进内部程序和加强客户服务，近几年来各公司一直在利用信息技术来降低成本，增进组织上的有效性，并重新设计、构造重点业务过程。现在，业务形势要求公司扩展传统的企业范畴，理顺与合作伙伴、供应商和用户的相互关系，达到新的水平。随着计算能力和带宽的日益增强，无论是业务还是客户需求，对在 Internet 上进行多种形式的接触、合作和交流的要求将持续快速增加。这些类型的应用实例包括客户服务、投诉处理、财务服务、销售自动化以及人力资源管理等。下面我们从企业经营管理理念、组织机构、企业生产方式、协作与竞争等几个方面来看看电子商务所带来的影响。

1. 电子商务正在改变企业经营管理理念

对企业而言，随着全球网络通信技术的发展，特别是 Internet 在全世界的普及和扩展，使得商业空间扩展到了全球。电子商务密切了企业和市场之间的关系，使企业内部的各项生产管理与业务流程发生了彻底变化，迫使企业改变传统的经营观念。

首先是时空观念的转变。电子商务是通过网络进行的，当商家通过互联网络进行商务活动时，他们必须首先对传统的空间和时间概念进行修正，形成没有地域界限和没有时间的间断（全球+.7天×24小时）新观念。电子商务正是一个通过虚拟手段缩小传统市场的时间和空间界限的场所。这种方式，一方面降低了交易成本，提高了交易效率；另一方面，也增加了竞争的强度。展现在人们面前的，将是全球性的、全方位的竞争。

其次是低成本扩张观念的变革，电子商务的大规模推广应用，使得人们对资本和利润关系的认识发生了改变，使低成本的扩张成为可能。网络技术的发展，电子商务活动的开展，从根本上说，就是缩小中间路径——缩小生产和消费之间的时间路径、空间路径和人际路径。网络将企业所需要的信息瞬间穿越千山万水，使被资本拉开距离的生产者和消费者重新紧密地联系起来。资本使生产和消费分离，而网络使生产和消费融合。利润作为社会财富，它的分布，从来都是从属于社会生产力的。在没有资本投入的情况下，利润随着拥有信息的人走。以网络为代表的信息生产力对于利润的创造和增进作用在于，它为从根本上克服生产的盲目性提供了技术可能，使人类行为提高了目标实现的成功率。信息社会中的利润来源不仅仅依靠资本，而且需要依靠信息，信息的快速传播将带来巨额的利润。

第三是树立新的营销观念，未来成功的营销者，必须具备新的营销观念。21世纪世界上最大的市场必定是电子商务市场，最大的顾客群必定是亿万上网的网民。作为未来网络营销的市场观念，我们认为其突出表现为下面三个特点：

（1）速度。在网络市场上从事营销活动，讲究的是一个"快"字，速度要高，行动要快。这种速度，首先表现在产品的更新换代上。其次，这种速度表现在网站内容更新的速度上。没有内容更新的网站，很快就会被顾客所抛弃。第三，这种速度表现在信息查询的速度上。查询速度慢的网站，包括主页调出缓慢，检索功能不畅的网站，都不可能受到顾客的青睐。

（2）信用。电子商务是无纸贸易，与传统的营销方式相比，它没有物理介质保证交易的安全性，它所依赖的是密码、认证和其他保密措施。

（3）服务。电子邮件为厂商与客户之间的沟通创造了极为有利的条件。最大的特点在于快捷、准确，能够及时反映客户的意见。及时回复客户的电子邮件，满足客户的合理要求，提供优质的售后服务，努力改善与客户的关系，是每个厂商必须树立的电子营销新观念。

第四是形成新的学习观念,在知识经济时代,学习是生存的条件。学习型组织是知识经济中成功企业的楷模。电子商务为上网企业展示了一片新天地。而且,由于网络营销技术的飞速发展,甚至连业内人士也常常是"丈二和尚摸不着头脑"。企业要想在电子商务中保持竞争的优势,经理和员工需要不断地学习和培训。

2. 电子商务对企业经营环境的影响

(1) 市场结构

电子商务改变了传统市场结构,缩短了生产厂家与最终用户之间供应链上的距离。企业可以绕过传统的经销商而直接和顾客沟通,客户的需求将直接转化为企业的生产指令,这不仅可以大大增加企业与消费者的联系,并且可以因减少许多中间环节,使企业大幅度降低经营管理成本,从而改变传统的市场结构。

(2) 商业结构

传统商业存在的全部基础就是生产者和消费者在时间和空间的距离,商场的作用就是充当他们中间的桥梁。商场是物质流(货物)和信息流(价格)汇聚的中枢。在工业经济中,离开了传统商业作中介,生产和消费就会既不方便又缺乏效率。但在网络经济下,商场存在的根本理由被动摇了。越来越多的厂家拥有了自己的网上主页,大量地发布产品信息和价格信息。中介业将大批消亡,新兴产业将产生和兴起。

(3) 行业结构

电子商务对行业结构的影响主要表现在两个方面:一是以服务为主的新行业产生。如网络交易中心、电子商场、电子商务咨询服务公司、电子商务应用软件开发公司等。他们的人员构成有几个特点:年轻化、高素质、跨学科、跨专业,且大都是工商管理、金融财经、信息管理、计算机网络专业的综合人才。二是跨国管理成为现实。由于电子商务系统的建立,使得大规模的跨国组织、跨地区的商业活动成为可能。一些著名的零售业纷纷扩大营业范围和规模,组织跨地区、跨国界的商业活动,以降低成本和抢占市场份额。一些大的连锁巨商如西尔斯、麦当劳、沃尔玛等,都在网络上创立了自己的虚拟商店,调整传统的商业结构和布局,以适应新的管理模式。

3. 电子商务正在影响企业的组织形式

电子商务改变着世界,互联网改变了信息的传递方式,而这种改变最重要的是体现在企业管理组织的变革。

首先,以互联网为基础的电子商务正在给企业传统的组织形式带来很大的冲击。它打破了传统职能部门依赖于通过分工与协作完成整个工作的过程,产生了并行和团队的思想。除了市场部和销售部与客户打交道外,企业的其他部门也可以通过电子商务网络与客户频繁接触,从而改变了过去间接接触的状况。在电子商务条件下,企业组织单元间的传统边界被打破了,生产组织形式将重新整合,开始建立一种直接服务于顾客的团队。这种团队的组织模式与市场直接接轨,以市场的最终效果衡量自己生产流程的组织状况和各组织单元间协作的好坏。这样,在电子商务环境下,由于信息资源的共享、部门的协同工作,企业的组织机构逐步由传统的"金字塔"组织方式向水平化、网络化组织结构发展。

第二,由于电子商务的推行,企业的经营活动打破了时间和空间限制,将会出现一种完全新型的企业组织形式——虚拟企业。这种虚拟企业打破了企业之间、产业之间、地区之间的界限,把现有的资源优化组合成为一个没有围墙、超越时空约束,利用电子手段联系、统一指挥的经营实体。

4. 电子商务正在改变着企业的生产经营方式

电子商务改变了企业的生产方式。电子商务作为一种快捷、方便的购物手段，它使以销定产更为方便易行，将市场与生产、生产与消费直接沟通。企业通过计算机网络展示自己产品的质量、性能、价格、售前售后服务及付款条件等，客户各取所需，发出订单，甚至可以通过计算机网络将自己个性化、特殊化的需求展示在企业面前。企业生产部门根据计算机网络传递的订购信息及时安排生产或调整生产规模和品种，从而实现小批量、多品种、零库存、即时制造和交货的理想模式，减少不必要的中间环节，减少盲目生产和库存积压，有利于企业生产适销对路的产品，节约社会劳动和经济资源，极大地提高商务活动的效率，以适应现代社会生产和消费的潮流。在这个转变过程中，企业的决策机制也随着在改变，企业管理由集权制向分权制转换。电子商务的推行，使企业过去高度集中的决策中心组织改变为分散的多中心决策组织。单一决策下的许多缺点（官僚主义、低效率、结构僵化、沟通壁垒），都在多中心的组织模式下消失了。企业决策由跨部门、跨职能的多功能型的组织单元来制定。这种多组织单元共同参与、共担责任、共享利益的决策过程，增强了员工的参与感和决策能力，调动了员工的积极性，提高了企业决策的科学水平。

5. 电子商务改变了企业协作与竞争方式

现代信息技术与管理相结合发展的本质是实现高效率、自动化的流程管理，以信息的流动优化物质和能量的流动，即透过技术的实现，帮助人们实现业务流程的优化，降低内耗，提高经营效益。电子商务正是这样一种现代计算机网络技术与管理相结合的一种先进的管理方式。具体来讲，电子商务对企业的协作与竞争方式上带来了五个方面发生变化：

（1）电子商务改变了企业之间的合同关系，准确、及时的信息交流使企业合同的稳定性增加，提高了合同的签约率和履约率，从而进一步加强了企业之间的合同管理。

（2）电子商务不仅给消费者和企业提供了更多的选择消费与开拓销售市场的机会，而且也提供了更加密切的信息交流场所，从而提供了企业把握市场和消费者了解市场的能力。

（3）电子商务促进了企业开发新产品和提供新型服务的能力。电子商务使企业可以迅速了解到消费者的偏好、需求和购物习惯，同时可以将消费者的需求及时反馈到决策层，从而促进了企业针对消费者而进行的研究和开发活动。

（4）电子商务扩大了企业的竞争领域，使企业从常规的广告竞争、促销手段、产品设计与包装等领域的竞争扩大到无形的虚拟竞争空间。

（5）电子商务消除了企业竞争的无形壁垒，这主要表现在一定程度上降低了新企业和中小企业进入竞争市场的初始成本。

综上所述，电子商务的广泛应用推动了企业的发展，并引发了企业管理创新运动。首先，电子商务的发展促进传统企业从制度上进行改革，特别是从组织机构设置、企业员工的激励机制的创立等，并快速向组织结构的扁平化、柔性化转变。其次，电子商务的开展促使企业不断跟踪企业相关技术的最新发展，及时开发和引进先进技术，在市场竞争中争取主动；第三，电子商务迫使企业更加关注市场的变化，特别是网络市场的变化对企业生产经营活动的影响，企业必须通过各种方式进行市场创新，这样才有可能牢牢锁住顾客，求得生存；第四，电子商务对企业的管理人员的素质和管理水平提出更高要求，要吸收和了解现代各种先进的管理思想和方法，如企业流程再造（BPR）、虚拟企业、学习型组织等。

1.3.3 电子商务的效益分析

企业作为为社会提供产品和服务的组织形式，是电子商务应用的主要推动者和直接受益者，因此电子商务的效益分析也应从企业开始。

1. 降低交易成本

（1）电子商务可以降低促销成本

尽管建立和维护公司的网站需要一定的投资，但是与其他销售渠道相比，使用因特网的成本已经大大地降低了。Internet 也可以使传统的销售组织形式，如分级批发渠道、分类销售等更为有效。由于具有自动订购功能，销售人员就可以集中精力来建立和维持客户关系。电子分类目录可给出比纸面分类目录更多的信息和便捷的查阅办法。直接面向市场的在线服务，可缩短采购周期，并增加销售附带产品的能力。

（2）电子商务可以降低采购成本

因为借助 Internet，企业可以在全球市场寻求最优惠价格的供应商，而且通过与供应商的信息共享，减少中间环节由于信息不准确带来的损失。同时，企业可以加强与主要供应商之间的协作关系，将原材料与产品的制造过程有机地配合起来，形成一体化信息传递和信息处理体系。采购人员也有更多的时间专心致力于合同条款的谈判，并注重与供货商建立更加稳固的购销关系。有资料表明，全球采用 EDI 在增值网络上进行的产品和劳务的交易已经超过 1500 亿美元。使用 EDI 通常可以为企业节省 5%~10%的采购成本。

如果说大公司可以通过增值网络降低采购成本，那么因特网的出现，同样为中小企业提供了降低采购成本、获取新交易的机会。企业网上采购才刚刚起步，还不足以看出其对整个社会交易成本的影响。但是，个别公司的例子说明网上采购的潜力巨大，且在不断增长。

2. 优化库存

企业为应付变化莫测的市场需求，不得不保持一定库存产品，而且由于企业对原料市场把握不准，因此也常常维持一定的原材料库存。产生库存的一个主要原因是信息不畅，以信息技术为基础的电子商务则可以改变企业决策中信息不确切和不及时问题。通过 Internet 可以将市场需求信息传递给企业进行决策生产，同时企业的生产信息可以马上传递给供应商适时补充供给，从而实现零库存管理。

产品生产周期越长，企业为对付可能出现的交货延迟、交货失误，越需要较多的库存对市场需求变化的反应也就越慢。而且，库存的增多，也会增加运营的成本，降低企业的利润。何况，高库存量并不能保证向客户提供更佳的服务。当然，低库存所造成的供货短缺情况也会使急不可待的客户另寻他处。

因此，适当库存量的管理不仅可以让客户得到满意的服务，而且可以为企业尽量地减少运营成本。为了达到上述目标，提高库存的管理水平，企业可以通过提高劳动生产率，在提高库存周转率的基础上，降低库存总量。

总而言之，库存量的减少意味着企业在原材料供应、仓储和行政开支上将实现大幅度的节省。

3. 缩短生产周期

一个产品的生产是许多企业相互协作的成果，因此产品的设计开发和生产销售可能涉及许多关联的企业，因特网的发展更是加强了企业联系的广度和深度。现在分布在不同地区的人员可以通过互联网协同工作，共同完成一个研究和开发项目。通过电子商务可以改变过去的信息封闭的分阶段合作方式为信息共享的协同工作，从而最大限度减少因信息封闭而出现等待的时间。

每一项产品的生产成本都涉及固定成本的支出，固定成本支出的多少并不随着产品数量的变化而变化，而与生产的周期有关。这项固定成本包括设备的折旧、固定资产投资成本等。如果生产某一产品的生产周期缩短了，那么每一产品的单位固定成本也相对减少。电子商务的实现使生产周期缩短，每一单位的生产成本降低。

例如，按照传统的开发程序，日本汽车厂商开发一个新的车型，从概念到规模生产一般至少需要三年的时间。传统的开发程序是这样：首先，需要制作相当于实物大小的整车粘土模型，以便观察车体的真实形状；然后对该模型作出修改，这需要几个月时间；一旦确定了最终的模型方案后，还需要手工绘制各种设计图，确定各零件之间是否协调运作，以及整车生产在经济上的可行性；工程师们再根据设计图纸进一步修改工程的设计规格；等设计图纸确定后，工程师们即开始设计个别零件及其生产模具；然后，采购代理与供应商一起为试生产的生产线制作样本模具和零件的设计图纸；如果一切进展顺利，生产和工程设计人员将开始试装配，考察生产线是否有问题；最后经过多次修改后，新产品才能投入规模生产。

今天，计算机网络的应用为汽车的设计和开发提供了快捷的方式。所有设计和开发人员，包括设计师、工程师、供应商、制造商和生产线的工作人员等通过网络协同工作，自始至终都在网上参与整个设计和开发过程。计算机网络的运作使几个月的设计变成了几天。计算机网络也使该项目的不同工作人员共享信息，协同工作，不必等到前一个部门完成工作后才进行下一个部门的工作。通过使用计算机辅助设计（Computer-Aided Design，CAD）、计算机辅助制作（Computer-Aided Manufacturing，CAM）和计算机辅助工程（Computer-Aided Engineering，CAE），所有的开发人员都可以共享计算机文件，并使用三维立体设计技术设计车型，而不需再用手工绘制图纸。所有的优化设计都可以在计算机上实现，而无需再制作样本模具和零部件。

当最终的设计定型后，计算机辅助制作资料即自动装入生产模具和零部件的机械设备。同样的计算机网络技术会自动调整生产线的运作方式，以保证制造过程严格按照设计和开发的规格进行。因此，通过计算机网络，开发人员协同工作、共享信息，将开发和制造一辆新型汽车的周期缩短为 13 个月。

4. 更有效的服务和商机的增加

24 小时在线服务。世界各地存在的时差，造成了国际商务谈判的不便。对企业来讲，用传统的方式提供每天 24 小时客户支持和服务，其费用相当昂贵。然而，因特网的网页不同于人员销售，可以实现 24 小时的在线服务，在网上介绍产品、提供技术支持、查询订单处理情况，以改进客户的满意度。

24 小时网上在线服务可以在一定程度上使企业的销售增加，例如，Expro 公司是一家向石油公司提供零部件的机械制造企业。该公司在网上建立了在线交易网页，使远在北海海上石油平台的壳牌石油公司（Shell Oil）的工程师通过网页就可以立即下单订货，而无需像原来那样还必须回到岸上来操作。工程师们承认，通过这种方式下单，其订货数量大大增加，因此，他们会在对产品有实际需要的同时，马上下单订货。

如果 24 小时的网上交易能与企业原材料的采购、产品制造过程的计算机网络连接起来，无需人工干预，那么网上交易的交易成本会大大降低。在线式商店能够全天 24 小时、一年 365 天经营，而传统市场上的实际店铺却很难做到这一点。

24 小时全球运作。由于电子商务是 24 小时全球运作，网上的业务可以开展到传统销售和广告促销方式所达不到的市场范围。例如，一家制造商的塑料产品专业人员坐在个人计算机前，就可通过操纵 Internet 浏览器在网上寻找出售工业用塑料产品的供应商；而通过上网，一家销售人员有限的小型供应商可以被制造商的专业人员注意到。同样的道理，一家小商店的销售力量根本就不可能覆盖成千上万的消费者，而上网销售就可以开辟更专业化的市场，不仅在本国而且可以面向全球，以开发具有巨大盈利潜力的新市场。

5. 减轻对实物基础设施的依赖

传统企业的创建必须有相应基础设施来支持，如仓储设施、产品展示厅、销售店铺等。然而，现代企业纷纷通过在网上设立网站来达到开辟新销售渠道的效果。因特网为那些新兴的虚拟运作企业提供了发展机会。在虚拟运作的情况下，企业可以尽量少地持有库存，或根本不必持有库存，也可能不必具备实物运作空间。

对于信息产品而言，如报刊杂志、视听娱乐、计算机软件和信息提供等，如果产品本身可以实现在线成交和在线交付的话，仓储设施完全是多余的。整个销售环节，从研制开发、订货、付款到产品的交付都可以在网上实现。

即使对于有实物零售店铺的商店也会发现，在网上设立虚拟店铺可以不受实物空间如货架空间的限制。原则上网上虚拟店铺所出售的品种类可以是无限的。网上商店为了提高竞争力，在经营上可以更灵活。如对于经营商品的种类、库存多少以及定价等各方面都可以随时灵活掌握。

总而言之，在线虚拟商店可以招揽更多的顾客，展示更多种类的商品，经营上可以更灵活多样。然而，这类商店必须向顾客提供更优惠的销售条件，如退货条件，因为顾客在采购时不能够亲自验视商品。

1.4 中国电子商务的现状与未来

1.4.1 我国电子商务的现状

1. 总体发展情况

我国电子商务的发展始于 20 世纪 90 年代初，1997 年逐渐成为一个热门话题。从 1997 年苏州第一届电子商务学术研讨会，直至 2001 年的第五届中国国际电子商务大会引起社会各界的广泛关注。我国在电子商务方面做了大量工作，进行了积极有益的探索，大大促进了我国电子商务的发展。

我国政府敏锐地意识到电子商务对经济增长的巨大推动作用，于 1996 年 2 月成立了中国国际电子商务中心；1997 年，国务院电子信息系统推广办公室联合 8 个部委建立了中国电子数据交换技术委员会，电子商务开始在我国启动；2000 年 6 月，经国务院批准，在各部门的大力支持下，中国电子商务协会在京正式成立，架起了国内外电子商务发展的桥梁。这些机构一经成立，就着力推广电子商务及其应用，做了大量的工作，有力地推动了我国电子商务的发展。

我国电子商务是以国家公共通信网络为基础的，以国家金关工程为代表的，以外经贸管理服务为重要内容的电子商务工程逐步发展起来的。我国政府相继实施了"金桥"、"金卡"、"金关"等一系列金字工程，为我国电子商务的发展作了良好的铺垫。

有了以上的基础，近两年我国电子商务获得了迅速发展，从以下数据即可看出。

1996 年中国互联网用户为 10 万，1999 年互联网用户为 400 万，增长了 40 倍，2000 年达到 1690 万，截止到 2001 年 6 月 30 日，互联网用户达到 2650 万人，其中专线上网的用户人数为 454 万，拨号上网的用户人数为 1793 万，同时使用专线与拨号的用户人数为 403 万。除计算机外同时使用其他设备（移动终端、信息家电）上网的用户人数为 107 万。我国上网计算机数已经达到 1002 万台，其中专线上网计算机数为 163 万台，拨号上网计算机数为 839 万台。

截止到 2000 年，我国电子商务网站数量已达 1100 余家，其中网上零售商 600 余家，拍卖类网站 100 家左右，远程教育网站 180 家，远程医疗网站 20 家。网上中文站点 1.5 万个。ISP300 余家，ICP1000 余家。

1999 年，我国电子商务交易额为人民币 1.8 亿元，其中 B2C 交易额为 1.44 亿元，均比 1998 年增长一倍以上（支付手段主要是在线支付和货到付款）。2000 年电子商务交易额达到人民币 4 亿元，增长态势强劲。

从行业应用看，证券公司、金融结算机构、民航订票中心、信用卡发放等领域均已成功进入电子商务领域，并进行了大量的、可靠的交易，这些已构成电子商务发展的基础，同时也为进一步发展积累了丰富的经验。

就整体而言，经权威机构调查，我国信息产业总规模已超过 14000 亿元人民币，电信业务年均增长率为 33%，信息产品制造业年均增长率已大于 30%。中国电子商务正由起步迈入繁荣阶段。

2. 基础环境建设情况

（1）基础设施情况

1999 年，我国国际线路总容量为 351MB，2000 年，国际线路总容量达到 1234MB，目前已经达到 3257MB，连接的国家有美国、加拿大、澳大利亚、英国、德国、法国、日本、韩国等。

我国 IP 电话出口带宽总量为 56MB。

1999 年底，光缆总长度为 100 多万公里，局用程控交换机总容量为 1.6 亿门，建成全国性计算机系统 108 个，与 70 个国家和地区建立了直达线路，与 59 个国家和地区的 108 个移动通讯网络开通了国际漫游。

到 2000 年 3 月，中央、国务院有关部门建立站点 52 个，建成各类数据库 1038 个，各级政府已申请网站域名 2400 个，其中 720 个政府部门以 Web 服务器向社会提供服务，利用公用网组建的全国性计算机信息系统达到 86 个。

1999 年 3 月和 10 月，电信资费作出重大调整，上网费用也有较大幅度的下降。2000 年第一季度，信息产业部组织实施国际出入口带宽扩容工作。

总之，我国电子商务的基础设施建设在过去的一年取得了重大成就，主要表现在国内主干网带宽有了较大的扩展，个人和企业上网费用已经开始下调；网民和企业对网络环境已经从速度快和价格低的要求进一步提高到要求保障服务质量，对于网络服务已经开始进入更具体和更务实的发展阶段。

（2）网络建设连接情况

1994 年 9 月，中国公用计算机互联网（CHINANET）建设启动，同年 10 月，中国教育和科研计算机网（CERNET）启动。1995 年 1 月，中国电信开始向社会提供 Internet 接入服务。1995 年 4 月，中国科学院启动百所联网工程。在此基础上，网络不断扩展，形成了中国科技网（CSTNET）。1996 年 1 月，中国公用计算机互联网（CHINANET）全国骨干网建成并正式开通。9 月，中国金桥信息网（CHINAGBN）向社会提供 Internet 接入服务。

1997 年，中国公用计算机互联网（CHINANET）、中国科技网（CSTNET）、中国教育和科研计算机网（CERNET）、中国金桥信息网（CHINAGBN）实现了互连互通。

3. 立法情况

我国在研究国际先进经验的同时，结合中国国情，在立法方面进行了积极有益的探索，初步制定了一套有中国特色的电子商务法规：

1996 年 2 月，国务院第 195 号令发布了《中华人民共和国计算机信息网络国际联网管理暂行规定》；

1997 年 5 月，国务院信息化工作领导小组办公室发布《中国互联网络域名注册暂行管理办法》；12 月，公安部发布了《计算机信息网络国际联网安全保护管理办法》；

1999 年 8 月，信息产业部发布《电信网间互联管理暂行规定》；同年，《国家电子商务发展总体框架（初稿）》拟就，报国务院审批；

2000 年 9 月 25 日，国务院公布了《中华人民共和国电信条例》和《互联网信息服务管理办法》。

4. 我国电子商务发展的特点

（1）由热浮躁到冷思索，理性加强，发展战略开始转变。

由于纳斯达克的变动，中国电子商务的发展经历了从疯狂到迷茫，从迷茫再到冷静和理智的过程。整个行业目前正在进行着表面不明显但是实质剧烈的变化。国际投资商对中国互联网企业投资的谨慎，长期亏损的压力，由受"电子商务未必赢利"的误导而疯狂追求"全国第一"的"大手笔"到雅宝发出的"收益为王"的呐喊，众多企业正悄然改变原有发展战略，开始寻求新的商业模式并在经营理念上注重从注意力经济向购买力经济转变。

（2）大型传统产业纷纷涉足电子商务，实业网站开始崛起。

众多知名企业认识到互联网的商业价值和电子商务的前景，凭借自身多年的物流、配送、资金实力、管理经验等方面的优势，很快杀入了电子商务的主战场并显示出了勃勃生机。

（3）网站建设发展迅速，大众化程度明显提高。

从 1999 年开始，网站数量增长迅速，同时上网门坎不断降低，逐渐贴近大众化，与人民群众的生活联系日益密切。

1.4.2 中国发展电子商务的障碍与对策

1. 中国发展电子商务的障碍

（1）意识和观念问题。中国购物习惯和方式比较保守和陈旧,"不见兔子不撒鹰"并且以逛街购物为乐趣,不肯轻易相信网上的"花言巧语"。

（2）国内计算机信息网络运行质量问题。这几年中国的计算机信息网络发展虽快,但从电子商务的要求看,无论是网络技术、网络管理、信息内容、技术标准、资费水平、通信速度、安全和保密条件等各方面都存在较大差距,计算机信息网络运行质量差,影响了网络的继续扩大。

（3）企业信息化普及率低。企业的信息化程度直接关系到电子商务的基础,中国的企业正在改制中,现代企业制度尚未普遍建立,目前企业信息化的进展并不令人满意。在 15000家左右国有大中型企业中,大约有 10%左右的企业基本上实现了企业信息化,大约有 70%左右的企业拥有一定的信息手段或着手向实现企业信息化的方向努力,大约有 20%的企业只有少量的计算机,但除了用作财务、打字机外很少有其他应用。

目前在国家工商局注册登记的 1000 万家左右中小企业中,只有大约百分之几的企业拥有一定的现代化信息手段。

（4）金融体系支撑不足。电子商务的运行需要支付与结算的手段。因此需要有高质、高效的金融服务及其电子化手段的配合。目前我国金融服务的水平和电子化程度不高,网上支付问题很大程度上阻碍了我国电子商务发展的进程。中国金融业急需适应全球一体化进程并加快变革步伐,改变现有的支付方式,实现真正的网上支付,不仅是我国电子商务发展的关键,也是市场的迫切需求。

（5）社会化信用体系不健全。目前中国的社会化信用体系很不健全,信用心理不健康。交易行为缺乏必要的自律和严厉的社会监督。在这种情况下,要发展电子商务,必须加速培育市场,创造比较成熟和规范的社会信用环境,以利于传统商务向电子商务的顺利转变。

（6）语言障碍问题。由于网上的信息绝大多数是英文信息,对于相当多的企业和相当多的人来讲,语言上的障碍成为制约他们进行企业信息化和发展电子商务的令人头疼的问题。

（7）商业模式的创新问题。

目前我国电子商务处于对传统商业模式和海外先进经营模式的抄袭、模仿的水平上,很少有结合我国国情创新模式。

（8）管理体制问题。现行管理体制基本上是计划经济时代的产物,条块分割,设置不合理,协调性不够,办事效率低下、对新经济适应性较差。

2. 中国发展电子商务的对策

作为发展中国家,我国电子商务的环境与国外有较大差异。我们应根据自己的财力、国力、制定长远规划,分步、分阶段实施电子商务,走有中国特色的电子商务发展道路。主要应注意以下几个方面:

（1）积极参与国际对话,以便建立一个国际社会普遍接受的电子商务国际框架

互联网是一个全球性的媒介,不能采用传统的各国独立的方式来发展。积极参与电子

商务问题的国际谈判并逐渐起到主导作用,认真研究我国发展电子商务的对策,提出对我国有利的"游戏规则"。目前的电子商务国际谈判主要集中在少数发达国家之间,发展中国家若不及时参与到对话中来,不利于形成电子商务的国际框架。

(2) 突出重点,由点带面

目前我国尚处于电子商务发展的初期,推动电子商务在主观和客观上困难都很多,齐头并进不现实,所以在具体实施上应分步骤进行。首先,在一些管理和经营的特点比较适合电子商务发挥长处的领域中推行电子商务,例如银行、民航、证券、外贸、连锁店、软件、出版物和影视产品等。在这些领域获得成功、取得经验的基础上再去带动其他的领域。其次,对那些经济比较发达、信息化程度相对较高、对电子商务有需求和有效益的地区,特别是一些有条件的沿海省市,以及内地的少数省会城市和中心城市,应不失时机地发展各种方式的电子商务,发挥其示范效应,以便向其他地区推广普及。第三,采取在电子商务和传统商务的结合中逐步扩大电子商务比重的做法,电子商务解决不了的问题先由传统商务解决。这样电子商务的起步和发展将会容易一些。

(3) 加强标准制定、安全技术研究,加快法律法规建设

电子商务的广泛开展对标准和安全提出了要求。要组织银行、信息产业、税务、海关、法律等有关部门集中解决电子支付、安全保密、法律认可等电子商务急需解决的问题,并进行标准制定。尽快建立发展我国信息产业的法律环境和政策环境,并在实践中逐步加以完善。

(4) 大力推动企业信息化进程,搞好计算机信息网络建设

企业信息化的程度对电子商务的发展有很大影响,政府要为企业信息化做好组织工作,制定好发展规划。企业信息化建设离不开为企业服务的信息网络的建设。目前计算机信息网络发展很快,但重复建设、资源浪费严重。进一步探索计算机信息网络发展的规律是需认真对待的问题。

(5) 加强宣传教育,普及电子商务常识,提高全民族电子商务意识

目前,人们的电子商务意识还很淡薄,对计算机和网络的知识掌握不够。让更多的人认识计算机、认识网络、了解电子商务是发展电子商务的前提和基础。因此,尽快宣传普及电子商务有关知识与技能,加强相关人才培养,是一项非常重要的工作。

1.4.3 中国电子商务发展趋势

在发达国家,电子商务的发展非常迅速,通过 Internet 进行交易已成为潮流。迅猛发展的电子商务正在或将要改变许多人的日常生活和工作模式。有专家预测,在 2002 年,全世界将有 1 亿台计算机和 100 个大型网络与 Internet 联网,网上用户将增至 5—10 亿。随着安全技术的不断完善,Internet 上的电子商务市场将发展成为"全世界最广、最深厚、最快捷和最安全的市场,在 Internet 上实现的购物和服务交易额将不下 1 万亿美元。"据估计,在未来的十年里,电子商务发展的速度将是惊人的。美国 1995 年网上购买量仅有 3.5 亿美元,到 2002 年,这个数字将达到 3000 亿美元。

我国电子商务活动开展时间不长,但发展态势很好,我国政府和有关主管部门对电子商务给予了高度的重视和积极的支持。目前我国大约 1.5 万家国有大中型企业中的 50%左右连入了 Internet,其中一些企业拥有了自己的主页和 WWW 服务器,有进出口权的企业有一部分能熟练进行国际电子商务的业务。同时,随着这几年我国计算机网络技术的蓬勃发展,

一大批高科技信息管理人才得到培养和锻炼，这一切都是在中国推动电子商务的有利条件和保证。1998年3月6日，我国国内第一笔Internet网上电子商务交易成功；1999年7月，浙江省某企业成功地通过网上支付的形式采购了200万美元的设备材料。据报道，在1997年就建立的我国第一家区域性和公众性网站上海热线，到1999年11月每天的访问量已超过20万人；上海的8家银行联线的新IC卡在1999年12月发行，同时，为上海电子商务配套的统一的支付网关也已建成。上海的电子商务支付网点正式投入运行，届时网上消费者在家里凭IC卡就可以完成网上购物的全过程。当前，已经有越来越多的企业决策者将企业下一步发展的方向和注意力集中到电子商务上来。随着Internet在我国的大规模普及，今后中国电子商务的发展将呈现以下六个方面的趋势：

1. 纵深化趋势

电子商务的基础设施将日臻完善，支撑环境逐步趋向规范，企业发展电子商务的深度进一步拓展，个人参与电子商务的深度也将得到拓展。

（1）电子商务的基础设施将日臻完善

图像通信网、多媒体通信网将建成使用，三网合一潮流势不可挡，高速宽带互联网将扮演越来越重要的角色，制约中国电子商务发展的网络瓶颈有望得到缓解和逐步解决。我国电子商务的发展将具备良好的网络平台和运行环境。

（2）电子商务的支撑环境逐步趋向规范和完善

电子商务的社会及商业环境更趋成熟。网络人口飞跃式增长，市场容量得以极大拓展。企业对电子商务的认识更深化，实施电子商务的紧迫性和可能性都大大提高。随着有关电子商务的基本法律法规的出台和实施，国内电子商务活动将得到有效的法律保障。国家将发挥在保障电子商务交易安全方面的主导作用，消除人们对目前电子商务安全性的担心。物流体制改革将深化，专业化的第三方物流发展迅速，电子商务公司在配送渠道的选择方面空间更大，成本将降低。

（3）企业发展电子商务的深度进一步拓展

随着电子商务技术创新与集成度的提高，电子商务将向纵深挺进，新一代的电子商务将浮出水面。电子商务企业将从网上商店和门户的初级形态，过渡到将企业的核心业务流程、客户关系管理等都延伸到互联网上，使产品和服务更贴近用户需求。企业将创建、形成新的价值链，把新老上下游利益相关者联合起来，形成更高效的战略联盟，共同谋求更大的利益。

（4）个人参与电子商务的深度也得到拓展

个人对电子商务的应用将从目前点对点的直线式向多点智能式发展。

2. 个性化趋势

个性化需求信息将会越来越强劲，个性化商品的深度参与成为必然。互联网的发展与普及本身就是对传统经济社会中组织与个人的一种解放，使个性的张扬和创造力的发挥有了一个更加有力的平台，也使消费者主权的实现有了更有效的技术基础。在这方面，个性化定制需求信息和个性化商品需求将成为发展方向，消费者将把个人的偏好参与到商品的设计和制造过程中去。对所有面向个人消费者的电子商务活动来说，提供多样化的、个性化的服务，是决定今后成败的关键因素。

3. 专业化趋势

面向消费者的垂直型网站和专业化网站前景看好，面向行业的专业电子商务平台发展潜力大。一是面向个人消费者的专业化趋势。要满足消费者个性化的要求，提供专业化的产品线和专业水准的服务至关重要。今后若干年内我国上网人口仍将是以中高收入水平的人群为主，他们购买力强，受教育程度较高，消费个性化需求比较强烈。所以相对而言，提供一条龙服务的垂直型网站及某一类产品和服务的专业网站发展潜力更大。二是面向企业客户的专业化趋势。对 B2B 电子商务模式来说，以大的行业为依托的专业电子商务平台前景看好。

4. 全球化趋势

中国电子商务必然走向世界，同时也面临着世界电子商务强手的严峻挑战。互联网最大的优势之一就是超越时间、空间的限制，能够有效地打破国家和地区之间各种有形和无形的壁垒，对于促进每个国家和地区对外经济、技术、资金、信息等的交流将起到革命性的作用。电子商务将有力刺激对外贸易。因此，我国电子商务企业将随着国际电子商务环境的规范和完善逐步走向世界。我国企业可以由此同发达国家真正站在一个起跑线上，变我国在市场经济轨道上的后发劣势为后发优势。电子商务对我国的中小企业开拓国际市场、利用好国外各种资源是一个千载难逢的有利时机。同时，国外电子商务企业将努力开拓中国市场。随着中国加入 WTO，这方面的障碍将逐步得以消除。

5. 区域化趋势

立足中国国情采取有重点的区域化战略是有效扩大网上营销规模和效益的必然途径。讲中国电子商务的区域化趋势与前面强调的国际化趋势并不矛盾。区域化趋势是就中国独特的国情条件而言的。中国是一个人口众多、幅员辽阔的大国，社会群体在收入、观念、文化水平等很多方面都有不同的特点。我国虽然总体上仍然是一个人均收入较低的发展中国家，但地区经济发展的不平衡和城乡二元结构所反映出来的经济发展的阶梯性、收入结构的层次十分明显。在可以预见的今后相当长的时间内，上网人口仍将以大城市、中等城市和沿海经济发达地区为主，B2C 的电子商务模式区域性特征非常明显。以这种模式为主的电子商务企业在资源规划、配送体系建设、市场推广等都必须充分考虑这一现实，采取有重点的区域化战略，才能最有效地扩大网上营销的规模和效益。

6. 融合化趋势

电子商务网站在最初的全面开花之后必然走向新的融合，包括同类兼并、互补性兼并和战略联盟协作。一是同类网站之间的兼并。目前大量的网站属于"重复建设"，定位相同或相近，业务内容趋同。激烈竞争的结果只能是少数企业最终胜出，处在弱势状态的网站最终免不了被吃掉或关门的结局。二是不同类别网站之间互补性的兼并。那些处于领先地位的电子商务企业在资源、品牌、客户规模等诸方面虽然有很大优势，但这毕竟是相对而言的，与国外著名电子商务企业相比还不是一个数量级的。这些具备良好基础和发展前景的网站在扩张的过程中必然采取收购策略，而主要的模式将是互补性收购。三是战略联盟。由于个性化、专业化是电子商务发展的两大趋势，而且每个网站在资源方面总是有限的，客户的需求又是全方位的，所以不同类型的网站以战略联盟的形式进行相互协作势必成为必然。

1.5 本章小结

本章界定了电子商务的定义,并且讨论了电子商务产生的社会和技术基础及推动电子商务发展的各种力量,也介绍了电子商务的发展历程及国外电子商务的现状,并对国外的电子商务发展战略意图做了分析。

本章还讨论了电子商务的影响与作用,分析了其对人类生活和工作方式的影响,重点讨论了电子商务给企业所带来的变革,诸如管理观念的变化、企业经营环境变化、企业组织结构的变化、企业的经营生产方式的变化等,同时论述了电子商务给企业所带来的效益。

本章最后对电子商务在中国的发展做了分析,在现状分析的基础上,找出电子商务在中国发展的障碍和相应对策,并对电子商务的未来做了展望。

1.6 本章习题

1. 关于电子商务,有很多概念,我们应该如何去认识它们?
2. 如何理解推动电子商务发展的三大因素?
3. 电子商务发展分为哪几个阶段?
4. 国外发展电子商务的战略意图是什么?
5. 电子商务对人类生活和工作方式的影响表现在哪些方面?
6. 电子商务是将在哪些方面影响企业管理的变革?
7. 电子商务的效益表现在哪些方面?
8. 中国电子商务发展存在什么问题?该采取何种策略推动电子商务的发展?
9. 电子商务发展趋势是什么?

第 2 章　电子商务机理与模式

由于电子商务能为企业带来众多的优势，越来越受到企业界的重视。但是也应该注意到，它正处在一个不断变化和完善的过程中。在这个过程中，了解和掌握电子商务一般机理和运行模式是十分必要的，因为它对电子商务的实际推广应用以及企业电子商务解决方案的实践具有非常重要的指导意义。本章讨论与电子商务机理有关的电子商务一般框架、电子商务应用分类与应用层次等方面的问题。并在此基础上我们重点分析了 B2C 与 B2B 电子商务运作模式。

本章主要内容：
- 电子商务的功能与特性
- 电子商务的一般框架
- 电子商务系统的组成
- 电子商务的模式分析

2.1　电子商务的功能与特性

2.1.1　电子商务的应用领域

电子商务系统以互联网为依托，对整个社会和经济都带来巨大的影响，其应用的范围也越来越广，如：

（1）国际旅游和各国旅行服务行业，例如旅店、宾馆、饭店、机场、车站的订票、订房间、信息发布等一系列服务；

（2）图书、报刊、音像出版业，例如电子图书发行、报刊图书的网上订阅等服务；

（3）新闻媒体；

（4）进行金融服务的银行和金融机构；如网上银行、网上证券业务的开展；

（5）政府的电子政务，如：电子税收、电子商检、电子海关、电子行政管理等；

（6）信息服务行业，如房产信息咨询服务、导购咨询服务等；

（7）零售业，包括在线的商品批发、商品零售、拍卖等的交易活动；

（8）IT 行业等等。

由此可见，电子商务正深入到社会的每个角落，对社会的方方面面都产生了影响，甚至引起了巨大的变革。以下在介绍电子商务的功能与特性的基础上，讨论电子商务一般的原理。

2.1.2 电子商务的功能

电子商务的功能有着不同的归类方法,在这里我们从商品和服务的交易角度来简要分析电子商务的功能。

商品与服务的交易过程一般包括市场调研、谈判与签订合同、组织配送、支付结算和售后服务等。在这个过程中,通信和计算机技术成为整个交易过程的基础,同传统的贸易活动相比,电子商务所依赖的交易基本处理流程并没有改变,而用以完成这些处理流程的方式媒介发生了变化。电子商务可以基于因特网等通信网络来进行整个商品的交易活动,内容包括商品的查询、采购、展示、定货以及电子支付等一系列的交易行为,以及资金的电子转拨、股票的电子交易、网上拍卖、协同设计、远程联机服务贸易活动,从而降低了商品交换过程中的成本。从表 2.1 我们可以看出电子商务在整个交易过程所体现出的作用。

表 2.1 电子商务的主要内容和典型服务功能

交易过程	主要内容	典型功能
调研	买卖双方针对特定的商品与市场进行市场调研 卖方发布产品信息,收集特定用户群信息 买方寻找适合自己商品的交易机会 买卖双方通过网络交换信息,比较价格和交易条件等	市场调研 网上广告宣传服务 网上咨询服务
谈判和签订合同	双方交易谈判 签订合同	网上交易洽谈服务 网上商品订购服务
组织配送	指执行合同的交货的过程,如商品交付运递部门投送,或直接通过电子化方式传送信息产品或提供服务。本过程涉及面很广,如与商检、运输部门、海关等方面进行电子单证的交换	物流配送服务 交易活动管理服务 网上信息商品传递及查询服务
支付结算	通过金融机构完成支付过程	网上支付与金融服务
售后服务	当交易双方完成各种交易手续之手后,并向用户提供方便、实时、优质的售后服务等	在线技术支持 意见征询

从上可看出,电子商务可提供网上交易和管理的全过程的服务,因此它具有交易活动管理、市场调研、广告宣传与信息发布、咨询洽谈、网上订购、网上支付、网上金融服务、服务传递、在线服务支持等各项功能。

1. 交易活动管理

电子商务是一种基于信息技术的商业过程。在这一过程中,企业内外的大量业务被重组而得以有效运作。企业对外加强了与合作伙伴之间的联系,对内则提高了业务管理的集成化和自动化水平,在业务活动的运作上真正做到了快速、高效和方便。

电子商务也为企业提供直接面向最终消费者的机会,拉近了卖方与消费者距离,减少了中间环节,从根本改变了企业传统的封闭式生产经营模式,使产品的开发和生产可根据客户需求而动态变化,甚至可以提供满足消费者个性化要求的服务。

2. 市场调研

Internet 为企业开展网上市场调研提供了便利场所,营销人员能很方便地使用 Internet 来收集顾客和潜在顾客的信息。这些信息有助于理解和服务于顾客,如通过电子邮件和来客登记簿获得有关访问者的详细信息、网上设计问卷的方式来反馈顾客针对某议题、服务或者产品的意见或倾向等。

3. 广告宣传与信息发布

在电子商务中,信息发布的实时性和方便性是传统媒体无可匹敌的,新型的在线发布手段使得信息查询非常方便和实用,各种多媒体的信息全方位展现了以往各种媒体所不具备的功能,并获得了奇效。网络宣传广告、用户在线查询和浏览、网络会议等具体发布形式更是令人眼花缭乱、目不暇接。

电子商务可凭借企业的 Web 服务器和客户 Internet 浏览器,在 Internet 上发布各类商业信息。客户可借助网上的检索工具迅速地找到所需商品信息,而商家可利用网上主页(Home-Page)和电子邮件(E-mail)在全球范围内作广告宣传。与以往的各类广告相比,网上广告成本最为低廉,而给顾客的信息量却最为丰富。

4. 咨询洽谈

电子商务允许用户借助非实时的电子邮件(E-mail)、新闻组(News Group)和实时的讨论组(Chat)来了解市场和商品信息、洽谈交易事务。网上的咨询和洽谈能超越人们面对面洽谈的限制,提供方便的异地交谈。在形式上,这不仅仅局限在一对一的个人对话上,用户可通过白板会议(Whiteboard Conference)来共同交流信息。

5. 网上购物

对个人而言,也许电子商务最为直观和方便的功能就是网上购物。生活在商品经济的社会中,任何人都避免不了到市场上去购买自己的生活必需品和喜好的东西。对那些厌烦走进商场的人来说,网上购物意味着无需看到成千上万熙熙攘攘的人群而能够买到所需要的商品;对于那些喜欢逛商场的朋友来说,网上购物可以让他们坐在家中悠然自得地尽情挑选各式各样的东西。

电子商务可借助网上的邮件交互传送实现网上的订购。网上的订购通常都是通过产品介绍的页面上提供的十分丰富的订购信息提示和订购信息输入框进行。当客户填完订购单后,通常系统会回复确认信息单,以保证订购信息的收悉。订购信息也可采用加密的方式使客户和商家的商业信息不会泄漏。

6. 网上支付

买东西就要付钱。电子商务要成为一个完整的过程,网上支付是重要环节。网络作为一种新的贸易方式正在逐渐成为商务的一大发展趋势,这势必带动新型付款方式的形成。数字货币、数字支票、信用卡系统等综合的网上支付手段,较传统的货币方式更具方便性,在网上直接采用电子支付手段也可节省交易中很多人员的开销。

但是,由于支付过程在交易中所占有的重要地位,如果解决不好电子支付过程中存在的一系列问题,不仅将给个人、企业和国家带来无法弥补的损失,更有可能带来相当严重的经济金融问题。网上支付将需要可靠的信息传输安全性控制,以防止欺骗、窃听、冒用等非法行为,这必须有电子金融的支持,即银行、信用卡公司及保险公司等金融单位要提供网上操作的服务,并配以必要的技术措施来保证,如数字凭证、数字签名、加密手段的应用,提供电子交易过程的安全性。

7. 网上金融服务

由于电子商务的发展为金融业提供了新的服务领域和服务方式，而金融服务的内容也将迎合电子商务的要求并提供相应的业务支持。随着世界范围内金融业的竞争更加激烈，以及商务活动中金融业务的重要性日益明显，网上金融服务的整体化发展水平将直接影响到电子商务的健康成长。

电子商务必须处理好各种物流、信息流和资金流中的每个环节，才能有效地运行，而当前影响电子商务的最大障碍也正是资金流问题。电子商务的兴起将金融服务业推向信息化的最前沿，金融业务不仅在内容上迅速扩大范围，而且在手段上也正面临新的变革。网上金融服务包括了人们需要的各种内容，如网上消费、家庭银行、个人理财、网上投资交易、网上保险等。这些金融服务的特点是通过电子货币进行及时的电子支付与结算。

具体地讲，电子商务带动的金融服务有：
（1）金融服务：网上贸易和网上银行，包括网上货币、外汇交易与管理。
（2）保险：网上报价、代理服务和理赔管理。
（3）投资理财：会计账务管理、财产管理、委托投资和网上证券交易。
（4）金融信息服务：信息发布与统计、评估与论证、咨询服务。
（5）金融安全服务。

8. 服务传递

对于已经签订合同的顾客，应将其订购的货物准时送达到他们手中。有些货物在本地、有些在异地，对于有形商品，物流配送部门或公司能起到传递服务的作用；而对于无形的商品，如软件、电子图书、信息服务、音乐等，则可以直接通过 Internet 来进行传递。

9. 在线服务支持

企业可以借助 E-mail、FAQ、BBS 等来提供更加完善的顾客服务，包括提供有关产品和服务的信息、在线解答顾客在产品使用中遇到的各种问题、提供产品订购和运送过程的有关信息等。

2.1.3 电子商务的特性

从上面的分析可以看出，电子商务是将传统的商务活动中物流、资金流和信息流利用网络技术进行整合，能直接与分布各地的客户、员工、供应商和经销商连接，创造更具竞争力的经营优势。电子商务使企业具备灵活的交易手段和快速的交货方式，可以帮助企业优化其内部管理流程，以更快捷的方式将产品和服务推向市场，大幅度促进社会生产力的提高。与传统商务相比，电子商务具有以下的特点：

（1）业务全球化

网络可以使交易各方通过互动方式直接在网上完成交易和与交易有关的全部活动，它使商品和信息的交换过程不再受时间和空间的制约，这说明，任何人可以在任何时间、地点利用电子商务服务功能进行有关的电子商务活动；各国的政府部门、医院、公司、学校、商店、金融机构、银行、家庭都可以利用电子商务服务功能开展电子商务活动。企业可以利用 Internet 将商务活动的范围扩展到全球；相应地，消费者的购物选择也是全球性的。

（2）服务个性化

在电子商务环境中，客户不再受地域的限制，也不再仅仅将目光集中在最低价格上。因而，服务质量在某种意义上成为商务活动的关键。同时，技术创新带来新的结果，万维网应用使得企业能自动处理商务过程，不再像以往那样强调公司内部的分工。现在在 Internet 上许多企业都能为客户提供完整的服务，而万维网在这种服务的提高中起到了催化剂的作用。

企业通过将客户服务过程移至万维网，使客户能以一种比过去简捷的方式完成过去通过繁琐的过程才能获得的服务。如将资金从存款户头移至支票户头，查看信用卡的收支，记录发货请示乃至搜寻并购买稀有产品等，这些都可以足不出户而实时完成。

显而易见，电子商务提供的客户服务具有一个非常明显的特点：方便性。不仅普通客户受益，企业同样也能受益。例如，比利时的塞拉银行，通过电子商务服务，使客户能全天候地操作资金账户存取资金，快速地阅览诸如押金利率、贷款过程等信息，使服务质量大为提高。

（3）业务集成性

电子商务的集成性，首先表现为企业事务处理的整体性、统一性，它能重新规范事务处理的工作流程，将人工操作和电子信息处理集成为一个不可分割的整体。这样不仅能更好地利用人力和物力，也增强了系统运行的严密性。其次，表现为与客户的直接互动性，在网络中，企业可以依据网页向用户提供各类信息，展示产品视觉形象，介绍产品的性能、用途，可以根据用户的要求组织生产，然后直接出售给客户，并提供各类服务，甚至还可以让消费者直接参与产品设计与定制；消费者能够直接在网上参与产品的设计，了解产品的真实质量，公开询价，并能直接购买到自己称心如意的商品。第三，表现为企业与销售方和供货方以及商务伙伴间的更加密切的合作关系。为提高效率，许多组织都建立了基于网络的交互式的协议，电子商务活动可以在这些协议的基础上进行，如利用 Internet 将本企业内部的信息系统与供货方连接，再连接到订单处理系统，并通过一个供货渠道加以处理，这样公司不但节省了时间，消除了纸张文件带来的麻烦并提高了决策质量，同时，和上下游商家建立了固定的长期稳定的合作关系。企业内外部信息的直接传递和沟通能使企业从市场快速地获取信息，并对市场的变化作出迅速的反应，通过电子单证交换、动态货物跟踪、电子资金转账等手段来完成整个交易过程，从而使企业进一步提高效率、降低成本。

（4）电子商务的均等性

网络商务的应用，对大、中、小企业都产生了机遇与挑战，带来的机会是均等的。互联网代表了一个开放性的大市场，它使得那些小型企业无需庞大的商业体系，无需昂贵的广告费用、无需众多的营销人员，而只需要通过互联网上的网页，就可以使一个企业打开市场，而且是国际市场。在这个市场上，可以接触到世界范围内的广大客户，使中小型的企业可以从原来主要由大企业占有或几乎垄断的市场中获得更多的利润。电子商务的均等性对于中小型企业来说尤其有利。在互联网上，任何一家新成立的公司都可能与 IBM 这样的蓝色巨人有同样多的机会。因为，在互联网上，用户的贸易地位从主动变为被动，而且，在交易过程中用户比较的不是企业规模和办公环境，而是企业产品的价格与性能以及企业服务质量。

2.2 电子商务框架结构分析

2.2.1 电子商务的一般框架

电子商务的出现不仅影响着传统的交易过程，而且在一定程度上改变了市场的组成结构。传统上，市场交易链是在商品、服务和货币的交换过程中形成的，现在，电子商务在其中强化了一个因素，这个因素就是信息。于是就产生了信息商品、信息服务、电子货币等。人们做贸易的实质并没有改变，但是贸易过程中的一些环节因所依附的载体发生了变化，因而也相应地改变了形式。这样，从单个企业来看，它做贸易的方式发生了一些变化，从整体贸易环境来看，有的商业失去了机会，同时又有新的商业产生了机会，有的产业衰退，同时又有新的产业兴起，从而使得整个贸易呈现出一些崭新的面貌。

为了更好地理解电子商务环境下的市场结构，如图 2.1 所示的电子商务一般框架，它简要地描绘出了这个环境中的主要因素。

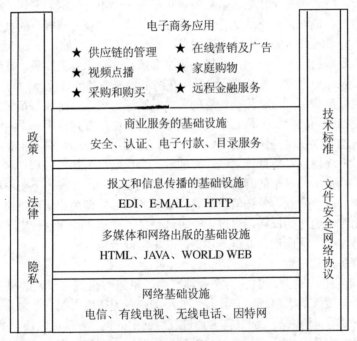

图 2.1 电子商务的一般框架

从图中可知，电子商务一般框架由四个层次和两个支柱构成。四个层次分别是：网络基础设施、多媒体内容和网络出版基础设施、报文和信息传播的基础设施、商业服务的基础设施；两个支柱是：公共政策、法律及隐私问题和各种技术标准。

1. 网络基础设施

这个层次主要是电子商务的硬件基础设施，也是实现电子商务的最低层的基本设施。网络基础设施主要是信息传输系统，它包括远程通信网、有线电视网、无线电通信网和 Internet

等。

以上这些不同的网络都提供了电子商务信息传输的线路,但是,目前大部分的电子商务应用都建筑在 Internet 网上,其主要硬件有:电话设备、调制解调器(Modem)、集线器(Hub)、路由器(Routers)、程控交换机、有线电视等。

2. 多媒体内容和网络出版

网络基础设施的日益完善,使得通过网络来传递信息成为可能,在网络上可以传播文本、图片、声音、图像等形式多样的信息。目前,在网上最流行的发布信息的方式是以 HTML(超文本链接语言)的形式将信息发布在 WWW 上,通过 HTML 可以将多媒体内容组织得易于检索和富于表现力。这样,企业可以利用网上主页、电子邮件等在 Internet 上发布各类商业信息,客户可借助网上的检索工具迅速地找到所需商品信息。

3. 报文和信息传播的基础设施

这个层次主要提供传播信息的工具和方式,是电子商务信息传播的主要工具。它提供了以下两种交流方式:

(1)非格式化的数据交流,例如,使用 FAX(传真)和 E-mail(电子邮件)传递消息,它的对象一般是人,需要人来干预;

(2)格式化数据交流,例如,EDI(电子数据交换)传递消息,它的对象是机器,不需要人来干预,可以全部自动化。

Internet 网上使用 HTTP(超文本传输协议)作为传递消息的一种工具,它以一种统一的界面在多种不同环境下显示非格式化的多媒体信息。每一个按该协议建立的文档都包含着可供用户进一步检索的超级链接,这种超级链接可以连接到文本文档,还可能连接到图形、图像、声音和影视画面等文档。目前,大部分的网民可以在各种终端和操作系统下通过 HTTP 统一资源定位器(URL)找到所需要的信息。

4. 商业服务的基础设施

这个层次主要是实现标准的网上商务活动服务,以方便网上交易。这个层次是所有企业、个人做贸易时都会使用到的服务。它主要包括:商品目录/价目表建立、电子支付、商业信息的安全传送、认证买卖双方的合法性方法等。

对电子商务来说,目前的消息的传播要适合电子商务的业务要求,必须提供安全和认证机制来保证信息传递的可靠性、不可篡改性和不可抵赖性,且在有争议的时候能够提供适当证据。商务服务的关键问题就是安全的电子支付。目前,很多的技术如密码技术、数字证书、SET 协议等都是为这个服务的,后面我们会专门讨论电子商务中的安全与支付问题。

在上述基础上,我们可以一步一步地建设实际的电子商务应用,如视频点播、网上银行、电子广告、家庭购物等。但这些应用都必须有社会人文性的政策法规和自然科技性的技术标准两大支柱支撑。

5. 公共政策、法律、隐私

(1)公共政策

公共政策包括围绕电子商务的税收制度、信息的定价、信息访问的收费、信息传输成本、隐私问题等,这些都需要政府统一来制定。

（2）法律

法律维持着电子商务活动的正常运作，违规活动必须受到法律制裁。从法律角度考虑，电子商务安全认证是指进行商务活动的双方资料与产品的真实性和安全性。电子商务和传统商务一样，是一种严肃的社会行为，为了从法律上保证买卖双方的权益，电子商务双方必须以真实的身份进入市场、提供真实的信息。这就是电子商务的真实性。正因为是真实的资料/产品，电子商务双方在对方没有授权可公开资料的情况下就有义务为对方的资料/产品保密，这就是电子商务的安全性。电子商务安全认证系统的建设首先是电子商务法的制定。没有法律的保护，其他有关电子商务安全认证系统只能是空头支票。美国政府在其所颁布的"全球电子商务的政策框架"中，在法律方面也做了专门的论述；俄罗斯、德国、英国等国家也先后颁布了多项有关法规；1996 年联合国贸易组织通过了"电子商务示范法"；我国政府正在加紧《电子商务法》的立法，政府的这一行为无疑将促进我国电子商务的健康发展。

只有法律还远不能保证电子商务的安全，电子商务安全认证需要政府职能部门的参与，利用 Internet 技术来管理电子商务活动。

（3）隐私问题

电子商务交易过程中，企业的隐私一般为商品价格的隐私、货物进出渠道的隐私、商品促销手段的隐私等，对于个人的隐私一般为个人的姓名隐私、肖像隐私、性别隐私、身份隐私等。

随着电子商务的发展，商家不仅要抢夺已有的网上客户，还要挖掘潜在的客户，于是人们在网上的各种商务活动和个人信息都在不知不觉中被商家记录。商家可以有的放矢，大量的宣传广告会充斥用户的电子信箱。个人秘密信息的安全得不到保障，这必然使用户对电子商务望而却步，阻碍电子商务的发展。因此，为保障网上的个人隐私权，促进电子商务的发展，应该对此进行立法或对相应的法规进行必要的修改。

6. 技术标准

技术标准是信息发布和传递的基础，是网络上信息一致性的保证。技术标准定义了用户接口、传输协议、信息发布标准、安全协议等技术细节。就整个网络环境来说，标准对于保证兼容性和通用性是十分重要的。这就像不同的国家使用不同的电压传输电流，用不同的制式传输视频信号，限制了许多产品在世界范围的使用。目前在电子商务活动中也遇到了类似的问题，例如 EDI 标准，电子商务数据交换标准 ebXML，一些像 VISA、Mastercard 这样的国际信用卡组织已经同各界合作制定出用于电子商务安全支付的 SET 协议等。

2.2.2 电子商务的参与者（企业/政府/中介机构/消费者）

企业是电子商务的最主要的推动者和受益者，消费者作为经济活动的不可缺少的一环也必然要介入到电子商务的环境中，它们的角色比较容易定义，也比较容易理解。这里我们主要讨论电子商务所涉及到的另外两个主要角色：政府和中介机构。

1. 政府

关于政府在电子商务中的作用问题，美国和新加坡政府一般都被看作是两种不同，而又最具有代表性的态度，我们在介绍这两个国家的政策基础上，来分析我国政府究竟该怎么做。

（1）美国政府

美国政府认为如果正确对待的话，电子商务的发展将是未来四分之一世纪中世界经济发展的一个重要推动力，甚至可以与100年前的第二次工业革命对经济发展的促进相提并论。

从1997年7月1日开始，美国政府形成一种战略布局，即通过与其他国家讨论的方式达成对美国建议的电子商务框架的共识，并已取得"实质性的进展"，与16个国家和欧洲联盟以及很多商业组织进行了讨论，目标是在两年半的时间内达成全面协议，在一年内达成数字签名的协议。

美国政府认为Internet是第一个全球性媒介，不能采用传统的各国独立的方式来发展。应该是国际谈判的模式，在一开始就建立一个全球性的框架和协议，让Internet能够顺利地发展。他们预测，到2005年，世界人口的五分之一（10亿人）将使用Internet；至2002年，美国国内的Internet网上购买量将超过3000亿美元，而1995年仅20亿美元。目前80%的Internet提供商在美国，5年内80%的Internet提供商将扩展到全球的其他国家。

对于政府在电子商务中的作用，他们认为有的政府对Internet过度管理、过度征税、过度审查。其实政府控制Internet的努力是徒劳，因为Internet的天性是分散的。所以，美国的做法是政府把权利分散给私有机构和企业以及国际性组织，让他们去做。当需要对知识产权保护和税收等问题采取行动时，政府的行动应该很小的、可预测的、简单而一致的，"我们应该让市场自由发展，只有当其必要性非常清楚时才采取准确的行动"。

美国政府在其"全球电子商务政策框架"一文中，详细阐述了美国政府在处理电子商务方面的五个一般原则。

① 私营企业应起主导作用；
② 政府应当避免对电子商务不恰当的限制；
③ 在政府需参与时，其目的应当是支持和加强一个可预测的、最简单的和前后一致的商业法制环境；
④ 政府应当认识Internet的独特之处；
⑤ 应当在国际范围的Internet网上进行电子商务。

（2）新加坡政府

新加坡政府的观点与美国不同。对于政府在电子商务中的作用，新加坡政府认为没有一定程度上的政府管理，电子商务不可能发展这么快，没有规则的贸易是危险的。政府的职能应从垄断式的管理转向提供服务，在未来的网络世界，各国政府之间是竞争的关系，看谁以最好的价格提供服务，以吸引智力和投资，促进当地的经济发展。网络空间中的政府不再是一个固定的管理机构，他们是竞争中的服务提供者，它会成功，也会失败。新加坡的所有电子商务活动都是由政府控制的，政府设立了一个项目："新加坡一号（Singapore One）"，目的是让所有人都可能使用电子通信方式。目前有31家机构与政府签约开展电子商务活动，每年可以得到2—3亿美元的支持，以研究和发展各种应用。政府已经设立了20亿美元的基金用于建立一个系统，目的是到2002年所有学生可以通过这个系统完成30%的学习任务，并实现每两个学生有1台计算机的构想。

（3）中国应考虑的问题

美国自由的经济体制决定了它可以采取这种政府尽可能放开手的策略，其他国家无法也没有必要照搬。中国的体制决定了电子商务必须在政府引导和控制下进行，那么政府应该把精力主要放在哪里呢？这是个值得好好考虑的问题。

① 政府业务的转型

我们说电子商务实质上是一种业务转型，这在前面是相对于工业企业、商业企业而言的。事实上，由于政府中也有一些相关政府部门因为其职能需要（如对某些企业或商品进行调配、管理；对企业行为进行监督等），必须作为贸易的一个环节加入到电子商务中来，政府部门在这个加入过程中，也存在着相应的业务转型问题。最典型的是政府与企业之间的数据传输。例如，工商管理部门需对下属各类企业的经营活动进行管理，就必须要介入到电子商务的过程中。一方面，由于被管理对象已经集成到电子商务中去了，业务过程变成完全无纸化，管理部门无法像从前一样通过纸面单证来监督企业活动，必须加入到企业的现有贸易活动中，才能完成相关工作；另一方面，管理者加入电子商务可以更及时准确地获得企业信息，更严密地监督企业活动，并可采用相应的技术手段执法，从而加大执法力度提高政府威信。

② 政策导向

我们说电子商务的前提是开放，因为我们的一切商务活动均建立在一个开放的公共网络之上，开放的网络必然带来贸易环境的开放，因此，国家在贸易政策上要想全面加入世界范围的电子商务中，必须坚持并继续发展我国现行的开放政策。而其中一些关于保护民族工业等问题与之又有一定的矛盾，需要国家采取相应的措施予以解决。

③ CA 问题

电子商务中最重要的也是最核心的问题就是安全和信任，因为网上的交易不是面对面的交易，双方都无法确认对方的身份，而这一问题一方面要通过技术手段来解决，同时也需要一个权威机构负责其中的仲裁和信誉保证。这一角色显然应该由政府出面或指定相关机构或部门担当，这就是所谓的 CA（Certification Authority），它必须具备一定的法律效力。

2. 中介机构

（1）电子商务中介机构的类型

电子商务环境中的中介机构是指为完成一笔交易，在买方和卖方之间起桥梁作用的各种经济代理实体。大部分的金融性服务行业，如银行、保险公司、信用卡公司、基金组织、风险投资公司都是中介机构；其他的像经纪人、代理人、仲裁机构等也都是中介机构。大致来说，中介机构可以分为三大类：一类是为商品所有权的转移过程（即支付机制）服务的，像那些金融机构；另一类是提供电子商务软硬件服务、通讯服务的各种厂商，像 IBM、HP、微软这样的软硬件和解决方案提供商；还有一类是像 Yahoo、Aita Vista、Infoseek 这样的提供信息搜索服务的信息服务增值商，电子商务中主要的中介机构如表 2.2 所示。

表 2.2 电子商务中介机构的类型

中介类型	定义和例子
结算/交易处理商	First Virtual，DigiCash，VISA，MasterCard 和中国银行
金融中介	Quicken 和 Microsoft Money
设备提供商	服务器（Sun），客户机（康柏），路由器（Cisco）和网卡（COM）
接入服务商	美国在线，CompuServe，NetCom，UUNET 和中国电信
信息访问提供商	网景（Navigator 浏览器和 Commerce Server），Adobe（Acrobat Viewer）和微软（Explorer）
应用服务提供商	8848，Commerce One
信息检索服务提供商	雅虎，搜狐，Alta Vista，Excite，Lycos 和 InfoSeek
信息排名服务服务商	Consumer Reports 和 CNNIC

(2) 在线中介的职能

以在线零售为例,在线中介改变了传统的零售分销渠道。传统上,产品寿命周期的每个阶段(包括设计、制造、仓储、营销、包装和运输)都由同一个企业处理。而在线产品的处理方式则有所不同。一个企业以公共信息的形式发布产品描述信息,顾客就用订单的方式表示回应,生产商可以根据顾客的偏好修改产品,然后直接将产品运送到顾客那里;这样不仅提高了生产效率和配送效率,而且降低了价格。

显然,对处理交易链上的信息并实现增值服务的在线中介来说,可加利用的机会有很多。基于信息的产品既有技术上很简单的产品(如接收订单),也有技术非常复杂的产品(如定制生产)。以技术简单的产品为例,中介可开发一种软件,让顾客用计算机浏览和选择,例如汽车选购,可以省去了到汽车销售公司的时间;而且这种软件还可为汽车公司的制造系统与存货系统提供有价值的数据。

中介还可通过计算机网络完成信息包装和销售。最成功的中介行业是在线商品目录,例如 CUC 公司的顾客可在其数据库中浏览 250 多类产品(包括家电、箱包和珠宝)。CUC 将订单以电子方式转给生产商,然后由生产商将商品直接运送给顾客。由于 CUC 不需要店铺、销售员、仓储和运输工具,它的价格比传统的零售商低得多。

2.3 电子商务系统的体系结构

随着电子商务框架的形成和完善,传统商务运作开始向电子商务运作的方向演化,逐渐形成了电子商务条件下的商务系统,我们称之为电子商务系统。电子商务系统是指商务活动的各方,包括企业或商家、消费者、银行或金融机构、政府等,利用计算机通信网络等技术来实现商务活动的信息系统。电子商务系统与其他信息系统有着较大的区别,电子商务系统各构成部分也各有特点,这里从电子商务系统的基本结构入手,分析电子商务系统的构成。

2.3.1 电子商务系统的基本结构

电子商务系统是由许多系统角色构成的一个大系统。由于电子商务条件下的各方是通过网络进行信息沟通和业务合作的,因此需要一些传统商务活动中没有或者参与程度不深的一些角色,如用于网上身份认证的认证中心、完成商品配送的物流中心和提供电子商务相关服务的电子商务服务商等。即使是传统商务中的角色,在电子商务系统中其功能和定位上也发生了巨大的变化,如银行的网上支付服务的提供等。

电子商务系统的基本结构如图 2.2 所示。

电子商务系统的主要角色有采购者、供应者、支付中心、认证中心、物流中心、电子商务服务商等。

(1) 采购者:这里的采购者,可以是企业,也可以是个人,只要通过电子商务系统购买商品(包括有形、无形商品和服务),就是电子商务系统中的采购者。

(2) 供应者:与采购者类似,这里的供应者,可以是企业,也可以是个人,只要通过电子商务系统出售商品(包括有形、无形商品和服务),就是电子商务系统中的供应者。

(3) 支付中心:支付中心的功能是为电子商务系统中采购者、供应者等系统角色提供资金支付方面的服务。此角色一般由网上银行承担，提供网上支付服务，并保证支付的安全性。

（4）认证中心：认证中心（CA）是一些不直接从电子商务交易中获利的第三方机构，负责发放和管理数字证书，使网上交易的各方能够相互确认身份。

（5）物流中心：主要是接受供应者的送货要求，组织将无法从网上直接得到的商品送达采购者，并能跟踪商品动态流向。

（6）电子商务服务商：这里专指提供网络接入服务、信息服务以及应用服务的IT厂商。

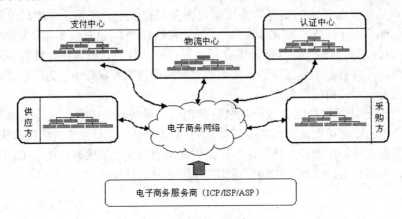

图2.2 电子商务系统的基本结构

从电子商务的基本结构出发，我们可以用图2.3来表示电子商务系统的体系结构。

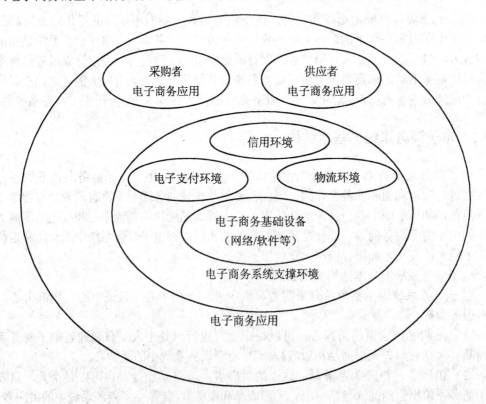

图2.3 电子商务系统的体系结构

本节将从电子商务的基础设施、电子商务的支撑环境、电子商务的应用结构来讨论电子商务的体系结构。

2.3.2 电子商务系统的基础设施

电子商务系统的基础设施主要是指电子商务的网络服务平台。

首先，电子商务系统必须在一定的网络平台上运行。作为电子商务网络平台，一般有因特网、企业内部网、企业外联网和增值网等，这部分内容将在第 3 章作详细阐述。

其次，在基于 Internet 的电子商务系统中，网络平台的服务功能一般由因特网接入服务商（ISP）承担，随着电子商务的发展，近年来也出现了专门为电子商务提供网络平台服务的应用服务提供商（ASP），提供从网络空间、信息交流到业务管理等不同层次的电子商务服务平台。

电子商务赖以运行的网络服务平台，支撑着商务活动的全过程，涉及到电子商务系统的各个角色，因此一个完善的电子商务的网络服务平台应具备以下特点：

（1）连接性

连接性是指每个角色的内部网络和外部网络的连接性，要求网络连接通畅无断点，数据传输可靠无差错。

（2）协同工作

协同工作指的是电子商务系统中各个角色之间的协作，要求不仅是在物理上的"互联"，更重要的是在商务活动中的协同工作，实现真正的"互联"。

（3）网络管理和系统管理

由于电子商务涉及的角色比较多，与之相适应的网络一般都比较复杂，因此要求既能易于管理，又能安全可靠。对于每个角色来说，其自身的电子商务系统必须考虑到保证内部网络及与外部网络的连接的安全可靠性所需的网络管理和系统管理。

（4）过渡策略和技术

随着电子商务系统对网络需求的不断变化，信息技术与产品的产生与换代，要求企业在制定电子商务解决方案时，必须制定电子商务系统的网络过渡策略，并提供相应的技术。

（5）多选择性

电子商务系统的网络技术平台和网络产品与服务的多选择性。

电子商务所依赖的网络服务环境所涉及的不仅仅是买卖双方，也不仅仅是软硬件的购买，而是在 Internet、Intranet、Extranet 等网络基础上，将电子商务系统中的各个角色紧密结合在一起，从而消除时间与空间带来的障碍。

随着 Internet 技术的发展，通信速度的提高与通信成本的降低给电子商务向大范围扩展提供了广阔的天地。更为重要的是，利用 Internet 进行电子商务，其成本比其他任何一种方式都低廉，因此，未来的电子商务的主体将是以 Internet 为基础的。

2.3.3 电子商务系统的支撑环境

1. 电子商务的支付环境

随着越来越多的商家在 Internet 上开展业务，支付的问题就显得越来越突出：如何处理世界范围内电子商务活动的支付问题?如何处理每日通过 Internet 所产生的成千上万笔交易支付的问题?答案只有一个:利用电子支付。

电子支付是电子商务活动的关键环节和重要组成部分,是电子商务能够顺利发展的基础条件。如果没有良好的网上电子支付环境,网上客户只能采用网上订货、网下支付的方式,只能实现较低层次的电子商务应用,这就使得电子商务高效率、低成本的优越性难以发挥,使得电子商务的应用与发展受到阻碍。

在整个电子商务交易过程中,网上金融服务是其中很重要的一环,并随着电子商务的普及和发展,网上金融服务的内容也在发生着很大的变化。网上金融服务包括了网上购买、网络银行、家庭银行、企业银行、个人理财、网上股票交易、网上保险、网络交税等。所有的这些网络金融服务都是通过网络支付或电子支付的手段来实现的。所以,从广义上说,电子支付就是资金或与资金有关的信息通过网络进行交换的行为,在普通的电子商务中就表现为消费者、商家、企业、中介机构和银行等通过 Internet 所进行的资金流转,主要通过信用卡、电子支票、数字现金、智能卡等方式来实现的。但由于电子支付是通过开放的 Internet 来实现的,支付信息很容易受到黑客的攻击和破坏,这些信息的泄漏和受损直接威胁到企业和用户的切身利益,所以安全性一直是电子支付实现所要考虑的最重要的问题之一。

电子支付技术和电子安全交易协议等技术和手段已经得到很大的发展,并在电子商务中得到广泛的应用,其相关的技术和安全交易协议等内容将在第 5 章详细阐述。

2. 电子商务的物流环境

物流是指物质实体从供应者向需求者的物理移动,它由一系列创造时间价值和空间价值的经济活动组成,包括运输、保管、配送、包装、装卸、流通、加工及物流信息处理等多项基本活动,是这些活动的统一。

近几年来,随着电子商务环境的改善以及电子商务所具备的巨大优势,电子商务受到了政府、企业界的高度重视,纷纷以不同的形式介入电子商务活动中,使电子商务在短短的几年中以惊人的速度在发展。在这一发展过程中,人们发现作为支持有形商品的网上商务活动的物流,不仅已成为有形商品网上商务的一个障碍,而且也已成为有形商品网上商务活动能否顺利进行和发展的一个关键因素。因为没有一个高效的、合理的、畅通的物流系统,电子商务所具有的优势就难以得到有效的发挥,没有一个与电子商务相适应的物流体系,电子商务就难以得到有效的发展。

物流对电子商务的作用可以概括为:

- 能够提高电子商务的效率与效益,从而支持电子商务的快速发展;
- 能够扩大电子商务的市场范围;
- 集成电子商务中的商流、信息流与资金流,促使电子商务成为 21 世纪最具竞争力的商务形式;
- 实现基于电子商务的供应链集成。

正是因为这些作用,于是人们将现代物流看作"第三利润的源泉"。但我国现行的物流体系对电子商务的发展还存在一些制约因素,诸如,适合电子商务发展的物流体系没有建立,相配套的物流基础设施不完善,现有的物流管理手段和技术都比较落后等。因此,我国的电子商务发展目前仍处在比较困难的成长阶段,尤其是物流、配送体系的完善是电子商务发展必须解决的课题。

关于电子商务与物流的相关内容，包括物流管理内容、电子商务下的物流体系建立等，都将在第 7 章详细阐述。

3. 电子商务的信用环境

在电子商务条件下，商务活动都是通过计算机网络进行的，交易双方互不见面，不签纸面合同、不签字盖章、不用纸质票据，取而代之的是网上沟通、电子合同、数字签名、网上支付。与传统的商务活动相比，商业信用显得更加重要了，因为在电子商务信用体系尚未完善的情况下，交易的一方对交易的另外一方是否能够按照约定交易没有把握，甚至害怕上当受骗，这些都极大限制了电子商务的推广与应用，电子商务信用体系的建立对电子商务来说是至关重要的。电子商务的信用环境的建立是一个综合性的任务，不是仅仅依靠某一方面的努力就能够解决的，这当中有意识问题、也有技术问题和法律问题，也有需要时间让电子商务系统各个角色逐渐习惯和适应的问题。

首先，社会各个方面要大力引导，创建一个具有良好的信用意识的社会环境。

其次，建立和完善电子商务认证中心。认证中心是改善电子商务信用环境的最基本的技术手段，是电子商务活动正常进行的必要保障。有关电子商务认证中心和相关的认证技术问题将在第 4 章介绍，在此就不叙述。

第三，制定相关法律和制度，保障正常的电子商务活动的进行，要通过法律规范电子商务交易各方的交易行为，规范和确认什么样的电子合同、数字签名等在法律上是有效的，什么样的是无效的，从而保护讲信用的交易者的合法权益，打击不讲信用者的不法行为。

最后，建立社会信用评价制度和体系，为电子商务交易提供资信服务。将社会信用评价制度和体系应用到社会生活的各个方面，例如企业融资信用和个人消费信用，促使企业和个人努力提高信用，自觉避免有损信用的事情发生。

不少发达国家在信用体系方面已经有了很好的基础，而且还在不断发展以适应电子商务的需要。例如，德国的美茵通用信贷保险公司专门推出了电子商务企业信用评级，以推动德国电子商务发展，尤其是企业间电子商务的发展，防范商业风险和保险欺诈。

2.3.4 电子商务系统的应用结构

电子商务的实质是企业利用电子方式在客户、供应商和合作伙伴之间实现在线交易、相互协作和价值交换。除了支持在网上交易中购销的活动外，更强调交易流程的整体效率与效益的提升。商家通过网上交易市场开发新的市场及客户群、维护老顾客、提升供应链效率、节约整个交易的资金投入、赢得更高的投资回报、创造新的市场价值以迎接全球日益加剧的竞争。

在电子商务的实际应用过程中，不同性质、不同规模的企业，其电子商务实现要求是不一样的，如有的电子商务服务是面向其供应商或销售商，有的企业是面向消费者的，有的则两种都需要；在商务活动上，有的需要电子采购，有的需要在线客户服务。在这里，我们给出一个以企业为中心的电子商务的应用结构（如图 2.4 所示），为电子商务模式分析提供一个整体性的框架。

首先，电子商务所涉及的不但包括供应商、经销商、消费者，而且还包括有关的合作伙伴，如物流公司、银行等，他们共同形成一个完整的供应链，一个产品从原材料的采购到成品送到最终用户的手中的全过程都囊括在其中。但对于一个企业来说，其电子商务系统的运作往往只和相邻的上下游的企业发生业务关系。

其次，电子商务系统业务覆盖范围非常广，从材料采购一直到产品销售和最终售后服

务,具体表现在:

(1) 市场:寻找和保持客户/优化产品/客户管理;

(2) 销售:为客户提供可组合的、灵活的购买计划,提供方便易用的产品搜索/销售分析;

(3) 采购:联机采购/在线报价/电子支付;

(4) 配送/后勤:交付的可视化/订单可跟踪;

(5) 客户服务:新的客户服务、每周 7 天,每天 24 小时服务、服务的及时反馈、一对一个性化服务和自助式服务/服务过程记录。

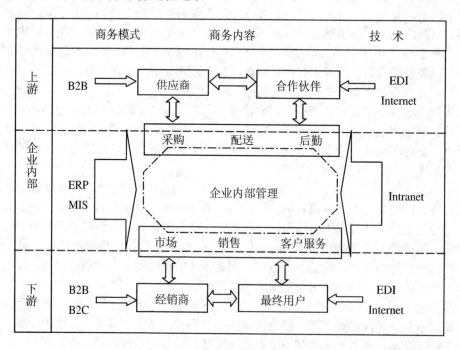

图 2.4 电子商务的应用结构

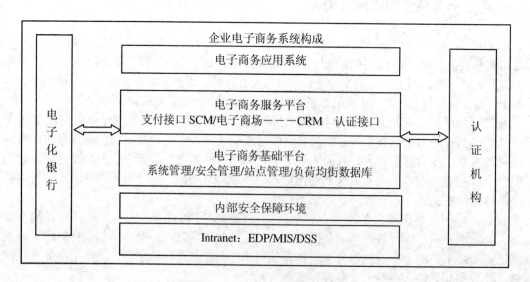

图 2.5 企业电子商务系统的构成

第三，电子商务系统的解决方案应该和企业内部的管理系统，如 MIS/ERP 进行集成，只有这样才能真正提升企业的管理效率。

但我们也要注意到，在这个应用结构里面弱化了政府和中介机构的作用。这是由于我们已经把金融类中介作为企业的合作伙伴，而把软硬件厂商作为电子商务的基础设施的提供者。作为电子商务环境政策的制定者的政府，同时也是电子商务的使用者，它的购买行为可以纳入到这个应用结构中，但它具有自身的特殊性。

基于以上的讨论，这里给出了企业电子商务系统的结构如图 2.5 所示。

2.4 电子商务的运行模式

2.4.1 电子商务模式的基本分类

电子商务在其发展的过程中，出现了各种各样的电子商务模式。综观电子商务的发展，我们可以发现电子商务模式在不断地深化，B2B、B2C、企业门户、网上交易市场（e-Marketplace）、ASP、移动电子商务等词汇不断见于媒体。为了进一步分析电子商务的运行机理，按照电子商务的体系结构，现将电子商务分为以下三种类型：

1. 企业对企业的电子商务模式（简称 B2B 模式，即 B to B 模式）

企业对企业的电子商务反映的是企业与企业之间通过专用网络或 Internet 进行数据信息传递，开展商务活动的运行模式。它包括企业与其供应商之间的采购；物料管理人员与仓储、物流公司的业务协调；销售部门与其产品批发商、零售商之间的协调等。这一类电子商务已经存在多年。特别是企业通过增值网（Value-Added-Network，VAN）采用 EDI（电子数据交换）方式所进行的商务活动就是这类模式的早期应用。

从交易形式看，企业间的网络业务主要有两类：企业自建网站和中介服务网。前者多为产业链长、业务伙伴多或自身专业性强的大企业、跨国公司，如飞机、汽车、计算机等行业的制造商、大型批发、零售企业等，主要用于公司自身的业务和对供应商、销售商的服务。后者则由中介机构建网，主要面向中小型企业提供产品的采购、信息和销售等方面的在线服务。

B2B 的利润来源于相对低廉的信息成本所带来的各种费用下降，以及供应链和价值链的整合的好处。企业与企业之间的交易和商务合作是商业活动的主要方面，企业目前面临的激烈竞争，也需要电子商务来改善竞争条件，建立竞争优势。企业在寻求自身发展的同时，不得不逐渐改善电子商务的运用环境。目前，这种模式是最受关注和探讨的，并且是最具发展潜力。

2. 企业对消费者的电子商务（简称 B2C，即 B to C 模式）

企业对消费者的电子商务，指的是企业与消费者之间进行的电子商务活动。这类电子商务产生是借助于因特网所开展的在线式销售活动。最近几年，随着因特网的发展，这类电子商务的发展异军突起。例如，在因特网上目前已出现许多大型超级市场，所出售的产品一应俱全，从食品、饮料到电脑、汽车等，几乎包括了所有的消费品。

B2C 的特点是能迅速吸引公众和媒体的注意力，是最富于创造力的领域之一，富于特色的网站，能快速地在千百万个网站中脱颖而出。

B2C 的利润或者来源于公司所提供的服务，如通过提供购物、咨询、拍卖等服务收取手续费、会员费；或者源于由于站点的浏览量和点击量极大，而在站点上提供的广告服务。

B2C 的电子商务模式是近年来各类电子商务模式中发展较快的一个。其主要原因是因特网的发展为企业和消费者之间开辟了新交易平台。随着全球上网人数的不断增多，因特网的使用者已经成为企业进行电子商务的主要对象。

从技术角度看，企业上网面对广大的消费者，并不要求双方使用统一标准的单据传输。在线零售和支付行为通常只涉及到信用卡、电子货币或电子钱包。另外，因特网所提供的搜索 Internet 功能和多媒体界面，使消费者更容易查找适合自己需要的产品，并能够对产品有更深入的了解。

3. 企业对政府的电子商务（简称 B2G，即 B to G 模式）

企业对政府（B2G）的电子商务模式指的是企业与政府机构之间进行的电子商务活动。例如，政府将采购的细节在因特网络上公布，通过网上竞价方式进行招标，企业也要能以电子的方式进行投标。由于活动是在网上完成的，使得企业能随时随地了解政府的动态，还能减少中间环节的时间延误和费用，提高政府办公的公开性和透明度。

目前这种方式仍处于初期的试验阶段，但可能会发展很快，因为政府可以通过这种方式树立政府形象，通过示范作用促进电子商务的发展。除此之外，政府还可以通过这类电子商务实施对企业的行政事务管理，如政府用电子商务方式发放进出口许可证、开展统计工作，企业可以通过网上办理交税和退税等。

政府应在推动电子商务发展方面起到重要的作用。美国政府已决定对 70%的联邦政府的采购实施电子化。在瑞典，政府已决定到 1999 年至少有 90%的政府采购将在网上公开进行。

目前 B2C 和 B2B 两种模式的应用最广，下面我们将详细剖析这两种电子商务模式，以展示其具体的运营机制。

2.4.2 B2C 电子商务模式剖析

1. B2C 电子商务模式的基本流程

B2C 电子商务指的是企业通过 Internet 为消费者提供一种新型的消费方式。消费者在网上购买商品或服务，并在网上支付，由于这种方式节省了消费者和企业双方的时间和空间，并为生产型的企业直接面向消费者提供了机会，使得这种方式成为电子商务一个非常热门的话题。

企业与消费者之间的电子商务基本上等同于网上商店或称在线零售商店。这是人们最熟悉的一种商务类型，以至于很多人片面地认为 B2C 电子商务就是网上商店，就只有这一种模式。但是，随着这几年电子商务的推广与应用，B2C 电子商务出现各种各样的模式。综观现有的 B2C 电子商务模式，我们可以用图 2.6 来表示各种可能出现的方式。

从图 2.6 上可以看出，在电子商务环境下出现了与传统销售方式完全不同的商品销售途径。

首先，对于产品制造商来说，他们可以抛弃传统的产品销售渠道，可以通过以下两种方式在网上销售其产品与服务：
- 可以通过在网上建立独立的虚拟商店（见图中③）；
- 参与由中介服务商所开设的网上商城，并成为网上商城的一部分（见图中④）。

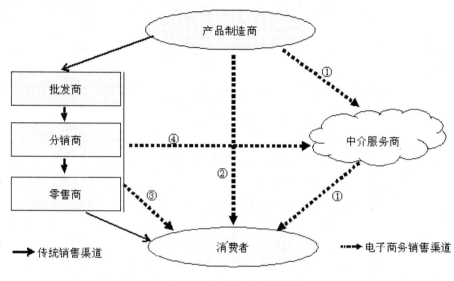

图 2.6　电子商务销售渠道

其次，尽管，电子商务对传统的销售方式带来了一定的冲击，但它不可能完全取代传统的销售方式，在传统销售渠道中的批发零售商也在考虑电子商务所带来的利益，尤其是零售商，他们也可以将其业务开展到网上，与产品制造商一样可以通过建立自己的网上商城，或参与一个中介服务商所开设的网上商城的方式来进行。

从这里我们可以看出，B2C 模式的优势主要表现在：

首先，能够有效地减少交易环节，大幅度降低交易成本，从而降低消费者所得到的商品的价格。对于产品的制造商来讲，网上直销和借助于中介服务的销售方式，大大减少了传统商品流通渠道；此外，对于传统的销售商来说，这种新型的销售方式可以很便利扩展其销售渠道、而不像传统方式那样为了扩展产品的销售范围，就需要企业和商家拿出很多钱来拓展分销渠道，这就意味着更多的分销商的加入，无形中产品的价格就会上升。这样，在电子商务条件下，由于中间环节的减少和销售范围的扩大，一方面降低产品价格，另一方面使商家或厂家的销售额大幅度提高，竞争力也不断增强。

其次，减少了售后服务的技术支持费用。许多使用上、技术上的问题，消费者可以通过 Internet 来获取在线的技术支持，这样减少了技术服务人员的数量、减少技术服务人员的出差费用，从而降低了企业的经营成本。

当然，由于所经营的产品的性质的不同，例如软件、视听娱乐产品、信息等无形产品，它们具有适合在网络上直接传送的特点，导致很多不同的经营方式，也体现在其付费方式的不同上，这将在下一小节详细介绍。不管采用何种方式，对于消费者来说，其基本的消费流程大致相同，流程如下：

（1）消费者通过 Internet 上的广告、产品目录、搜索引擎检索等方式得到自己有用的信息，进入有关的网站并查询自己所需要的产品或服务；

（2）顾客通过网站提供的订货单填入需要购买的商品或服务的内容，包括购买什么、购买多少、送货方式、付款方式等信息；

（3）顾客选择付款方式，如信用卡等；

（4）商家或企业的电子商务服务器自动检查支付方服务器，确认汇款额是否被认可；

（5）商家或企业的电子商务服务器确认顾客付款后，通知销售部门或物流公司送货上门；

（6）顾客所在的开户银行将支付款项转到顾客的信用卡公司，信用卡公司负责发给消费者收费清单。

当然，为保证交易过程的安全性，还需要一个认证机构对网上交易的双方进行认证，以确认他们的真实身份。

2. 网上商店

消费者通过网上商店购买商品是电子商务的典型应用之一。通过网上商店，消费者可以浏览、选购自己喜欢的商品，安全地完成网上支付，享受安全便捷的购物方式。对于企业则可以通过网络将商品销售出去，这种方式，不但减少店面的开销、销售人员的开销、更重要的是实现零库存销售。

网上商店模式以销售有形产品和服务为主，产品和服务的成交是在因特网上进行的，而实际产品和服务的交割仍然通过传统的方式，而不能够通过电脑的信息载体来实现。目前网上交易活跃、热销的实物产品依次为：书籍、音像制品、电脑产品、服饰、食品、饮料、礼品、鲜花等。

网上商店和传统的商店在部门结构和功能上应没有多少区别，不同点在于实现这些功能和结构的方法手段以及商务运作方式上发生了巨大变化。一般构成网上商店的四大支柱就是商品目录、购物车、付款台和后台管理系统。商品目录的作用在于使顾客通过最简单的方式找到所需要的商品，并可以通过文字说明、图像显示、客户评论等充分了解产品的各种信息。购物车则是用来衔接商店和个人，客户可将其所需要的商品放入购物车，也可以将购物车中的商品取出，直到最后付款。付款台是顾客网上购物的最后环节，消费者需要在付款台选择付款方式，输入自己的账号/卡号和密码，即可完成付款。以上操作都可在网上完成，但是网上商店的成功运作还需要一个用来处理顾客订单、安排发货、监控库存、处理客户投诉、进行销售预测与分析等的后台管理系统。

如前所述，网上商店的建立形式目前有两种：一种是在网上设立独立的虚拟店铺；一种是参与并成为网上的在线购物中心的一部分。如：在线书店、在线商店等。实际上，多数企业网上销售并不仅采用一种电子商务模式。往往采用的是综合模式，即将各种模式结合起来实施电子商务。Golfweb 就是一家有 3500 页有关高尔夫球信息的网站。这家网站采用的就是综合模式，其中 40%的收入来自于订阅费和服务费，35%的收入来自于广告，还有 25%的收入是该网址专业零售点的销售收入。该网址已经吸引了许多大公司的广告，美洲银行（Bank of America）、Lexus 公司、美国电报电话公司（AT&T）等在这里做广告。专业零售点开始两个月的收入就高达 10 万美元，该网站既卖服务和产品还卖广告，一举三得。由此可见，在网上销售中一旦确定了电子商务的基本模式，企业不妨考虑一下采取综合模式的可能性。

3. 网上订阅模式

网上订阅模式（Subscription_based Sales）指的是企业通过网页向消费者提供网上直接订阅，直接信息浏览的电子商务模式。网上订阅模式主要被商业在线机构用来销售报刊杂志、有线电视节目等。网上订阅模式主要包括以下情况：

（1）在线服务（Online Services）

在线服务是指在线经营商通过每月向消费者收取固定的费用而提供各种形式的在线信息服务。例如，美国在线（AOL）和微软网络（Microsoft Network）等在线服务商都使用这种形式，让订阅者每月支付固定的订阅费用以享受所提供的各种信息服务。

（2）在线出版（Online Publications）

在线出版指的是出版商通过 Internet 向消费者提供除传统出版物之外的电子出版物。在线出版一般都不提供因特网的接入业务，仅在网上发布电子刊物，消费者可以通过订阅来下载刊物的信息。但是，以订阅方式向一般消费者销售电子刊物被证明存在一定的困难。因为，一般消费者基本上可以其他的途径获取相同或类似的信息。因此，此项在线出版模式主要靠广告支持。1995 年美国的一些出版商网站开始尝试向访问该网址的用户收取一定的订阅费，后来在线杂志开始实施双轨制，即免费和订阅相结合。有些内容是免费的，但有些内容是专门向订户提供的。这样，这些网址既吸引一般的访问者，保持较高的访问率，同时又有一定的营业收入。与大众化信息媒体相对的是，专业化的信息媒体收费方式也是比较成功，如网上专业数据库一直就是付费订阅的。

（3）在线娱乐（Online Entertainment）

在线娱乐是无形产品和服务在线销售中令人注目的一个领域。一些网站向消费者提供在线游戏，并收取一定的订阅费。目前看来，这一领域也比较成功。

4. 付费浏览模式

付费浏览模式（the pay-per-view-mode）指的是企业通过网页向消费者提供计次收费性网上信息浏览和信息下载的电子商务模式。付费浏览模式让消费者根据自己的需要，在网址上有选择性地购买想要的东西。例如，在数据库里查询的内容也可付费获取。又如，一次性付费参与游戏将会是很流行的付费浏览方式之一。

付费浏览模式是目前电子商务中发展最快的模式之一，现在主要要解决的问题是小额支付方式所带来的许多小金额的账款跟踪问题和知识产权保护的问题。

5. 广告支持模式

广告支持模式（Advertising-supported Mode）是指在线服务商免费向消费者或用户提供信息在线服务，而营业活动全部靠广告收入来支持。例如，像 Yahoo 和 Lycos 等在线搜索服务网站就是依靠广告收入来维持经营活动。信息搜索对于上网人员在信息浩瀚的互联网上找寻相关信息是最基础的服务，企业也最愿意在信息搜索网站设置广告，特别是通过付费方式在网上设置旗帜广告（Banners），有兴趣的上网人员通过击点"旗帜"就可直接到达企业的网址。

由于广告支持模式要求上网企业的商务活动靠广告收入来维持，该企业网页能否吸引大量的广告就成为是否能成功的关键。能否吸引网上广告又主要靠网站的知名度，而知名度又要看该网站被访问的次数。网景公司之所以取得广告收入第一名，主要是因为浏览器包括了信息搜索功能。可见为访问者提供信息的程度是吸引广告的主要因素。

6. 网上赠与模式

网上赠与模式是一种非传统的商业运作模式。它指的是企业借助于因特网全球广泛性的优势，向互联网上的用户赠送软件产品，扩大知名度和市场份额。通过让消费者使用该产品，从而让消费者下载一个新版本的软件或购买另外一个相关的软件。

由于所赠送的是无形的计算机软件产品，用户是通过因特网自行下载，因此企业所投入的成本很低。这样一来，如果软件的确有其实用特点，那么是很容易让消费者接受的。

适合采用网上赠与模式的企业主要有两类：软件公司与出版商。

2.4.3 B2B 电子商务模式剖析

在众所熟知的传统商务中的企业之间的商务活动莫过于企业的采购和销售。采购和销售可能是在企业之间直接进行的，也可能是通过中间商来完成的，另外，每一个环节的商务活动都可能牵涉到银行、保险、质量检验、资信调查等增值性服务的提供，这些都是企业和企业之间的商务活动。在电子商务环境下，这些商务活动该如何开展？有哪些可行的模式？

1. B2B 电子商务模式的重要性

B2B 电子商务是指以企业为主体，在企业之间进行的电子商务活动。B2B 是电子商务的主流，也是企业面临激烈的市场竞争、改善竞争条件、建立竞争优势的主要方法。无论是从目前电子商务的现状来看，还是从未来电子商务发展趋势来看，B2B 电子商务市场都远远大于 B2C 电子商务市场。Forrester 研究公司预测 B2B 电子商务活动将以三倍于 B2C 电子商务速度发展。按照 IDC 公司预测，2001 年全球 Internet 上进行的电子商务金额将高达 2200 亿美元，其中 B2B 电子商务活动将占到其中的 79%。

企业（指制造企业）一般是根据客户订单和市场需求，开发产品、购进原材料、加工制造出成品，以商品形式销售给客户，并提供售后服务。物料从供方开始，沿着生产制造各个环节向需方移动。每个环节都存在"需方"和"供方"的对应关系，形成一条首尾相连的长链，称为供应链（如图 2.7 所示）。从拓扑结构来看，供应链是一个网络，即自主或半自主的企业实体构成的网络，这些企业实体共同负责与一类或多类产品相关的采购、生产并最终将产品送达顾客等各项活动；从运行机制来看，供应链是一个过程，即根据顾客订单，通过原材料供应、存储、产品生产、产品送达顾客的一个物品的移动过程。

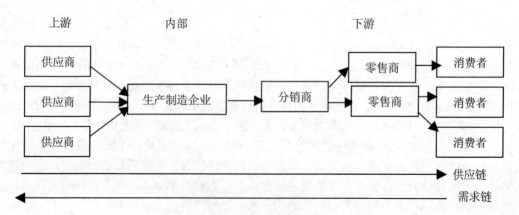

图 2.7 供应链示意图

企业之间的 B2B 电子商务就是利用供应链技术，整合企业的上下游的产业，利用 Internet，以中心制造厂商为核心，将产业上游（原材料和零配件供应商）、产业下游（经销商、物流运输商及产品服务商）以及往来银行结合为一体，构成一个面向最终顾客的完整电子商务供应链。完善的供应链整合与管理，消除了整个供应链网络上不必要的运作和消耗，使供应方能自动预计需求，更好地了解客户，给他们提供个性化的产品和服务，使资源在供应链网络上合理流动来缩短交货周期、降低库存，并且通过提供自助交易等自助式服务以降低成本，提高交易速度和精确性，降低企业的采购成本和物流成本，提高企业对市场和最终顾客需求的响应速度，进而增强企业产品的市场竞争力。

开展电子商务，将使企业拥有一个商机无限的发展空间，这也是企业谋生存、求发展的必由之路，它可以使企业在竞争中处于更加有利的地位。可以预言，在不久的将来，传统行业中的大部分企业必然要经历从传统经营向电子商务经营模式的巨大变革，网络的互动性、几乎无所不在的中介作用和多向的信息流的有机结合，将在未来的 5 年中成为社会发展的最大价值来源。许多原来必须由企业专设机构和人员从事的工作，如采购、营销、市场调查、原料和成品的储运调配等，也许都会逐步由网络承担。

总体来说，B2B 电子商务将会为企业带来更低的价格、更高的生产率和更低的劳动成本和更多的商业机会。具体来说，B2B 电子商务将对企业带来以下明显的好处：

（1）改善供应链管理：供应链是企业赖以生存的商业循环系统，是企业电子商务管理最重要的课题。统计数据表明，企业供应链可以耗费整个公司高达 25% 的运营成本。由此可见，降低供应链耗费，对企业提高利润率有重要影响。依靠电子商务技术，可以保证通过 Internet，动态维系企业的供货、制造、分销、运输和其他贸易合作伙伴之间的关系，真正建立高效的全球供应链系统。

（2）增加商业机会和开拓新的市场：越来越多的企业将接受网络化的业务，电子商务将是未来商业活动的标准模式。Internet 的无国界和无时限的特点为企业提供了理想和低成本的信息发布渠道，商业机会因此大大增加。

（3）改善过程质量：更好的记录跟踪、更少的错误发生，减少的处理时间，降低对人力资源的占用，以及减少非生产用的时间。

（4）缩短订货周期：更快、更准确的订单处理，降低安全库存量，提高库存补充自动化程度和增加客户满意度。

（5）降低交易的成本：减少通信、邮政和纸介质文档的制作与维护工作量，减少业务代表成本，减少传统广告投入。

（6）改善信息管理和决策水平：准确的信息和交易审计跟踪造成更好的决策支持环境，协助发现潜在的大市场，发现不断改进和降低成本的规律。

来自 Goldman Sachs 的统计资料表明，与传统的书面、电话、传真和 EDI 方式相比，互联网上 B2B 电子商务使各类企业平均降低 12%～15% 的成本。如果考虑到资金周转加快和市场机会增加等因素，那么企业从电子商务中所获得的利益是相当可观的。

2. B2B 电子商务模式的基本流程

从电子商务的发展过程看，B2B 电子商务实际上已经存在很多年了，先后经历了基于专用增值网的 EDI 方式、基于 Internet 的 EDI 方式以及近年来得到飞速发展的基于 Internet 的电子商务方式。

对于早期应用的 EDI 方式，将会在第 7 章详细介绍，这里主要讨论基于 Internet 的 B2B 电子商务模式的演变情况。

基于 Internet 的电子商务的演变可以分为三个阶段：

（1）卖方解决方案

在这一阶段，生产供应商开始提供基于销售的门户站点，众多的买方可以到卖方的站点上进行网络采购。"卖方解决方案"的优点是降低了供应商销售成本，扩展了客户群，并提高了服务质量。但是，对于采购商来讲，必须一个一个地寻找供应商，且采购商和供应商的流程往往不匹配，从而导致购买力的丧失。

（2）买方解决方案

在这一阶段中，采购商开始建立自己的采购站点，为众多的供应商提供网上供货的机会。这样做的优点是采购商的采购成本可以大大降低，并且购买力得到增强。但是，"买方解决方案"的主要缺点是，供应商的流程必须符合采购商的采购流程，并且，这种解决方案往往面向的是大公司。

（3）网上交易市场的解决方案，

也就是目前最为流行的 B2B 解决方案，这是一种由独立于买方和卖方之外的第三方自行建立起来的中立的网上市场交易中枢。其优势是显而易见的：它为买方和卖方提供了一个快速寻找机会、快速匹配业务和快速交易的电子商务社区。供需双方能够快速建立联系，从而使订购和销售能够快速履行。在网上交易市场中，由于所有的商家都能得到相同质量的服务，并遵照工业标准的协议进行交易处理，商家之间的信息沟通更加便利，而且，加入的商家越多，信息沟通越有效。

对于前两种 B2B 解决方案的交易流程主要是买卖双方的在线购买过程，其流程与 B2C 电子商务模式的流程基本相似，这里主要介绍网上交易市场模式的基本流程。

网上交易市场模式是通过网络商品交易中心即虚拟网络市场进行的商品交易。在这种交易过程中，网络商品交易中心以 Internet 为基础，利用先进的通信技术和计算机软件技术，将商品供应商、采购商和银行紧密联系起来，为客户提供市场信息、商品交易、仓储配送、货款结算等全方位的服务。

网上交易市场模式的基本流程可以分为以下几个步骤：

（1）买卖双方将各自的供应和需求信息通过网络告诉给网络商品交易中心，网络商品交易中心通过信息发布向参与者提供大量的、详细准确的交易数据和市场信息；

（2）买卖双方根据网络商品交易中心提供的信息，选择自己的贸易伙伴。网络商品交易中心从中撮合，促使买卖双方签订合同；

（3）买方在网络商品交易中心指定的银行办理转账付款手续；

（4）指定银行通知网络商品交易中心买方货款到账；

（5）网络商品交易中心通知卖方将货物送到设在各地的配送部门；

（6）买方验证货物后提货；

（7）网络商品交易中心通知银行买方收到货物；

（8）银行将买方的货款转交给卖方；

（9）卖方将回执送交银行；

（10）银行将回执交给买方。

通过网上交易市场模式进行交易具有很多突出的优点：

第一,网上交易市场为买卖双方展现了一个巨大的全球市场,以中国商品交易中心为例,这个中心控制着从中心到各省份中心、各市交易分部及各县交易所的所有计算机系统,构成覆盖全国范围的"无形市场"。这个计算机网络能够存储中国乃至全世界的上千万个品种的商品信息资料,可联系千万家企业和商贸单位。每个参加者都能充分展示和宣传自己的产品,及时沟通交易信息,最大程度地完成产品交易。这样的交易市场还可通过网络彼此连接起来,进而形成一个全球性的虚拟市场。

第二,网上交易市场可以有效解决传统交易中"拿钱不给货"和"拿货不给钱"的两大难题。在买卖双方签订合同前,网上交易市场可以协助买方对商品进行检验,只有符合质量标准的产品才可入网,从而杜绝"假、冒、伪、劣"产品,使买卖双方不会因质量问题而产生纠纷。合同签订后便被输入计算机系统,据此对合同进行监控。如果出现一方违约现象,系统自动报警,合同执行就会被终止,从而使买卖双方避免损失。如果合同正常履行,货物到达后,网上交易市场的交割员将协助买方共同验货,买方验收合格后,在规定时间内将货款转到卖方账户方可提货,卖方也不用担心"货款拖欠"问题。

第三,在结算方式上,网上交易市场一般采用统一集中的结算方式,即在指定的商业银行开设统一的结算账户,对结算资金实行统一管理,有效避免了多形式、多层次的资金截留、占用和挪用,提高了资金的风险防范能力。这种指定委托代理清算业务的承办银行大多以招标形式选择。

实际上,在B2B电子商务发展过程中,由于企业间商务活动的复杂性,B2B电子商务模式多种多样,如集中销售、集中采购、竞价拍卖、招标、网上交易市场等模式。下面我们就介绍几种常见的B2B电子商务模式。

3. 买方集中模式

买方集中,也可称之为集中销售,是指一个卖家与多个买家之间的交易模式,其结构如图 2.8 所示。卖方发布欲销售的产品信息(产品名称、规格、数量、交货期、参考价格),吸引买方前来认购。

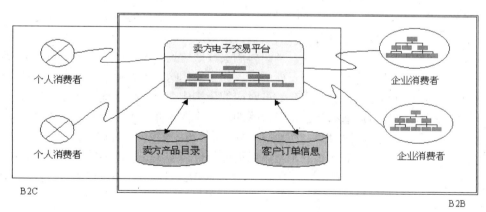

图 2.8 买方集中模式的结构图

目前在这种模式中,也出现了几家大型的卖家联合起来组建交易平台面向多个买家。例如位于芝加哥的 Grainger,他主要是供应工程设备,但他并不是什么都有,所以他就与其他的供应商联合。比如说,我供应锤子,而与我联合的供应商供应钉子,作为房产建造商的买家到我们网站上来寻找他所要的产品就容易许多了。

买方集中平台可以实现企业加快产品的销售过程，特别是新产品的推广，降低销售成本、扩展卖方渠道（包括数量、区域）等目的。这种模式的一个显著特征是，它比较偏向于为卖家提供服务，而不会更多兼顾到买家的利益。

从图 2.8 可以看出，买方集中的 B2B 模式的结构与 B2C 方式非常相似，而且其采购流程也基本相同。但目前也出现将传统的拍卖形式运用到此种模式中的尝试。

在采用买方竞价的动态模式下，则属于卖方发布销售信息、买方竞价拍卖的集中销售模式。一种是拍卖模式，即卖方首先确定一个最低价，在事先规定的期限内，买方参与竞价，价格只能从低到高，在拍卖的截止日期，最后一个出价者，即最高出价者，被确定为买主。此模式对卖方而言，买方参与的越多，比价范围越宽、利用互动效应越大、选择交易余地越广，或薄利多销，或视需求情况适当抬高价格，效益效果均能加以控制。此模式原系艺术品等难以确定市场价值的商品的销售模式，一般的商品不宜采用此模式，但有些技术含量极高、小批量生产的高科技产品或者紧缺商品则可使用这种模式，以创造高额利润。此种模式的致命弱点在于卖方处于垄断地位，对买方的吸引力有限，买方甚至处于十分不利的地位——因为卖方不会因为互相无关联的买方总购买量的增加而统一给所有的买方折扣。相反，卖方在需求旺盛时更可能提高价格。这种模式是卖方的"理想"模式，一般只适用于大型企业的集中分销订货中。对中小型企业而言，采用此模式会因为难以建立良好的客户关系而丧失商机。

另一种是集体竞价模式，指的是首先由卖方设定拍卖数量和最高价，价格阶梯由高到低依次递减，拍卖截止时，所有高于最后价格的受买人都是以最后的价格成交。具体操作流程是：卖主根据销售数量大小确定一个从高到低的价格阶梯，在规定的期限内，买方可集体参与竞价，随着人数和购买数量的增加，价格由高走低，最后由一定的数量决定一定的成交价格。

在这种集体竞拍模式中，卖方事先确定一个期限，期限到期，系统自动结束竞拍；与前一种不同，此方式实行的是阶梯价格，且价格由高走低，价格是数量的反函数，随着购买方的购买数量增加，价格不断下降，具体价格变化表由卖方决定，并予以公告。集体竞价充分体现了集体购买的优势，购买方可以以集体的力量，获得更低的成交价格，因为商品的成交价格取决于集体购买数量，最后购买的数量决定最后的成交价格。此外，购买方（集体）可以选择自己可以接受的价格和数量，当集体购买数量达到代理价格的水平，系统会自动成交，如果集体购买的数量达不到，则不能成交，如果集体购买的数量超过自己的代理价格对应的数量，则系统自动按照最后的成交数量对应的价格成交。选择代理价格充分体现了购买方个性化的要求，买方可以选择自己可以接受的代理价格，并有可能低于这个价格成交。

集体竞拍模式适合于很多商品，而且与传统的"薄利多销"的思想相同，对于卖方可以利用此方式来吸引买方，对于买方则可以以更低的价格购买其所需要的产品。这种模式不单单可以运用于 B2B 电子商务模式中，同样也适用于 B2C 电子商务模式中。

4. 卖方集中模式

卖方集中，也称集中采购，类似于项目招标，即一个买家与多个卖家之间的交易模式，其结构如图 2.9 所示。买方发布需求信息（产品名称、规格、数量、交货期），召集供应商前来报价、洽谈、交易。

这种方式也可以由几家大买家共同构建用来联合采购，因为投资者希望通过联合买家的议价力量得到价格上的优惠。这类网站最适合的是企业里的非直接性物料采购,例如办公室文具等。这类网站有一个显著的特征,它是比较偏向于为买家提供服务,而不会更多兼顾到供应商的利益。如World Wide Retail Exchange(零售业交换市场),就是大约有27家零售商联合创办的。再如,通用电气公司(GE)的信息服务公司和托马斯出版公司(Thomas Publishing)的一家合资企业TPN Register 公司,它始自通用电气公司内部有关合并采购的举措,开始仅限于一个分公司(通用照明公司),接着扩大到所有分公司,最后它越出通用电气公司的范围扩展将业内其他主要公司也包括进来,组成了一个采购联盟。结果处理订货的时间缩短(就通用照明公司而言这一时间从一周变成了一天),处理成本下降,价格也下降了10%~15%。福雷斯特研究公司(Forrester Research)估计从TPN Register 公司创立之时,即1997 年1 月到当年年终,其采购额就达10 亿美元,由此,到1998 年底经过这一市场的采购额可望达到150 亿美元。

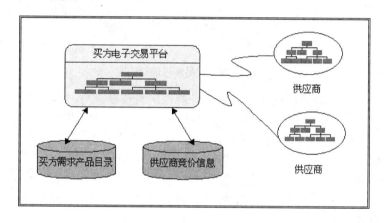

图2.9　卖方集中模式的结构图

卖方集中模式的特点及规则:此种模式为买方提供更好的服务;汇总了卖方企业及其产品信息,让买家能综合比价,绕过分销商和代理商,从而加速买方的业务开展;此外还具有价格透明,非歧视交易的特点。由于卖家不降低价格(明码标价销售,非拍卖),所以,一般以买家与报价最低的卖家成交而告终,如一个卖家在数量上不能满足,则依次递补。

一般企业自建的、服务于本企业的电子采购就是这种模式,一般以大型企业为主。因为该类公司负责管理其下属所有企业的统一采购。通过物资采购网能使采购过程公开化、规范化,实现了信息共享,加快了信息流动速度,扩大了询价比价范围,节省了交易费用,强化了监督控制体系,提高了整个运营环节的工作效率。它不仅产生了规模效益,而且,由于公司掌握整个数据流,对整个交易的监督、管理、考评、分析等工作有着无法估量的价值。

如果采用卖方竞价的动态模式,则属于买方发布求购信息、卖方竞价拍卖的集中采购模式。有人称之为"拍买"或"逆向拍卖",因为它与普通拍卖过程相反,一般以价格逐渐降低而结束、成交。此模式对买方而言,卖方参与者越多,比价范围越宽、互动效应越强、效果越好。此模式非常适合于政府采购和大型工程项目招标。这样看来,拍卖固然理想,但因难以建立良好的供应商关系,一般中小型企业不宜采用。而对特大型企业则需另当别论。

5. 中立的网上交易市场模式

中立的网上交易市场模式是指由买方、卖方之外的第三方投资而自行建立起来的中立的网上交易市场,提供的买卖多方参与的竞价撮合模式,是一对多卖方集中和多对一买方集中交易模式的综合,其结构如图 2.10 所示。这种模式一般采用动态竞价拍卖形式。

中立的网上交易市场模式无疑可以克服一对多模式中的许多弊端,体现了信息对称、流畅、互动,是实现公平交易的理想模式。

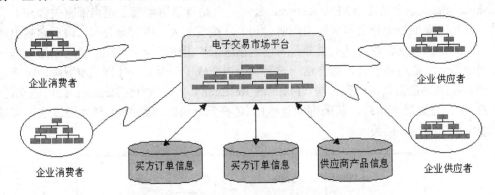

图 2.10 网上交易市场的结构图

网上交易市场是一个由内向外、内外整合的供应价值链。与一般概念上的交易市场不同,网上交易市场绝不意味着一堆厂商的简单排列。事实上,进入网上交易市场的企业必须获得一定的资格,这个资格就是企业内部必须先有一套合格的电子化生产管理系统,并且这套系统能与外部信息流无缝对接,从而实现企业生产、采购、销售全过程的整合信息化。这是网上交易市场有别于某些以供需信息为主导的 B2B 网站的根本所在,这意味着网上交易市场中的每个成员都拥有自己的交易引擎,可做到信息到交易的一体化转换,从而明显地提高了信息的价值效率。

网上交易市场的另一个显著特色就是其开放性与标准化,每一个成员只要借助于统一的技术平台与交易标准就可以进入交易市场。有了开放统一的接入与交易标准,就能在全球经济一体化的形势下,最大限度地集合各方资源,真正发挥出网络的效应。同时,网上交易市场还在电子零售、电子贸易的基础上将信息服务、交易服务、支付服务、物流服务等各类要素加以丰富、整合,从而为买卖双方提供了高度创新的价值。

网上交易市场可提供撮合企业交易和供应链管理的功能:包括企业组织结构的设定、贸易伙伴管理、审购的审批流程、采购协议的管理、公司产品的目录和报价策略以及各种交易手段等。加上多语言支持,多币种支持,企业内部系统无缝集成和其他服务,如企业资信认证服务、运输、保险服务、质量认证服务、在线支付服务和物流服务等,可以将企业业务由内而外地延伸到网络中,为企业提供真正的电子商务交易环境和手段。

正是因为符合了电子商务发展与社会经济需求的方向,网上交易市场从出现到现在在很短的时间里就显示出了极大的生命力与惊人的成长性。在美国,今天电子商务的霸主已当之无愧地属于网上交易市场的缔造者 Commerce One 与 Ariba。其股票价格扶摇直上,波音、福特、通用等传统产业巨擘纷纷与之合作建立自己的网上交易市场,IBM、微软等 IT 业界的龙头也争先恐后地与他们联手设定新的电子商务标准。

2.4.4 电子商务模式的发展与创新

电子商务随着网络技术的发展和完善,以及传统商务的不断 e 化,将会有更多的电子商务的模式的出现。图 2.11 给出了主要的电子商务模式发展历程。

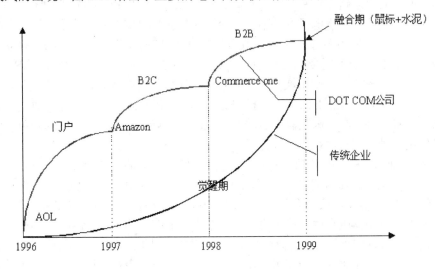

图 2.11 电子商务模式的发展历程

从图 2.11 可以看出,电子商务曾在某种程度上脱离传统商务而独自发展,这使得很多的 DOT COM 公司(指没有传统业务基础,主要靠网络技术来拓展业务的电子商务公司)由于缺少商务基础,而变得很难发展,传统企业觉醒后,与 DOT COM 公司融合发展,实现了真正的"电子"与"商务"的结合,开辟了真正的电子商务时代,这就是通常所说的"鼠标+水泥"式的电子商务。

根据 Giga 在 1998 年的调查报告,未来几年里,美国的 B2C 销售市场的销售额预测与市场份额分别如表 2.3 和表 2.4 所示,表中可以明显看出 DOT COM 零售商的销售额增长速度大大低于"鼠标+水泥"式商家销售总额增长速度,就市场份额而言,DOT COM 公司的市场份额在不断下降,而"鼠标+水泥"式商家的市场份额在不断上升。

表 2.3 1999～2004 年各类零售商的销售额预测(亿美元)

零售商类型	1999	2000	2001	2002	2003	2004
DOT COM	125	173	307	389	447	484
鼠标+水泥	83	308	593	931	1238	1569
邮购	47	109	180	199	254	278
合计	255	590	1080	1519	1939	2331

表 2.4 各类零售商的市场份额

零售商类型	1999	2000	2001
DOT COM	50	29	28
鼠标+水泥	32	52	55
邮购	18	18	17
合计销售总额(亿美元)	255	590	1080

随着电子商务的进一步发展,各种电子商务模式还会层出不穷,这里我们对其中的几种做个简单的介绍。

(1) ASP (Application Services Provider) 模式

面对日益加剧的全球化竞争,开展电子商务已经成为企业适应新的商务模式、为未来争取生存空间的必由之路。一些大型企业都投入巨资和人力兴建企业的电子商务系统,然而,对于众多的中小企业,开展电子商务不仅缺少资金,而且更重要的是缺乏 IT 建设的专门人才和维护经验。于是应用服务外包的应用服务提供商(ASP)逐渐引起人们的兴趣。ASP 是透过 Internet 提供企业所需要的各种应用软件服务,如人事、薪资、财会、ERP,甚至是 Intranet、E-mail 服务等。ASP 实际上是一种应用服务外包的概念,所不同的是,ASP 强调以 Internet 为核心,替企业部署、主机服务及管理、维护企业应用软件。而一个企业要使用这些服务,只需有电脑及浏览器,通过 Internet 连到 ASP 服务网站,键入公司、姓名及密码,即可使用各种应用软件和存取各种资源。

ASP 把企业需要的软件和数据资料存储在 ASP 服务商的数据中心,企业从 Internet 登录使用,只租不买,按服务付费。对于软件提供商来说,ASP 是一种新的商业机会,或者把软件卖给 ASP 服务商,或者自己从事 ASP 服务,把软件以服务的形式"卖"给客户。这种方式对于企业,特别是中小型企业来说,不但节省企业在招募 IT 人才和建设 IT 系统时的大笔投资,企业可以以较小的投资,快速利用 ASP 服务商提供的 IT 工具提升自身的竞争能力,而且避免了人才竞争带来的压力。另外,通过 ASP 服务,企业可以真正将精力放在企业自身的核心业务上面,避免对 IT 系统软件和硬件系统的日常维护,有助于提高企业的业务运作效率。这为中小型企业快速展开电子商务的应用提供了一条行之有效的途径。

(2) X2X 模式

X2X 模式即 eXchange to eXchange,它是随着网上电子交易市场(e-marketplace)的不断增加,导致不同的交易市场之间也需要实时动态传递和共享信息,即信息的 Exchange,从而产生了 X2X 电子商务。X2X 实际上是一个 X 的延伸和扩展,每一个独立的 X 都有其自身的信息、资源和覆盖的范围,这注定其具有一定的局限性,可能有的电子商务交易不能够独立在一个 X 内部完成,X2X 可以使一个 X 的交易信息无限地延伸和扩展。从而使买卖双方都扩大了选择的机会,提高交易成功的机会,X2X 是 B2B 电子商务的一次深入发展。Commerce One 是 X2X 的首先提出者。作为全球最大的 B2B 电子商务网站之一,Commerce One 主要提供网上采购解决方案(Commerce one Buysite Solution)和网上市场构建方案(Commerce one Marketplace Solution)。Commerce one 拥有一个全球贸易社区平台 GTW (Global Trading Web),它是一个基于 XML 的大型 B2B 交易社区,由许多协调的门户站点组成,每个门户站点都是独立拥有的,各自在某个行业成为网上市场的领导者。GTW 就是 Commerce one 建立的 X2X 模式。

电子商务发展到今天,已经出现了各种各样的电子商务模式,以后还会不断出现更多的更新的电子商务模式。商务的复杂性和不断变化发展决定了电子商务没有一个或几个固定模式,各种各样的电子商务模式充分反映了市场变化的需要,赢利空间是判断电子商务模式好坏的基本依据。过去那些炒概念的网络公司,自身缺乏有价值的资源和内容却大把花钱搞宣传,所形成的网络泡沫经济的时代已经过去了。

关于企业如何开展电子商务应用、如何选择电子商务模式等问题,将在第 8 章作详细探讨,这里就不再讨论了。

2.5 本章小结

本章在介绍电子商务的功能与特性基础上,首先对电子商务的一般框架做了分析,论述构成电子商务一般框架的四个层次的基础设施和两个支柱,同时讨论了政府和中介机构在电子商务中所起的作用。本章第三部分从基本结构、基础设施、支撑环境和应用结构几个方面重点讨论了电子商务系统的体系结构,最后给出了企业电子商务系统的结构。

本章最后重点讨论电子商务模式,重点剖析了 B2B、B2C 电子商务模式的运行机理。

2.6 本章习题

1. 电子商务具有什么功能?
2. 电子商务具有什么特性?
3. 试述电子商务的一般框架,讨论其各个组成部分的作用。
4. 电子商务中中介机构指什么?具有什么作用?
5. 简述电子商务系统的体系结构。
6. 图示电子商务系统的基本结构
8. 构成电子商务系统的角色有哪些?各有什么作用?
9. 电子商务系统支撑环境包括哪些方面,各有什么作用?
10. 完善的电子商务基础平台具有什么样特点?
11. 什么是 B2C 和 B2B 电子商务模式?
12. 简述 B2C 电子商务流程。
13. 简述网上交易市场的基本流程。
14. B2B 电子商务为企业带来什么好处?
15. B2B 电子商务模式分哪几类,各有什么特点?

第 3 章 电子商务网络基础

电子商务是利用现代通信技术、计算机网络技术开展的商务活动。开展电子商务就是充分利用遍及全球的计算机互联网络 Internet 进行低成本、高效率的商务活动。因而，开展电子商务，就需要对电子商务的互联网络基础有所了解和掌握。本章介绍了互联网的基础概念、Internet、Intranet 与 Extranet 的应用以及接入技术。

本章主要内容：
- Internet 的产生与发展
- Internet 基本原理
- Web 技术
- Externet 与 Intranet
- Internet 接入技术

3.1 Internet 产生与发展

3.1.1 Internet 的产生与发展

Internet 是全球最大的、开放的、由众多网络和计算机通过电话线、电缆、光纤、卫星及其他远程通信系统互联而成的超大型计算机网络。它被称为国际互联网，中文译名是"因特网"。Internet 的产生，将全世界的计算机连在一起，实现了全球各地的人可以通过网络进行通信，空间的距离已不再成为人们交流的障碍。

Internet 最早是作为军事通信工具而开发的。20 世纪 50 年代末，苏联发射了第一颗人造卫星。美国为了在高科技、军事领域领先于苏联，当时，美国国防部认为：如果仅有一个集中的军事指挥中枢，万一这个中枢被苏联的核武器摧毁，全国的军事指挥将处于瘫痪状态，其后果将不堪设想。因此，有必要设计这样一个分散的指挥系统：它由一个个分散的指挥点组成，当部分指挥点被摧毁后，其他点仍能正常工作，而这些分散的点又能通过某种形式的通讯网取得联系。为对这一构思进行验证，从 60 年代末至 70 年代初，由美国国防部资助，一个名为高级研究计划署（Advanced Research Projects Agency）的机构承建，通过一个名为 ARPANET 的网络把美国的几个军事及研究用计算机主机连接起来，这就是 Internet 最早的状态。

在 Internet 面世之初，没有人能想到它会进入千家万户，也没有人能想到它用于商业用途。由于参加试验的人全是熟练的计算机操作人员，个个都熟悉复杂的计算机命令，因此，没有人在 Internet 的界面以及操作方面上花过任何的心思。

Internet 的第一次快速发展出现在 80 年代中期。当时美国国家科学基金（National Science Foundation）为鼓励大学生与研究机构共享他们非常昂贵的四台计算机主机，希望通过计算机网络把各大学、研究所的计算机与这四台巨型计算机连接起来。开始的时候，他们想利用现成的 ARPANET，不过他们最终发觉，与美国军方打交道也不是一件容易的事情。于是他们决定：利用 ARPANET 发展出来的叫做 TCP/IP 的通信协议，自己出资建立名叫 NSFnet 的广域网。由于美国国家科学基金会的鼓励和资助，很多大学，政府资助的研究机构甚至私营的研究机构纷纷把自己的局域网并入 NSFnet 中，从 1986 年至 1991 年，并入 Internet 的计算机子网从 100 个增加到 3000 多个，几乎每年都以百分之百的速度增长。

到了 90 年代初期，Internet 事实上已成为一个"网中网"：各个子网分别负责自己的架设和运作费用，而这些子网又通过 NSFnet 互联起来。由于 NSFnet 是由政府出钱，因此，直到 90 年代初，Internet 最大的老板还是美国政府，只不过在一定程度上加入了一些私人小老板。

Internet 在 80 年代的扩张不但带来量的改变，同时亦带来质的某些改变。由于多种学术团体、企业、研究机构，甚至个人用户的进入，Internet 的使用者不再限于"纯种"的计算机专业人员。新的使用者发觉：加入 Internet 除了可共享 NSF 的巨型计算机外，还能进行相互间的通讯，而这种相互间的通讯对他们来讲更有吸引力。于是，他们逐步把 Internet 当作一种交流与通信的工具，而不仅仅只是共享 NSF 巨型计算机的运算能力。

Internet 历史上的第二次飞跃归功于 Internet 的商业化。在 90 年代以前，Internet 的使用一直仅限于研究与学术领域。商业性机构进入 Internet 一直受到这样或那样的法规或传统问题的困扰。事实上，像美国国家科学基金等曾经出钱建造 Internet 的政府机构对 Internet 上的商业活动是不感兴趣的。他们制订了一系列"使用指引"，限制人们把他们用纳税人的钱建造起来的网络用于商业。例如，美国国家科学基金发出的 Internet 使用指引（Acceptable Use Policies）指出："NSFnet 主干线仅限于如下使用：美国国内的科研及教育机构把它用于公开的科研及教育目的，以及美国企业的研究部门把它用于公开的学术交流。任何其他使用均不允许。"

该类使用指引为商业企业使用 Internet 设立了法律上的难题。美国人是守法的，美国的企业很少有人敢"以身试法"。那么，把 Internet 用于商业用途的这一法律死结如何解开的呢？

首先"发难"的是 General Atomics、Performance Systems International、UUnet Technologies 等三家公司，这三家公司分别经营着自己的 CERFnet、PSInet 及 Alternet 网络，可以在一定程度上绕开由美国国家科学基金出钱的 Internet 主干网络 NSFnet 而向客户提供 Internet 联网服务，他们在 1991 年组成的"商用 Internet 协会"（Commercial Internet Exchange Association），宣布用户可以把它们的 Internet 子网用于任何的商业用途。可谓一石激起千层浪，看到把 Internet 用于商业用途的巨大潜力，其他 Internet 商业子网纷纷作出类似的承诺，到 1991 年底，连专门为 NSFnet 建立高速通信线路的 Advanced Network and Service Inc 也宣布推出自己名为 CO+RE 的商业化 Internet 骨干通道，Internet 商业化服务提供商的出现使工商企业终于可以堂堂正正地从正门进入 Internet。

商业机构一踏入 Internet 这一陌生的世界，很快就发现了它在通讯、资料检索、客户服务等方面的巨大潜力。于是，其势一发不可收拾。世界各地无数的企业及个人纷纷涌入 Internet，带来了 Internet 发展史上一个新的飞跃。到 1994 年底止，Internet 已通往全世界 150 个国家和地区，连接着 3 万个子网，320 多万台计算机主机，直接的用户超过 3500 万，成为世界最大的计算机网络。

于是，1995 年 4 月 30 日，NSFnet 正式宣布停止运作，代替它的是由美国政府指定的三家私营企业：Pacific Bell、Ameritech Advanced Data Servicesand Bellcore 以及 Sprint。至此，Internet 的商业化彻底完成。

Internet 的历史沿革造就了当前 Internet 由几万个子网通过自愿原则互联起来，没有一家公司叫 Internet 公司，也没有任何机构完全拥有 Internet，从某种意义上讲，这几万个子网的所有者都是 Internet 的老板。

我国的 Internet 发展可分为两个阶段。第一个阶段为 1987 年～1993 年。1987 年 9 月 20 日，北京计算机应用技术研究所通过与德国某大学的合作，向世界发出了我国的第一封电子邮件，从 1990 年开始，科技人员开始通过欧洲节点在互联网上向国外发送电子邮件。1990 年 4 月，世界银行贷款项目——教育和科研示范网（NCFC）工程启动。该项目由中国科学院、清华大学、北京大学共同承担。1993 年 3 月，中国科学院高能物理研究所与美国斯坦福大学联网，实现了电子邮件的传输。随后，几所高等院校也与美国互联网连通。

第二阶段，从 1994 年至今，实现了与 Internet 的 TCP/IP 的连接，逐步开通了 Internet 的全功能服务。1994 年 4 月，NCFC 实现了与互联网的直接连接。同年 5 月顶级域名（CN）服务器在中国科学院计算机网络中心设置。根据国务院规定，有权直接与国际 Internet 连接的网络和单位是：中国科学院管理的科学技术网、国家教育部管理的教育科研网、邮电总局管理的公用网和信息产业部管理的金桥信息网。这四大网络构成了我国的 Internet 主干网。

（1）科学技术网（CSTNET）

科学技术网由中国科学院主持，1994 年 4 月正式开通了与 Internet 的专线连接。1994 年 5 月 21 日完成了我国最高域名 CN 主服务器的设置，实现了与 Internet 的 TCP/IP 连接。其目标是将中国科学院在全国各地的分院（所）的局域网联网，同时连接中国科学院以外的中国科技单位。它是一个为科研、教育和政府部门服务的网络，主要提供科技数据库、成果信息服务、超级计算机服务、域名管理服务等。

（2）教育科研网（CERNET）

原国家教委（现教育部）主持建设的中国教育科研计算机网络于 1995 年底连入互联网。其目标是将大部分高校和有条件的中、小学校连接起来。该网络的结构是各学校建立校园网，校园网连入地区网，地区网连入主干网，从而实现与互联网的连接。它是一个面向教育、科研和国际学术交流的网络。

（3）公用计算机互联网（CHINANET）

邮电部于 1994 年投资建设的中国公用 Internet 网，1995 年初与国际 Internet 连通，1995 年 5 月正式对社会服务。CHINANET 的网络结构是以北京为中心，形成全国 30 个省市节点组成的主干网，分别以这 30 个城市为核心连接各省的主要城市，形成地区网，个人和单位可连入地区网。全国各电信局、邮电局均可办理入网手续。

（4）金桥信息网（GBNET）

金桥网是国家公用经济信息网，于 1996 年 9 月正式开通并向社会服务。

据中国互联网信息中心调查，截止 2001 年 6 月 30 日，我国上网计算机数 1002 万台，上网用户数 2650 万，WWW 站点数约 242739 个。我国国际线路的总容量为 3257M。连接的国家有美国、加拿大、澳大利亚、英国、德国、法国、日本、韩国等。分布情况如下：

- 中国科技网（CSTNET）：55M；
- 中国公用计算机互联网（CHINANET）：2387M，其中：北京 863M、上海 867M、广州 657M；
- 中国教育和科研计算机网（CERNET）：117M；
- 中国金桥信息网（CHINAGBN）：151M，其中：北京 51M、上海 49M、广州 51M；
- 中国联通互联网（UNINET）：100M，其中：上海 47M、广州 53M；
- 中国网通公用互联网（CNCNET）：355M，其中：上海 200M、广州 155M；
- 中国国际经济贸易互联网（CIETNET）：2M；
- 中国移动互联网（CMNET）：90M，其中：北京 45M、广州 45M。

总之，我国的 Internet 发展速度是令人瞩目的，这为电子商务在我国的开展奠定了基础。

3.1.2 Internet 的主要功能与应用

（1）电子邮件

电子邮件（E-mail，或 Electronic mail）是指 Internet 上或常规计算机网络上的各个用户之间，通过电子信件的形式进行通信的一种现代邮政通信方式。电子邮件最初是作为两个人之间进行通信的一种机制来设计的，但目前的电子邮件已扩展到可以与一组用户或与一个计算机程序进行通信。由于计算机能够自动响应电子邮件，任何一台连接 Internet 的计算机都能够通过 E-mail 访问 Internet 服务，并且，一般的 E-mail 软件设计时就考虑到如何访问 Internet 的服务，使得电子邮件成为 Internet 上使用最广泛的服务之一。事实上，电子邮件是 Internet 最基本的功能之一，在浏览器技术产生之前，Internet 网上用户之间的交流大多是通过 E-mail 方式进行的。

通过电子邮件系统，世界上的每一个连接互联网的计算机都可以给互联网世界中的任何人在任何时间发送电子邮件，并且，随着互联网的发展和电子邮件系统的不断完善，再加上多媒体技术的发展和应用，发送电子邮件可以附加任一格式的文件，使电子邮件大有取代传统传真的通讯方式之势。因此电子邮件是互联网的一个最基本的通讯工具，同时也是最重要的工具。

（2）文件传输 FTP

FTP 是文件传输协议（File Transfer Protocol）以及使用该协议的文件传输程序的缩写。所谓文件传输指的是将文件（而不是报文）从一台计算机上发送到另一台计算机上，传输的文件可以包括电子报表、声音、编译后的程序以及字处理软件的文档文件。如果用户要将一个文件从自己的计算机上发送到另一台计算机上，就应使用 FTP 程序上载（Upload）或放置（Put）文件。

（3）远程登录 Telnet

远程登录可以使本地计算机连接到一个远程的计算机上，执行储存在其他机器上的程序，但前提是必须有对远程计算机的使用权。登录以后的本地计算机就可以成为这个远程计算机的终端，就像在本地一样，可以使用远程计算机允许使用的各项功能。例如当本地机的操作系统为 DOS 或 Windows 时，就无法运行 UNIX 操作系统程序，如果要做基于 UNIX 的工作就需要一台运行 UNIX 操作系统的计算机，如果这台计算机已被连接至网络上，则可以在远程机上运行 UNIX 程序，通过本地机为远程的程序提供输入，并将运行结果显示在本地机屏幕上，这个过程就称为远程对话或虚拟终端对话。在互联网的 TCP/IP 协议中，实现此项功能的便是 Telnet。

（4）WWW 服务

WWW（World Wide Web 的缩写）也称万维网或 Web，是一个基于超文本（Hypertext）方式的信息查询工具，它最大特点是拥有非常友善的图形界面，非常简单的操作方法以及图文并茂的显示方式。

WWW 实际上是一个由文件、图片和声音构成的巨大的信息集合，这些信息存储在遍布全球的各种各样的计算机中。要访问 WWW 并把它的文档的全部特征都反映到用户的计算机上，必须使用专用的软件，这就是 WWW 浏览器。WWW 浏览器实际上是运行于用户计算机上的一种软件，用户利用它可以遨游于 WWW 中，并浏览有关信息。绝大多数浏览器都是免费的。另外，ISP 通常都会给自己的用户提供某种浏览器。现在最为流行的两种浏览器是 Netscape Communicator 和 Microsoft Internet Explorer。

在 Internet 上发布信息的公司、个人和政府部门一般都将资料组织成页面大小，像书本和小册子一样。而小册子的首页（即封面）一般是概括介绍，或者还会包括目录。类似的，在 Web 站点中，主页（Homepage）就是用户访问 Web 站点见到的首页，其作用相当于小册子的封面。用户访问 Web 站点时所见到的信息首页就是主页（Homepage）。主页包含站点中最重要的信息，并尽可能给人留下深刻印象，以吸引浏览者浏览站点中的其他内容。

（5）电子公告牌 BBS

BBS（Bulletin Board System）原意为"电子公告牌"，是有许多人参与的论坛系统。由于用户需求的不断增加，BBS 现在的功能十分强大，大致包括：信件讨论区、文件交流区、信息布告区和交互讨论区这几部分。

● 信件讨论区

这是 BBS 最主要的功能之一。包括各类的学术专题讨论区，疑难问题解答区和闲聊区等等。在这些信件讨论区中，上站的用户留下自己想要与别人交流的信件，如各种软件硬件的使用、天文、医学、体育、游戏……等等方面的心得和经验。目前，国内业余 BBS 已联网开通用户闲聊区、软件讨论区、硬件讨论区、HAM 无线电、Internet 技术探讨、Windows95/98 探讨、音乐音响讨论、电脑游戏讨论、球迷世界、军事天地和笑话区等数十个各具特色的讨论区。

● 文件交流区

这是 BBS 一个令用户们心动的功能。一般的 BBS 站点中，大多设有交流用的文件区，里面依照不同的主题分区存放了为数不少的软件，有的 BBS 站还设有 CD-ROM 光碟区，使得电脑玩家们对这个眼前的宝库趋之若鹜。众多的共享软件和免费软件都可以通过 BBS 获得，不仅使用户得到合适的软件，也使软件的开发者的心血由于公众的使用而得到肯定。BBS 对国内 Shareware（共享软件）的发展将起到不可替代的推动作用。国内 BBS 提供的文件服务区主要有 BBS 建站、通信程序、网络工具、Internet 程序、加解密工具、多媒体程序、电脑游戏、病毒防治、图像、创作发表和用户上传等等。

● 信息布告区

这是 BBS 最基本的功能了。一些有心的站长会在自己的站点上摆出为数众多的信息。如怎样使用 BBS、国内 BBS 站点介绍、某些热门软件的介绍、BBS 用户统计资料等；用户在生日时甚至会收到站长的一封热情洋溢的"贺电"，令你感受到 BBS 大家庭的温暖；BBS 上还提供在线游戏功能，用户闲聊时可以玩玩游戏。

● 多线交谈

多线的 BBS 可以与其他同时上站的用户做到即时的联机交谈。这种功能也有许多变化，如 ICQ、Chat、Netmeeting 等。有的只能进行文字交谈，有的甚至可以直接进行声音对话。

（6）新闻组 Usenet

Usenet 是 User Network 的缩写变体。Usenet 可以被看成是一个全球性的庞大 BBS，全世界的无数用户参与其中。Usenet 也划分了很多讨论区，每个讨论区有一个主题，在同一个讨论区中大家针对此主题进行讨论，各抒己见，Usenet 中的讨论区称为新闻组。这里所说的新闻，实际上是参与新闻组讨论的人们发表的有关各种主题的文章，很少具备日常所说的新闻的特性。Usenet 为网上用户可以与其他人交流思想、公布注意事项、寻求帮助提供了方便。

那么人们是如何参与新闻组讨论的呢？全球各地有无数个大大小小的新闻服务器，它们都遵循相同的协议——NNTP（Network News Transfer Protocol，网络新闻传输协议）互相传递数据，连成一个大的网络。参与新闻组的用户可以按自己的意愿和具体的网络环境，选择一个（或多个）新闻服务器，阅读服务器拥有的新闻组中的文章，并向这些新闻组发表自己的文章。而这些服务器定时地相互交换内容，新闻组的文章在 Usenet 上通过一个一个的服务器节点，迅速散布到所有的服务器上，使得在相同的新闻组下，总是包含全球参与者的讨论，保持相同的新闻组内容一致。这样无论你在哪个地方，也无论你选择哪个服务器，只要是在名字相同的新闻组，你总能看到一样的文章。

3.2 Internet 基本原理

3.2.1 Internet 协议

1. TCP/IP 体系结构

计算机网络是由许多计算机组成的，要实现网络计算机之间数据传输，必须要做两件事，确定数据传输目的地址和保证数据迅速可靠传输的措施，这是因为数据在传输过程中很容易丢失或传错，Internet 使用一种专门的计算机协议 TCP/IP，以保证数据安全、可靠地到达指定的目的地，TCP/IP 主要由传输控制协议 TCP（Transmission Control Protocol）和网间协议 IP（Internet Protocol）组成。TCP/IP 是一个四层协议体系结构，如图 3.1 所示。

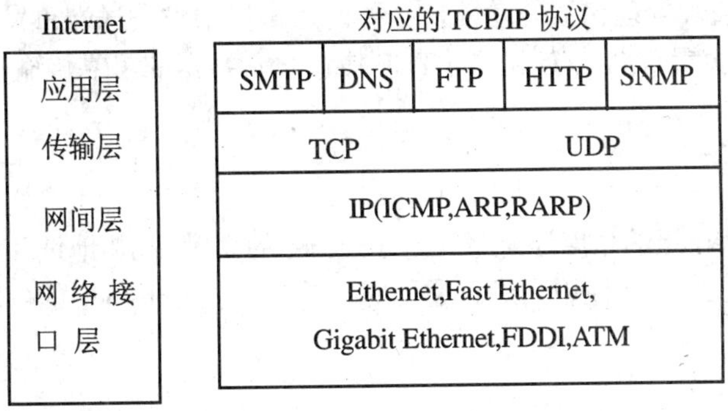

Internet	对应的 TCP/IP 协议				
应用层	SMTP	DNS	FTP	HTTP	SNMP
传输层	TCP			UDP	
网间层	IP(ICMP,ARP,RARP)				
网络接口层	Ethernet,Fast Ethernet, Gigabit Ethernet,FDDI,ATM				

图 3.1 TCP/IP 体系结构

在这个结构里,每一层负责不同的功能:

(1) 链路层,有时也称作数据链路层或网络接口层,通常包括操作系统中的设备驱动程序和计算机中对应的网络接口卡。它们一起处理与电缆(或其他任何传输媒介)的物理接口细节。

(2) 网间层,有时也称作互联网层,处理分组在网络中的活动,例如分组的路由选择。在 TCP/IP 协议组件中,网间层协议包括 IP 协议(网际协议)、ICMP 协议(Internet 互联网控制报文协议)等。

(3) 传输层主要为两台主机上的应用程序提供端到端的通信。在 TCP/IP 协议组件中,有两个互不相同的传输协议:TCP(传输控制协议)和 UDP(用户数据报协议)。

TCP 为两台主机提供高可靠性的数据通信。它所做的工作包括把应用程序交给它的数据分成合适的小块交给下面的网络层,确认接收到的分组,设置发送最后确认分组的超时时钟等。由于传输层提供了高可靠性的端到端的通信,因此应用层可以忽略所有这些细节。

而另一方面,UDP 则为应用层提供一种非常简单的服务。它只是把称作数据报的分组从一台主机发送到另一台主机,但并不保证该数据报能到达另一端。任何所需的可靠性必须由应用层来提供。

(4) 应用层负责处理特定的应用程序细节。几乎各种不同的 TCP/IP 实现都会提供一些通用的应用程序,例如,Telnet 远程登录、FTP 文件传输协议、SMTP 用于电子邮件的简单邮件传输协议和 SNMP 简单网络管理协议。

2. TCP/IP 数据传输过程

TCP/IP 协议所采用的通信方式是分组交换方式。所谓分组交换,简单说就是数据在传输时分成若干段,每个数据段称为一个数据包,TCP/IP 协议的基本传输单位是数据包,TCP/IP 协议在数据传输过程中主要完成以下功能:

(1) 首先由 TCP 协议把数据分成若干数据包,给每个数据包写上序号,以便接收端把数据还原成原来的格式。

(2) IP 协议给每个数据包写上发送主机和接收主机的地址,一旦写上源地址和目的地址,数据包就可以在物理网上传送数据了。IP 协议还具有利用路由算法进行路由选择的功能。

(3) 这些数据包可以通过不同的传输途径(路由)进行传输,由于路径不同,加上其他的原因,可能出现顺序颠倒、数据丢失、数据失真甚至重复的现象。这些问题都由 TCP 协议来处理,它具有检查和处理错误的功能,必要时还可以请求发送端重发。

简言之,IP 协议负责数据的传输,而 TCP 协议负责数据的可靠传输。

3.2.2 IP 地址与域名

无论是从使用 Internet 的角度还是从运行 Internet 的角度看 IP 地址和域名都是十分重要的概念,当你与 Internet 上其他用户进行通信时,或者寻找 Internet 的各种资源时,都会用到 IP 地址或者域名。

1. IP 地址

与 Internet 相连的任何一台计算机,不管是最大型的还是最小型的,都被称为主机。有些主机是为成千上万的用户提供服务的大型机或巨型机,有些是小型工作站或单用户 PC 机,还有一些是专用计算机(如用于将一个网络和另一网络连接起来的路由器)。但是从 Internet 这一角度来说,所有这些计算机都是主机。

IP 地址是在 Internet 网络中为每一台主机分配的由 32 位二进制数组成的惟一标识符,它是由两部分构成,一部分是网络标识(netid),另一部分是主机标识(hostid)。

目前所使用的 IP 协议版本规定:IP 地址的长度为 32 位。Internet 的网络地址可分为三类(A 类、B 类、C 类),每一类网络中 IP 地址的网络标识长度和主机标识长度都有所不同。

凡是以 0 开始的 IP 地址均属于 A 类网络,如图 3.2 所示。

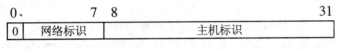

图 3.2　A 类地址构成

凡是以 10 开始的 IP 地址都属于 B 类网络,如图 3.3 所示。

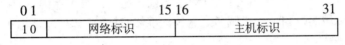

图 3.3　B 类地址构成

凡是以 110 开始的 IP 地址都属于 C 类网络,如图 3.4 所示。

```
0 1 2                    23 24        31
| 1 1 0 | 网络标识        | 主机标识     |
```

图 3.4　C 类地址构成

由此可见 A 类网络 IP 地址的网络标识长度为 7 位,主机标识的长度为 24 位。B 类网络 IP 地址的网络标识的长度为 14 位,主机标识长度 16 位。C 类网络 IP 地址的网络标识长度为 21 位,主机标识长度为 8 位。这样大家可以容易地计算出 Internet 整个 IP 地址空间的各类网络数目和每个网络地址中可以容纳的主机数目。

表 3.1　Internet 的 IP 空间

	第一组数字	网络地址数	网络主机数	主机总数
A 类网络	1-127	126(全 0、全 1 专用)	16387064	2064770064
B 类网络	128-191	16256	64516	1048872096
C 类网络	192-223	2064512	254(全 0、全 1 专用)	524386048
总计		2080894		3638028208

从表 3.1 看出:A 类网络地址数量最少,可以用主机数多达 1600 多万台的大型网络,B 类网络适用于中等规模的网络,C 类网络地址适用于主机数不多的小型网络。

由于二进制不容易记忆,通常用四组三位的十进制数表示,中间用小数点分开,每组十进制数代表 8 位二进制数,其范围为 0~255,但是 0 和 255 这两个地址在 Internet 有特殊用途(用于广播),因此实际上每组数字可以真正使用的范围 1~254。

2. 域名

前面讲到，IP 地址是一种数字型网络标识和主机标识，数字型标识对计算机网络来讲自然是最有效的，但是对使用网络的人来说有不便记忆的缺点，为了解决这一问题，人们研究出一种字符型标识，即为每一个接入 Internet 的主机起一个用字母表示的名字称为域名，作为主机的地址。如用 nju.edu.cn 代替 202.11932.12，这样就方便了记忆。

目前所使用的域名是一种层次型命名法。

| 第 n 级子域名. | …… | 第二级子域名. | 第一级子域名. |

这里一般：$2 \leq n \leq 5$

域名可以以一个字母或数字开头和结尾，并且中间的字符只能是字母、数字和连字符，标号必须是小于 255。经验表明为了简便并容易记住名字，每个标号小于或等于 8 个字符。

Internet 主机名字需要从右至左破译，位置越靠左越具体。域名最右边的是一级域或顶级域，代表国家，如 nju.edu.cn 中 cn 表示该主机在中国，edu 表示主机接在教育和科研网上，而 nju 是该主机的名字。由于 Internet 起源于美国，所以没有国家标志的域名表示该计算机在美国注册了国际域名。国际顶级域名是一种标准化的标号，如表 3.2 所示。

表 3.2 国际顶级域名列表

域　　名	意　　义
COM	商业组织
EDU	教育机构
GOV	政府部门
MIL	军事部门
NET	主要网络支持中心
ORG	上述以外的机构
INT	国际组织
COUNTRY CODE	国家（采用国际通用两字符编码）

Internet 地址中的第一级域名和第二级域名是由 NIC 管理，我国国家级域名（CN）由中国科学院计算机网络中心（NCFC）进行管理，第三级以下的域名由各个子网的 NIC 或具有 NIC 功能的节点自己负责管理。同时要注意以下几点：

- 域名在整个 Internet 中必须是惟一的，当高级子域名相同时，低级子域名不允许重复。
- 大小写字母在域名中没有区别。
- 一台计算机可以有多个域名(通常用于不同的目的)，但只能有一个 IP 地址。
- 主机的 IP 地址和主机的域名对通信协议来说具有相同的作用，从使用的角度看，两者没有区别。但是，当你所使用的系统没有域名服务器，只能使用 IP 地址不能使用域名。
- 为主机确定域名时应尽量使用有意义的符号。

一般我们把域名翻译成 IP 地址的软件称为域名系统（DNS）。从功能上说，域名系统基本上相当于一本电话簿，已知一个姓名就可以查到一个电话号码，它与电话簿区别是可以自动完成查找过程，此时，完整的域名系统应该具有双向查找功能。

3.3 Web 技术

Web 技术随着人们对 Web 主页的交互性要求越来越高，为完成用户的更高要求而不断发展。这里我们从 Web 技术构架入手，简单介绍一下 Web 浏览器、Web 编程语言等方面的内容。

3.3.1 Web 技术结构

Web 技术结构如图 3.5 所示。在这个结构中，Web 客户机是指安装了浏览器的客户端，Web 服务器是用以存放多媒体数据资源和执行 WWW 服务的主机。而中间件可以调用 Web 服务器中的数据库和其他应用程序，常用的中间件有 CGI、JDBC、WebAPI。

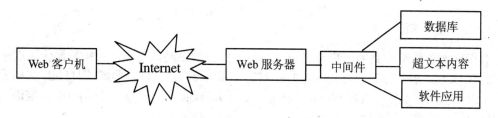

图 3.5 Web 技术结构

Web 通信的基本原理是：由浏览器向 WWW 服务器发出 HTTP 请求，WWW 服务器接到请求后，进行相应的处理，将处理结果以 HTML 文件的形式返回给浏览器，客户浏览器对其进行解释并显示给用户。WWW 服务器要与数据库服务器进行交互，则必须通过中间件才能实现。

3.3.2 Web 浏览器

浏览器是用户端计算机上的应用软件，就像一个字处理程序一样（如 WordPerfect 或 Microsoft Word）。在屏幕上看到的网页是浏览器对 HTML 文档的翻译。由于浏览器使用图形用户界面（GUI），用户在使用计算机时不必用键盘输入各种操作命令，只需用鼠标选择相应的图标来进行操作，方便了用户。

Web 浏览器工作时首先使用 HTTP 协议向 WWW 服务器发送请求以访问指定的文档或服务；相应的，Web 服务器会发回请求的响应——HTML 书写的文档，浏览器阅读解释其中所有的标记代码并以正确的格式显示。

浏览器一般具有 URL 定向、超级链接、离线浏览、查找、存储和打印等功能。

这里着重解释一下 URL——统一资源定位符

URL（Uniform Resource Locators）是指在地址栏中需要输入资源的地址。Web 浏览器用 URL 指出其他服务器的网络信息源，从而达到超媒体的链接。URL 一般包括网络信息资源类型/协议、服务器地址、端口号、路径、文件名，其格式如下：

协议://主机.域名<: 端口>/<路径/文件名>

信息资源类型/协议一般有以下几种：
Http　　　WWW 服务器文件，例如：http://www.nju.edu.cn
File　　　本地文件服务，例如：file://c:/My Documents/Ec-book.html
FTP　　　FTP 服务器文件，例如：ftp://ftp.nju.edu.cn
主机.域名合起来叫网址，如www.nju.edu.cn。

端口表明请求数据的数据源端口，按照标准，WWW 服务使用 80 号端口，因此，对于使用标准端口号的服务器，用户在申请服务时，在 URL 中就可以省略端口号。

路径和文件名指出所需资源（文件）的名称及其在计算机（服务器）中的地址。服务器经常将主页设置为默认路径下的默认文件，如 index.html 或 default.html。当申请默认文件时，文件的路径和名称可以省略。

3.3.3　Web 编程语言

1. HTML

我们在浏览器端看到的是带有声音、文字、图像的生动的网页，而服务器传递过来的是 HTML 文档、音频或视频文件（它们被 HTML 调用），经过浏览器解释 HTML 文档后，才显示出来。超文本标记语言 HTML（Hyper Text Markup Language）是由具有一定语法结构的标记符和普通文档组成。

在这里，我们仅给出 HTML 文件的一个简单例子，来说明 HTML 文档的语法，其细节请参考有关书籍。

📖 例 3.3.1 HTML 源代码如下：
```
<HTML>
<TITLE>电子商务</TITLE>
<BODY>
<H1>电子商务</H1>
<P>本书是一本教科书，全面系统介绍电子商务的概念和体系。</P>
</BODY>
</HTML>
```
该文本在浏览器上显示如下：

电子商务
本书是一本教科书，全面系统介绍电子商务的概念和体系。

由于 HTML 含有指向多媒体数据的指针，如图像、声音、动画，这种指针称为链接。通过超文本链接，用户可简单地通过鼠标单击操作，就可得到所要的文档，而不管该文档是何种类型（普通文档、图像或声音等），也不管该文档在何处（本机上、局域网上或 Internet 上），从而使得其操作非常简便。

现在大多数的网页已经使用专门的网页编辑器来编制。这些编辑器能自动将编辑过程转换成 HTML 文件。常用的网页编辑器有 Word、FrontPage、Hot Dog、InterDev 等。

2. Java

Java 语言是由 Sun 公司开发的。尽管 Java 最初不是为 Web 开发的，但 Sun 公司一看到可以通过 Java 语言提供一种 Web 环境上跨平台交互应用程序的手段，就将 Java 转而应用到 Web 上来了。Java 技术成功的首要原因在于 Java 语言本身的结构和设计。Sun 从 C++中吸取了许多强有力的成分，而且扩充了很多新的特性，使得其更加简洁、方便和易于使用。

另外，Java 标准类库中提供了内建的 Internet 和 Web 支持，使得编制网络应用更加简单。

最后，Java 是第一个真正的跨平台语言。可解释 Java 源程序经编译生成字节代码（bytecode），可以在任何运行 Java 的机器上解释执行，这使得 Java 可独立于平台，可移植性好。

Java 在 Web 服务中功能主要是：起到了 Web 服务器应用程序接口的作用，给 WWW 增添交互性和动态特征。Applet 是 Java 的小应用程序，是通过 APP 标志包含在 HTML 页中的程序。Applet 源码在服务器端被 Java 编译器编译成字节码，然后，字节码在 HTML Script 中被"调用"，在客户机端，Java 浏览器除需要支持相应的 HTML 语言外，还内嵌一个 Java 字节码的解释器，以正确解释包含字节码的 HTML 文档。由于是 Applet 字节码是在客户机端解释执行的，因此，它给 WWW 增添了交互性和动态特征。

3. CGI

CGI（Common Gateway Interface）为"公共网关接口"，为 Web 服务器定义了一种与外部应用程序交互、共享信息的标准。

CGI 的工作原理是：用户请求激活一个 CGI 程序；CGI 程序将交互主页中用户输入的信息提取出来传给外部应用程序，如数据库查询程序，并启动外部应用程序；外部应用程序的处理结果通过 CGI 程序传给 Web 服务器，以 HTML 形式传给用户，CGI 进程结束。

CGI 的作用有三点：

（1）扩大了 Web 服务器的功能

它打破了服务器软件的局限性，允许用户根据需要采用各种语言去实现无法用 HTTP、HTML 实现的功能，给 WWW 提供了更为广阔的应用空间。例如，一个能够访问数据库的 CGI 程序可以使客户端的用户通过浏览器输入查询数据，请求 Web 服务器查询数据库。

（2）为在不同的平台之间进行沟通提供了范例

初期使用的服务器大多以自己独特的方式支持服务器一端的可执行程序，用来帮助完成客户机的请求。为某个服务器写的程序要在其他服务器上使用时，必须做较大的修改，因为每个服务器与可执行程序之间传送信息的方式均不相同，为解决这个问题，CGI 标准被制定出来，使得为一个服务器写的程序能够在任何服务器上运行。

（3）连接服务器与外部应用程序通过 CGI，服务器可以向 CGI 程序发送信息，CGI 程序也可以向服务器程序回送信息。

CGI 程序一般是编译好的可执行程序，放在一个目录下。CGI 程序可用多种编程语言实现，如 Perl、C++/C、Visual Basic。CGI 程序的调用有两种方式：第一种是通过交互式网页。通常，用户在网页上填入一些信息后，按"提交"或"确认"按钮，这样就启动/调用了服务器端的 CGI 程序。第二种方式是用户在浏览器的 URL 栏中直接调用。

一个 CGI 程序只能由一个用户调用，每个 CGI 程序都独占 CPU 进程。因此，当有大量用户请求 CGI 程序时，就会造成 CGI 效率低下，因此，类似 CGI 但比 CGI 效率高的接口技术出现了。

4. WWW 服务器应用编程接口（WWW API）

有些 WWW 服务器软件厂商针对 CGI 运行效率低下、编程困难等缺点，开发了各自的服务器 API（Application Programming Interface），试图克服 CGI 性能方面的缺陷。WWW API 通常以动态链接库（DLL）的形式提供，是驻留在 WWW 服务器上的程序，它的作用与 CGI 类似，也是为了扩展 WWW 服务器的功能。通过 WWW API 也能实现对数据库的访问。目前最著名的 WWW API 有 Netscape 的 NSAPI，Microsoft 的 ISAPI、O'Reilly、WSAPI，各种 API 都与其相应的 WWW 服务器紧密联系在一起。

3.3.4 Web 应用服务器

Web 应用的开发经历了三个阶段。在第一阶段，大家都使用 Web 服务器提供的服务器扩展接口，使用 C 或者 Perl 等语言进行开发，例如 CGI、API 等。这种方式可以让开发者自由地处理各种不同的 Web 请求，动态地产生响应页面，实现各种复杂的 Web 系统要求。但是，这种开发方式的主要问题是对开发者的素质要求很高，往往需要懂得底层的编程方法，了解 HTTP 协议，此外，这种系统的调试也相当困难。

在第二阶段，大家开始使用一些服务器端的脚本语言进行开发，例如 ASP。其实现方法实质上是在 Web 服务器端放入一个通用的脚本语言解释器，负责解释各种不同的脚本语言文件。这种方法的首要优点是简化了开发流程，使 Web 系统的开发不再是计算机专业人员的工作。此外，由于这些语言普遍采用在 HTML 中嵌入脚本的方式，方便实际开发中的美工和编程人员的分段配合。对于某些语言，由于提供了多种平台下的解释器，所以应用系统具有了一定意义上的跨平台性。但是，这种开发方式的主要问题是系统的可扩展性不够好，系统一旦比较繁忙，就缺乏有效的手段进行扩充。此外，从一个挑剔者的眼光来看，这种方式不利于各种提高性能的算法的实施，不能提供高可用性的效果，集成效果也会比较差。

为了解决这些问题，近年来，出现了一个新的 Web 应用开发方法，也就是应用服务器的方式。下面我们主要介绍几种常用的应用服务器产品。

1. Microsoft IIS

Microsoft 的 Web 服务器产品为 Internet Information Server（IIS），它是集 Web、Ftp 和 Gopher 服务于一身的服务器。它提供 ISAPI（Intranet Server API）作为扩展 Web 服务器功能的编程接口；同时，它还提供一个 Internet 数据库连接器（IDC），可以实现对数据库的查询和更新。

IIS 利用与 Microsoft Proxy Server、Certificate Server、SiteServer、BackOffice 以及其他应用程序紧密结合之便，成为功能强大、使用方便的 Web 服务器。通过围绕 Windows NT 所做的优化，IIS 具有很高的执行效率、出色的安全保密性、易于管理以及启动迅捷等特点。它既可用于集成现有的应用方式，也可用于实施 Web 应用系统。IIS 变得普及的一个关键就是引入了 ASP，这是 Microsoft 用于建立动态网页的技术。ASP 支持多种脚本语言，包括 JavaScript、PerlScript 以及 VBScript，使其可以很容易地访问其他服务器的软件组件。这一切是以 COM 为基础达到的，COM 是 Windows 下组件协同的标准。而分布式 COM，即 DCOM，允许程序使用网络上的组件，就好像这些组件就在本地一样。

Microsoft IIS 是目前最流行的 Web 服务器产品之一，市场占有率在 20%左右，很多著名的网站如 Intel 公司的 Intel.com 等都是建立在 Microsoft IIS 的平台上。

2. IBM WebSphere

IBM WebSphere 是一组专门为商务网站设计的套件，其中最主要是 WebSphere CommerceSuite，它包含的工具可以创建和管理电子商务 Web 站点，另外还包括可在主机上安装电子商务站点的服务器软件和支付软件。作为集成化的电子商务软件平台，新的 WebSphere 通过与更高等级的工具的集成为用户提供更多、更实际的应用价值。

WebSphere 不但安装简单易行。而且，IBM 提供了像 WebSphere Studio 和 VisualAge for Java 这类专为开发基于 Java 应用而设计的其他产品。WebSphere 以对多种平台的支持和符合最新的 Java 标准，提供了开发电子商务应用的可靠平台。

此外，WebSphere 还提供了从桌面系统、电话、Internet 到呼叫中心、Web 服务器的语音服务。IBM WebSphere Voice 服务器使企业可以利用 VoiceXML 语言将语音应用程序扩展到移动通信网络。

3. Oracle Internet Application Server

Oracle 的数据库产品毫无疑问是多种平台上的市场领先产品。Oracle 的 Internet Application Server（iAS）具有独特的优势：它与其余 Oracle 产品相互交融，例如，可以利用 Oracle iAS 向 Web 部署任何基于 Oracle Forms 应用的 Oracle Forms Service。

Oracle 利用进行了一些扩展的 Apache Web Server 作为进入 Oracle iAS 的入口点。Oracle 为 Apache 开发了插件模块来处理 Java 小服务程序、Perl 程序、PL/SQL 程序以及安全套接层上的安全网页。Oracle iAS 企业版配置了 Oracle Portal（以前叫做 WebDB）。Oracle Portal 提供了部署企业信息用户所需的工具。

Oracle iAS 是该公司将应用推向 Web 战略的关键组成部分。Oracle 的客户可比较容易地将他们的 Oracle Forms 和 Oracle Reports 放到 Web 上运行。但是，Oracle iAS 价格也比较昂贵。

4. Sybase Enterprise Application Server（EAServer）

Sybase EAServer 是同时实现 Web 联机事务处理（Web OLTP）和动态信息发布的企业级应用服务器平台。它对各种工业标准提供广泛的支持，符合基于组件的多层体系结构，是支持所有主要组件模型的应用服务器产品，并且在它的最新版本中加强了对 PowerBuilder 组件和 Enterprise JavaBeans（EJB）的深层支持。这样，用户可以运用它提供的灵活的开发能力，充分利用多样化的计算环境，建立更加高效的企业 Web 应用系统。

EAServer 支持多种组件模型，同一应用中可以结合使用各种组件，支持标准脚本语言和任意客户类型，集成了 PowerSite 开发环境，使 Web 应用开发和提交方便快捷。除了优良的性能之外，EAServer 还支持多种数据库访问方式，提供给用户可靠的安全性。

3.4 Intranet 和 Extranet

3.4.1 从客户/服务器到浏览器/服务器的变迁

在计算机应用，特别是数据库技术的发展过程中，从软件技术平台的角度看，大致经历了三个阶段：主机体系结构，到客户机/服务器（C/S）体系结构，再到浏览器/服务器（B/S）体系结构。

一般地，建立在主机体系结构上的系统是专用的，业务以批处理的方式提交主机，计算结果显示在终端上，由于受主机系统的限制，用户很难直接向数据库提出查询请求，并从中分析数据。80 年代兴起的 C/S 体系结构（如图 3.6 所示）应用把数据从封闭的主机系统中解脱出来，它是一种将事务处理分开进行的网络系统，服务器通常采用高性能的计算机和运行大型数据库系统，如 Oracle、Sybase、Informix 或 SQL Server。客户端采用 PC 机，安装专用的客户端软件。在 C/S 模式下，通常将数据库的增、删、改、查及计算等处理放在服务器上进行，而将数据的显示和部分本地化处理放在客户端。其好处是减轻了主机系统的压力，充分利用客户端 PC 机的处理能力，加强了应用程序的功能。

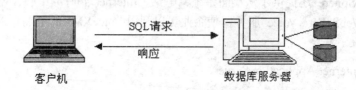

图 3.6　C/S 体系结构

但由于 C/S 模式将应用处理留在 Client 客户端，使得在处理复杂应用时客户端应用程序仍显肥胖，限制了对业务处理逻辑变化适应和扩展能力，当访问数据量增大和业务处理复杂时，客户端往往变成瓶颈。且与当今瘦客户端的发展趋势不符。在采用远程数据库访问数据库模式（ODBC，SQL），客户端与后台数据库服务器数据交换频繁，且数据量大，当大量用户访问时，易造成网络瓶颈。

随着 Internet/Intranet/Extranet 技术不断发展，尤其是基于 Web（HTML、HTTP）的信息发布和检索技术、Java 跨网络操作系统计算技术以及 CORBA 网络分布式对象技术三者的有机结合（Web + Java + CORBA），导致了整个应用系统的体系结构从 C/S 的主从结构向灵活的多级分布结构的重大演变，使其在当今以 Web 技术为核心的信息网络的应用中予以更新的内涵，使得企业管理软件系统的网络体系结构跨入第三阶段，即浏览器/服务器（B/S）体系结构，它兼备了集中处理模式和 C/S 结构体系的分布协同处理模式。

B/S 是真正的三层结构，其三层结构组成如图 3.7 所示。

图 3.7　B/S 体系结构

（1）浏览器：完成用户接口功能。当客户端向 URL 指定的 Web 服务器提出服务请求，Web 服务器用 HTTP 协议把客户端需要的资料传给用户，客户端接受并显示在浏览器上。

（2）Web 服务器：完成客户的应用功能。即 Web 服务器接受客户请求，以 CGI 或 ASP 与数据库连接，进行申请处理，而后数据库将结果返回 Web 服务器，再传至客户端。

（3）数据库服务器：数据库服务器响应客户请求，独立地进行各种数据处理。

与 C/S 处理模式相比，它大大简化了客户端，只要装上操作系统、网络协议软件以及浏览器即可，这时的客户机成为瘦客户机，而服务器则集中了所有的应用逻辑，开发、维护等几乎所有工作也都集中在服务器端。同时当企业对网络应用进行升级时，只需更新服务器端的软件，而不必更换客户端软件，减轻了系统维护与升级的成本与工作量，使用户的总体拥有成本大大降低。

3.4.2 企业内部网 Intranet

令人眼花缭乱的 WWW 的外部应用虽然最能吸引人们的注意，但实际上 Intranet 的应用才是真正使企业经营发生革命性变化的根本因素。Intranet 是指采用 Internet 技术建立的企业的内部网，它是应用于企业内部的，基于 WWW，使用互联网应用软件的 B/S 结构的专用网络。Intranet 能在企业内部实现信息的有效分布和共享，它不仅使用方便，而且成本很低，是 WWW 应用中成长最快的部分。

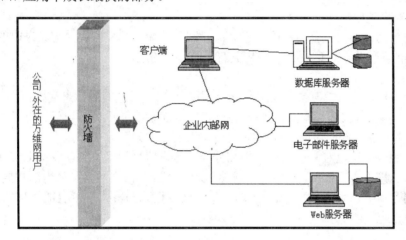

图 3.8 Intranet 系统的构成

一个典型的 Intranet 系统（如图 3.8 所示）由以下几个部分构成的：
- WWW 浏览器：如适用于各种平台的 Netscape 公司的 Navigator 以及 Microsoft 的 Explorer。
- 服务器：包括 WWW 服务器、Mail 服务器以及具有与数据库连接功能的群件。
- 防火墙：包括防止来自企业外部的非法访问的防火墙和企业内部各部门间简易防火墙。
- 数据库及其服务器：用于最终的基础数据的存储和组织并为应用系统提供服务。

Internet 技术具有使得网络上的个人或部门能够超越地点的界限以很低的费用与其他个人和部门进行通信，并具有能够处理声音和视频图像的优势，正是这些优势导致 Internet 技术广泛应用于企业内部。企业大规模采用 Intranet 技术始于 1995 年下半年，而现在 Intranet 应用已超过 Internet，成为信息技术的新高潮。目前，Internet 的 Web 站点有 60%为 Intranet 的 Web 站点。费用的节省是目前众多的企业竞相采用 Intranet 的部分原因，更重要的是，它为企业提供了全方位的信息交流手段，大大提高了企业生产率。

基于 Web 计算和网络技术的 Intranet 需要的启动资金少，建立与维护简单，用户端使用方便，并可充分利用现有的网络资源与企业信息库。企业采用 Intranet 作为内部信息网络，其具体的好处表现在：

1. 实现高效、节约的内部交流

现代的工作流程要求员工能访问来自各种来源的信息，并与自己的部门、企业及外部的业务伙伴共享这些信息。但有时寻找在同一个局域网上的同事所创建的文件比在互联网寻找竞争者的信息还困难。

内部网能将散布在企业内部计算机上的文件连接起来，使业务流程中的多个部门共享信息资源。例如，麦道公司（McDonnell Douglas）有 11000 名员工，客户是分布在世界各地的 200 多家航空公司；麦道公司除生产飞机外，还提供大量的飞机服务手册，这是修改和维修飞机的重要信息，其每年编纂量达 400 万页。于是，麦道公司决定利用 WWW 来传播这些信息，这样在任何时候都可以及时更新。

内部网能够改善两种类型的企业沟通：

（1）一对多的应用

借助内部网，部门或公司都能够建立信息网页，减少数量巨大、容易过时的纸面信息。这种应用还能降低生产、印刷、运输和更新企业信息的成本。

（2）多对多的应用

这类应用包括公告板（或新闻组），能够方便小组成员之间的信息交换。

内部网能够出版办公室内部文件，将它们组织起来以便于员工访问。它不但成本较低，而且可以随时更新，随时访问，大大提高工作组的生产效率。

内部网服务器可以对信息进行收集和分类，这样信息就可发到互联网上实现信息发布，假设顾客想了解某种产品或某些产品的价格和现货情况，内部网就可从内部数据库中寻找信息（包括库存和半成品信息），然后把这些信息转成正确的格式，接着把信息从内部网发到互联网上再送到顾客手中。

2. 内部网的成本很低

如果企业的 PC 机已经连入与互联网相连的局域网，那么就已经满足了内部网基础设施的要求。内部网的基础设施包括一个 TCP/IP 网络、WWW 制作软件、WWW 服务器硬件和软件、WWW 客户机和一台防火墙服务器（防火墙可在专用的企业内部网和外部互联网之间提供安全保障）。因为内部网使用的是客户机/服务器的两层或三层结构，所以在内部网上运行的硬件和软件也可以在互联网上运行。此外，由于内部网使用标准的 TCP/IP 协议，这就保证了现在使用互联网的任何企业都能够很容易地建立内部网。换句话说，不需要多种标准来同时支持互联网和内部网，只要有一种标准就足够了。大部分内部网使用的是三层结构，因为内部网所支持的功能是传统的两层互联网模型不具备的。

不管大企业还是小企业，内部网总是传输各种企业内部信息的最佳手段，因为创建和分发纸面信息通常耗时且昂贵。例如，如果人力资源部门使用内部网，就可以利用内部网节约分发员工手册、企业政策和政府有关法规所花的时间和金钱。如果你处理过大量的、经常变化的企业政策手册，你就会赞成放弃打印与分发逐月或逐年变化的政策手册。内部网可处理的其他信息包括工作任命、内部绩效和生产信息、白皮书和技术报告、企业电话簿、电子邮件、软件手册和政府法规。内部网还有助于人员培训，可节约培训费用，提高培训的便利性。利用内部网，员工可以随时随地地接受在线培训。在内部网上的培训比传统的面对面培训要节约很多费用,因为企业不用再花费把员工送到培训中心所发生的交通和食宿费。

3. 内部网还加快了应用软件的分布和升级

管理和维护企业的 PC 软件花费很高。通过减少软件维护和升级费用,内部网可降低网络系统总成本。计算机维护人员可把软件的升级和更新内容放入内部网,企业雇员下次登录自己工作站时,这些脚本就可自动更新工作站。比起传统的逐台计算机更新软件的费时费力的方法,内部网的优势非常明显,企业也可以从内部网的使用中获益匪浅。

3.4.3 企业外部网 Extranet

外部网是内部网概念的扩展,它将企业的内部网连入其业务伙伴、顾客或供应商的网络。虽然目前企业间广泛采用的沟通方式还是传真、电话、电子邮件和特快专递,但这些工具的使用大多成本高,速度也不尽人意。因此外部网将来很有希望成为企业间主要的沟通方式。

Extranet 是一个使用 Internet/Intranet 技术使企业与其客户和其他企业相连来完成其共同目标的合作网络。Extranet 企业及其供应商或其他贸易伙伴联系在一起。Extranet 可以是下列几种网络类型中的任何一种:公共网络、安全(专用)网络或虚拟专用网络(VPN)。这几种网络都能实现企业间的信息共享。外部网的信息是安全的,它可以防止信息泄露给未经授权的用户。授权用户可以公开地通过外部网连到其他企业的网络。Extranet 为企业提供了专用的设施,帮助企业协调采购,通过 EDI 交换业务单证,实现彼此之间的交流和沟通。实际上 Extranet 可通过互联网建立起来,外部网不仅可用互联网实现网间通信,即使是独立于互联网的专用网络也可使用互联网的协议和技术来进行通信。Extranet 通常与 Intranet 一样位于防火墙之后,但不像 Internet 为大众提供公共的通信服务和 Intranet 只为企业内部服务且不对公众公开,而是对一些有选择的合作者开放或向公众提供有选择的服务。Extranet 访问是半私有的,用户是由关系紧密的企业结成的小组,信息在信任的圈内共享。Extranet 非常适合于具有时效性的信息共享和企业间完成共同利益目的的活动。

Extranet 具有以下特性:
- Extranet 不限于组织的成员,它可超出组织之外,特别是包括那些组织想与之建立联系的供应商和客户;
- Extranet 并不是真正意义上的开放,它可以提供充分的访问控制使得外部用户远离内部资料;
- Extranet 是一种思想,而不是一种技术,它使用标准的 Web 和 Internet 技术;
- Extranet 的实质就是应用,它只是集成扩展(并非系统设计)现有的技术应用。

Extranet 可以用来进行各种商业活动,当然 Extranet 并不是进行商业活动的惟一方法,但使用 Extranet 代替专用网络用于你的企业与其他企业进行商务活动,其好处是巨大的。Extranet 把企业内部已存在的网络扩展到企业之外,使得可以完成一些合作性的商业应用(如企业和其客户及供应商之间的电子商务、供应链管理等)。

Extranet 可以完成以下应用:
- 信息的维护和传播:通过 Extranet 可以定期地将最新的销售信息以各种形式分发给世界各地的销售人员,而取代原有的文本拷贝和昂贵的传递分发,任何授权的用户都可以从世界各地用浏览器对 Extranet 进行访问、更新信息和通信,使得增加/修改每日变化的新消息、更新客户文件等操作变得容易。
- 在线培训：浏览器的点击操作和直观的特性使得用户很容易地就可加入到在线的商业活动中。此外，灵活的在线帮助和在线用户支持机制也使得用户可以容易发现其需要的答案。
- 企业间的合作：Extranet 可以通过 Web 给企业提供一个更有效的信息交换渠道，其传播机制可以给客户传递更多的信息。通过 Extranet 进行的电子商务可以比传统的商业信息交换更有效和更经济地进行操作和管理，并能大规模地降低花费和减少跨企业之间的合作与商务活动的复杂性。
- 销售和市场：Extranet 使得销售人员可以从世界各地了解最新的客户和市场信息，这些信息由企业来更新维护，并由强健的 Extranet 安全体系结构保护其安全性。所有的信息都可以根据用户的权限和特权通过 Web 访问和下载。
- 客户服务：Extranet 可以通过 Web 安全有效地管理整个客户的运行过程，可为客户提供订购信息和货物的运输轨迹，可为客户提供解决基本问题的方案，发布专用的技术公告，同时可以获取客户的信息为将来的支持服务，使用 Extranet 可以更加容易地实现各种形式的客户支持（桌面帮助、电子邮件及多媒体电子邮件等）。
- 产品、项目管理和控制：管理人员可迅速地生成和发布最新的产品、项目与培训信息，不同地区的项目组的成员可以通过网上来进行通信、共享文档与结果，可在网上建立虚拟的实验室进行跨地区的合作。Extranet 中提供的任务管理和群体工作工具应能及时地显示工作流中的瓶颈，并采取相应的措施。

使用 Extranet 可以带来以下的好处：
- 为客户提供多种及时有效的服务，可以改善客户的满意度；
- 因为职员不必将其时间花费在信息的查找上而提高其生产率；
- 因为减少纸张的拷贝、打印通信与分发的费用，大大地降低生产费用；
- 可以通过网上实现跨地区的各种项目合作；
- 与以前的仅仅是文字信息不同，Extranet 中的信息可以以各种形式体现；
- 可将不同厂商的各种硬件、数据库和操作系统集成在一起，并且利用浏览器的开放性使得应用只需开发一次即可为各种平台使用；
- 可以引用、浏览原有系统中的信息（仍由原有系统进行维护）。

3.5 Internet 接入技术

Internet 接入技术的目的在于将用户的局域网或计算机与公用网络连接在一起。由于这是用户与 Internet 连接的最后一步，因此又叫最后一公里技术。

传统的接入技术是采用 Modem 通过电话网接入，也就是我们常说的拨号网络。它的最大缺点是速度低，目前最高速率为 56Kbps，不能够满足视频信号的传输要求。其次，它独占电话线，Modem 与电话不能同时使用，每次由 Modem 建立连接的时间也较长。另外，这种方式传输数据的可靠性也较低。这些缺点都表明它不是理想的 Internet 接入手段。但由于其具有价格低、安装简单、使用方便的特点，对于个人用户和不具备网络建设能力的公司、小型企业来说，这种方式还是比较受欢迎的。

现在，常用的性能比较高的接入技术有：ISDN、DDN、ADSL、CABLE MODEM 等，这里我们对这几种接入方式做个简单介绍。

3.5.1 ISDN

ISDN（Integrated Service Digital Network）中文名称是综合业务数字网，通俗称为"一线通"，它采用数字传输和数字交换技术，将电话、传真、数据、图像等多种业务综合在一个统一的数字网络中进行传输和处理。利用一条 ISDN 用户线路，就可以在上网的同时拨打电话、收发传真，就像两条电话线一样。实际上 ISDN 理论可以提供 8 个终端同时通信，但因为目前设备限制，所以暂提供两个终端同时通信。如果采用 ISDN 技术接入 Internet，用户就可以得到最高 128Kbps 的接入速率。我国 ISDN 网的建设，大多是在 PSTN 基础上叠加建网，即在 PSTN 交换机上增扩 ISDN 功能。所以 ISDN 接入可以像普通电话线接入方式一样简便廉价。

目前 ISDN 在现有的电话网上能实现以下功能：

（1）传输速率高：一对普通电话线可使用户获得 128Kbps（2B+D）的传输速率。

（2）信道建立时间短：可在几秒钟内完成通信建立。

（3）线路使用效率高：线路使用只是在传输数据的瞬间才进行，数据传输完后即挂线，为用户节省大量的通信费用；

（4）线路质量稳定，抗干扰能力强，数据传输误码率低：ISDN 使用户与电信局间的最后 100 米变成数字连接；ISDN 的数字传输比模拟传输更不易受到静电和噪音的影响，使数据传输更少误码和更少重传。

3.5.2 专线接入 DDN

DDN 是英文 Digital Data Network 的缩写，是随着数据通信业务的发展而迅速发展起来的一种新型网络。DDN 的主干网传输媒介有光纤、数字微波、卫星信道等；到用户端多使用普通电缆和双绞线。DDN 利用数字信道传输数据信号，这与传统的模拟信道相比有本质的区别，DDN 传输的数据具有质量高、速度快、网络时延小等一系列的优点，特别适合于计算机主机之间、局域网之间、计算机主机与远程终端之间的大容量、多媒体、中高速通信的传输。

目前，Internet 网络接入普遍采用 DDN 专线，传输速率可达 64Kbps，误码率低，传输距离远且安全。较早期用户通过租用电信部门的 X.25 专线来实现上网，但由于 X.25 专线传输距离短，速率低，一般只能达到 9600 bps，且传输质量差，易丢包。用户后来大多抛弃 X.25 专线，而转为 DDN 专线。我国 DDN 的建设始于 20 世纪 90 年代初，到目前为止，已覆盖全国的大部分地区，我国 DDN 网络规模大、数量多，为了组网灵活、扩容方便、业务组织管理清晰，按网络功能层次把 DDN 划分为核心层、接入层和用户接口层 3 层网络结构。核心层由大、中容量网络设备组成，用 2048Kbps 或更高速率的数字电路互连；接入层由中、小容量网络设备组成，用 2048Kbps 的数字电路与核心层互连，并为各类 DDN 业务提供接入；用户接口层由各种用户复用设备、网桥/路由器设备、帧中继业务的帧装/拆设备组成。

由于 DDN 是采用数字传输信道传输数据信号的通信网，因此，它可提供点对点、点对多点透明传输的数据专线出租电路，为用户传输数据、图像、声音等信息。使用 DDN 具有如下特点：

（1）DDN 是透明传输网。由于 DDN 将数字通信的规则和协议寄托在智能化程度的用户终端来完成，本身不受任何规程的约束，所以是全透明网，是一种面向各类数据用户的公用通信网，它可以看成是一个大型的中继开放系统。

（2）传输速率高，网络时延小。由于 DDN 用户数据信息是根据事先的协议，在固定通道带宽和预先约定速率的情况下顺序连接网络，这样只需按时隙识别通道就可以准确地将数据信息送到目的地，从而免去了目的终端对信息的重组，因此减少了时延。

（3）DDN 可提供灵活的连接方式。DDN 可以支持数据、语音、图像传输等多种业务，它不仅可以和客户终端设备进行连接，而且还可以和用户网络进行连接，为用户网络互联提供灵活的组网环境。DDN 的通信速率可根据用户需要在 N×64Kbps(N=1～32)之间进行选择，当然速度越快租用费用也就越高。

（4）灵活的网络管理系统。DDN 采用的图形化网络管理系统可以实时地收集网络内发生的故障并进行故障分析和定位。通过网络图形颜色的变化，显示出故障点的信息，其中包括网络设备的地点、网络设备的电路板编号及端口位置，从而提醒维护人员及时准确地排除故障。

（5）保密性高。由于 DDN 专线提供点到点的通信，信道固定分配，保证通信的可靠性，不会受其他客户使用情况的影响，因此通信保密性强，特别适合金融、保险客户的需要。

总之，DDN 将数字通信技术、计算机技术、光纤通信技术以及数字交叉连接技术有机地结合在一起，提供了高速度、高质量的通信环境，为用户规划、建立自己安全、高效的专用数据网络提供了条件，因此在多种接入方式中深受广大客户的青睐。

3.5.3 Cable Modem

Cable Modem（线缆调制解调器）是近两年开始试用的一种超高速 Modem，它是利用现成的有线电视（CATV，也有部分媒体写成 Cable TV）网进行数据传输，到现在它已是发展比较成熟的一种技术，而通过 Cable Modem 和有线电视网的结合访问 Internet 已成为越来越受关注的一种高速接入方式。

由于 CATV 的带宽是 PSTN（公用交换电话网）根本无法比拟的，因而采用 Cable Modem 进行数据传输时的速率自然是普通 Modem 望尘莫及的。通过有线网络提供的 Internet 接入方式，在理论上可以达到最大 38M bps 的下载速度。但是，用户在实际使用时的速率可能要低得多。一般情况下，Cable Modem 能够提供的平均下载速度约为 382Kbps，平均上传速度约为 315Kbps，该速度虽然比理论上的数值低很多，但是仍然相当于普通Modem传输速率的 6 倍之多。

Cable Modem 和 CATV 的有机结合使得访问 Internet 具有诸多优点：其一，数据传输速率至少可达到 500Kbps；其二，单位时间内传输数据量比 PSTN 以及 ISDN 要高得多；其三，可以做到一边上网，一边看电视、同时还可以电话聊天，三者同时进行互不干扰；其四，永久性的连接省去了拨号连接时间，开机即可享受高速服务。

由于中国的 CATV 网如今已成为世界第一大有线电视网，其用户已达到 8000 多万，并以每年 500 万户的速度增长，全国共有二亿多的有线电视观众。全国的线路长度已超过 240 万公里，其中光纤干线已超过 35 万公里，在一些经济发达的沿海城市以及部分省会城市，CATV 网已延伸到千家万户，有些地区 CATV 网的普及率甚至可以与 PSTN 平分秋色，而中国真正需要上 Internet 以及进行数据传输的用户群则主要集中在这些城市。另外，由于 CATV 网属于介质共享型，它的布线设计要简单得多，架设一条同轴电缆即可连接到各家各户，实现联网的成本相对低廉。基于这些条件，Cable Modem 在中国全面普及与推广的前景非常可观。

3.5.4 ADSL

ADSL（Asymmetric Digital Subscriber Loop）称为非对称数字用户环路。它能够在现有的双绞线，即普通电话线上根据当地线路状况提供 2-8M bps 下行速率和 640 Kbps 的上行速率。这种下行速率远大于上行速率的非对称结构特别适合浏览 Internet、宽带视频点播等下行速率需求大于上行速率需求的应用。ADSL 充分利用了现有电话线路，不需要改造和重新建设网络，在电话线两端加装 ADSL 设备即可，降低了成本，减少了用户上网费用。ADSL 传输距离可达 3~5 公里，用户均可享用高质量的网络服务。

ADSL 技术特点：

（1）具有很高的传输速率。下行 2-8Mbps 上行 64K-640Kbps 为普通拨号 Modem 的百倍以上。

（2）上网和打电话互不干扰。 ADSL 数据信号和电话音频信号以频分复用原理调制于各自频段互不干扰。上网的同时可以使用电话，避免了拨号上网的烦恼。

（3）ADSL 利用电信深入千家万户的电话网络，先天形成星型结构的网络拓扑构造，骨干网络采用中国电信遍布全国的光纤传输，各结点采用 ATM 宽带交换机自行交换信息，可独享 2~8Mbit/s 带宽，信息传递快速可靠安全。

（4）费用低廉。虽然电话线同时传递电话语音和数据，但数据并不通过电话交换机，因此用户不用拨号，一直在线，属于专线上网方式。这意味着使用 ADSL 上网不需要缴纳拨号上网的电话费用，可省下一笔资金。

（5）安装快捷方便。在现有电脑线上安装 ADSL，只需在用户端安装一台 ADSL Modem 和一只电话分离器，用户线路不用改动，极为方便。

3.6 本章小结

本章在介绍了 Internet 产生和发展基础上，着重讨论了 Internet 的基本工作原理。然后介绍电子商务应用中的 Web 技术、企业内部网和外部网等内容。本章最后分析了目前常用的 Internet 接入技术，如 ISDN、DDN、ADSL 等。通过本章，希望读者能对电子商务的网络基础设施有个整体的了解。

3.7 本章习题

1. 什么是 IP 地址，它与域名有什么关系？
2. 什么是 Web 应用服务器，它有什么作用？
3. 什么是 Intranet，它给企业带来了什么好处？
4. 什么是客户/服务器结构？Web 的引入对它带来什么影响？
5. 如何理解 Extranet，它对电子商务有何影响？
6. 试比较常用的几种 Internet 接入技术。

第4章 电子商务安全技术

美国密执安大学一个调查机构通过对 23000 名因特网用户的调查显示，超过 60%的人由于担心电子商务的安全问题而不愿进行网上购物。任何个人、企业或商业机构以及银行都不会通过一个不安全的网络进行商务交易，这样会导致商业机密信息或个人隐私的泄漏，从而导致巨大的利益损失。随着电子商务的不断推广与应用，电子商务的安全问题也变得越来越突出。如何建立一个安全、可靠、便捷的电子商务应用环境,对信息提供足够的保护，已经成为商家和用户都十分关心的话题。正是因为这一点，促使防火墙、加密解密、数字签名等一系列网络信息安全技术的不断研究和发展，本节主要介绍电子商务的安全问题及安全技术。

本章主要内容：
- 电子商务安全要求与安全内容
- 防火墙等网络安全技术
- 加密技术和认证技术
- SSL 与 SET
- PKI

4.1 电子商务安全要求

4.1.1 电子商务所面临的安全问题

1983 年 10 月 24 日，美国著名的计算机安全专家、AT&T 贝尔实验室的计算机科学家 Rober Morris 在美国众议院科学技术会议运输、航空、材料专业委员会上做了关于计算机安全重要性的报告，从此计算机安全成了国际上研究的热点。现在随着互联网络技术的发展，网络安全成了新的安全研究热点。网络安全就是如何保证网络上存储和传输的信息的安全性。但是由于在互联网络设计之初，只考虑方便性、开放性，使得互联网络非常脆弱，极易受到黑客的攻击或有组织的群体的入侵，也会由于系统内部人员的不规范使用和恶意破坏，使得网络信息系统遭到破坏，信息泄露。

电子商务中的安全隐患可分为如下几类：

（1）信息的截获和窃取。如果没有采用加密措施或加密强度不够，攻击者可能通过互联网、公共电话网、搭线、电磁波辐射范围内安装截收装置或在数据包通过的网关和路由器上截获数据等方式，获取传输的机密信息，或通过对信息流量和流向、通信频度和长度等参数的分析，推出有用信息，如消费者的银行账号、密码以及企业的商业机密等。

（2）信息的篡改。当攻击者熟悉了网络信息格式以后，通过各种技术方法和手段对网

络传输的信息进行中途修改,并发往目的地,从而破坏信息的完整性。这种破坏手段主要有三个方面:

① 篡改——改变信息流的次序,更改信息的内容,如购买商品的出货地址;
② 删除——删除某个消息或消息的某些部分;
③ 插入——在消息中插入一些信息,让收方读不懂或接收错误的信息。

(3) 信息假冒。当攻击者掌握了网络信息数据规律或解密了商务信息以后,可以假冒合法用户或发送假冒信息来欺骗其他用户,主要有两种方式。一是伪造电子邮件,虚开网站和商店,给用户发电子邮件,收订货单;伪造大量用户,发电子邮件,耗尽商家资源,使合法用户不能正常访问网络资源,使有严格时间要求的服务不能及时得到响应;伪造用户,发大量的电子邮件,窃取商家的商品信息和用户信用等信息。另外一种为假冒他人身份,如冒充领导发布命令、调阅密件;冒充他人消费、栽赃;冒充主机欺骗合法主机及合法用户;冒充网络控制程序,套取或修改使用权限、通行字、密钥等信息;接管合法用户,欺骗系统,占用合法用户的资源。

(4) 交易抵赖。交易抵赖包括多个方面,如发信者事后否认曾经发送过某条信息或内容;收信者事后否认曾经收到过某条消息或内容;购买者做了定货单不承认;商家卖出的商品因价格差而不承认原有的交易。

4.1.2 电子商务安全需求

电子商务面临威胁的出现,导致了对电子商务安全的需求,为真正实现一个安全电子商务系统,保证交易的安全可靠性,要求电子商务能做到机密性、完整性、认证性和不可抵赖性。

(1) 机密性。电子商务作为贸易的一种手段,其信息直接代表着个人、企业或国家的商业机密。传统的纸面贸易都是通过邮寄封装的信件或通过可靠的通信渠道发送商业报文来达到保守机密的目的。电子商务是建立在一个较为开放的网络环境上的(尤其 Internet 是更为开放的网络),维护商业机密是电子商务全面推广应用的重要保障。因此,要预防非法的信息存取和信息在传输过程中被非法窃取。机密性一般通过密码技术对传输的信息进行加密处理来实现。

(2) 完整性。电子商务简化了贸易过程,减少了人为的干预,同时也带来维护贸易各方商业信息的完整、统一的问题。由于数据输入时的意外差错或欺诈行为,可能导致贸易各方信息的差异。此外,数据传输过程中信息的丢失、信息重复或信息传送的次序差异也会导致贸易各方信息的不同。贸易各方信息的完整性将影响到贸易各方的交易和经营策略,保持贸易各方信息的完整性是电子商务应用的基础。因此,要预防对信息的随意生成、修改和删除,同时要防止数据传送过程中信息的丢失和重复并保证信息传送次序的统一。完整性一般可通过提取信息的数据摘要方式来获得。

(3) 认证性。由于网络电子商务交易系统的特殊性,企业或个人的交易通常都是在虚拟的网络环境中进行,所以对个人或企业实体进行身份性确认成了电子商务中十分重要的一环。对人或实体的身份进行鉴别,为身份的真实性提供保证,即交易双方能够在相互不见面的情况下确认对方的身份。这意味着当某人或实体声称具有某个特定的身份时,鉴别服务将提供一种方法来验证其声明的正确性,一般都通过证书机构 CA 和数字证书来实现。

(4)不可抵赖性。电子商务关系到贸易双方的商业交易,如何确定要进行交易的贸易方正是所期望的贸易伙伴这一问题则是保证电子商务顺利进行的关键。在传统的纸面贸易中,贸易双方通过在交易合同、契约或贸易单据等书面文件上手写签名或印章来鉴别贸易伙伴身份,确定合同、契约、单据的可靠性,并预防抵赖行为的发生。这也就是人们常说的"白纸黑字"。在无纸化的电子商务方式下,通过手写签名和印章进行贸易方的鉴别已是不可能的。因此,要在交易信息的传输过程中,为参与交易的个人、企业或国家提供可靠的标识。不可抵赖性可通过对发送的消息进行数字签名来获取。

(5)有效性。电子商务以电子形式取代了纸张,那么如何保证这种电子形式的贸易信息的有效性则是开展电子商务的前提。电子商务作为贸易的一种形式,其信息的有效性将直接关系到个人、企业或国家的经济利益和声誉。因此,要对网络故障、操作错误、应用程序错误、硬件故障、系统软件错误及计算机病毒所产生的潜在威胁加以控制和预防,以保证贸易数据在确定的时刻、确定的地点是有效的。

4.1.3 电子商务安全内容

电子商务的一个重要技术特征是利用 IT 技术来传输和处理商业信息。因此,电子商务安全从整体上可分为两大部分:计算机网络安全和商务交易安全。

计算机网络安全的内容包括:计算机网络设备安全、计算机网络系统安全、数据库安全等。其特征是针对计算机网络本身可能存在的安全问题,实施网络安全增强方案,以保证计算机网络自身的安全性为目标。

商务交易安全则紧紧围绕传统商务在互联网络上应用时产生的各种安全问题,在计算机网络安全的基础上,如何保障电子商务过程的顺利进行。即实现电子商务的保密性、完整性、可鉴别性、不可伪造性和不可抵赖性。

计算机网络安全与商务交易安全实际上是密不可分的,两者相辅相成,缺一不可。没有计算机网络安全作为基础,商务交易安全就犹如空中楼阁,无从谈起。没有商务交易安全保障,即使计算机网络本身再安全,仍然无法达到电子商务所特有的安全要求。电子商务的安全框架可以如图 4.1 所示。

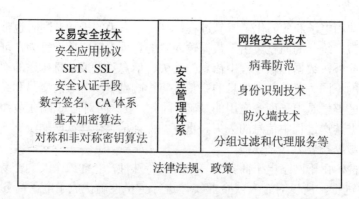

图 4.1　电子商务安全构架

从图上我们可以看出,电子商务安全性首先依托于法律、法规和相关的政策制定的大环境,这是最根本的基础。对于电子商务活动中各个角色,包括政府有关部门和相关企业,都需要在这个环境中，运用安全交易技术和网络安全技术建立起完善的安全管理体制，对电子商务实行实时监控，提供实时改变安全策略的能力，对现有的电子商务安全系统的漏洞的检查及安全教育等，从而来保证电子商务的安全性。本章也正是从网络安全技术和安全交易技术两个方面来论述电子商务安全技术。

4.2 计算机网络安全技术

4.2.1 计算机网络的潜在安全隐患

电子商务的网络环境包括 Intranet、Extranet 和 Internet 三种结构组成的网络环境。电子商务的网络安全涉及到网络环境的各个方面。人们平常讨论最多的应属 Internet 的开放性给企业的商务带来的严重的安全问题。然而，有调查表明，至少有 75%的信息安全问题来自内部。因此，企业内部的计算机及网络的安全也必须予以重视。

企业内部计算机系统面临的风险典型的有：
- 没有好的备份系统导致数据丢失；
- 有外来磁盘携带的病毒攻击计算机系统；
- 业务人员的误操作；
- 删除了不该删除的数据，且无法恢复；
- 系统硬件、通信网络或软件本身出故障；
- 意外事故对系统的破坏；
- 人为蓄意破坏。

如果企业的内部网连接上 Internet，则 Internet 本身的不安全性对企业内部信息系统带来的潜在风险主要有：
- 外部非法用户潜入系统胡作非为，甚至破坏系统；
- 数据丢失，机密信息泄漏；
- 互联网本身固有的风险的影响；
- 网络病毒的攻击。

Internet 的安全问题的主要原因之一在于 TCP/IP 和 UDP 的基本体系结构。这几种协议在开始制定时都没有着重考虑通信路径的安全性。例如，当用 TCP/IP 协议通过 Internet 传送数据时，无法知道传输经过了哪些节点，如果侵袭者成功地在一个或多个节点装上了所谓的"嗅探"程序，那么以原文传送的口令就会泄露。成功侵袭的另一个原因在于计算机系统配置的安全性很薄弱，Internet 访问系统都很少或根本没有配置安全保护。从纯技术角度上来看，存在着五个方面的薄弱性。
- 缺乏安全防护设备(没有安装防火墙)；
- 不足的安全配置与管理系统；
- 通信协议上的基本安全问题；
- 基于 WWW、FTP 上的应用软件问题；
- 不完善的服务程序。

实际上，除了纯技术问题外，还存在安全标准无力的问题。从公司体制中也能找到许多方面的原因，比如没有安全管理员、对系统管理人员没有进行重点培训、公司内部几乎没有安全准则等，这就意味着没有任何安全防护。为了保证公司计算机系统的安全，就必须投入极大精力制定安全策略和安全实施方案。策略的制定是使公司体制合理化、实施方案得以实现的基础。

4.2.2 计算机网络安全体系

一个全方位的计算机网络安全体系结构包含网络的物理安全、访问控制安全、系统安全、用户安全、信息加密、安全传输和管理安全等。充分利用各种先进的主机安全技术、身份认证技术、访问控制技术、密码技术、防火墙技术、安全审计技术、安全管理技术、系统漏洞检测技术、黑客跟踪技术，在攻击者和受保护的资源间建立多道严密的安全防线，极大地增加了恶意攻击的难度，并增加了审核信息的数量，利用这些审核信息可以跟踪入侵者。

在实施网络安全防范措施时要考虑以下几点：

- 要加强主机本身的安全，做好安全配置，及时安装安全补丁程序，减少漏洞；
- 要用各种系统漏洞检测软件定期对网络系统进行扫描分析，找出可能存在的安全隐患，并及时加以修补；
- 从路由器到用户各级建立完善的访问控制措施，安装防火墙，加强授权管理和认证；
- 利用 RAID5 等数据存储技术加强数据备份和恢复措施；
- 对敏感的设备和数据要建立必要的物理或逻辑隔离措施；
- 对在公共网络上传输的敏感信息要进行数据加密；
- 安装防病毒软件，加强内部网的整体防病毒措施；
- 建立详细的安全审计日志，以便检测并跟踪入侵攻击等。

网络安全技术是伴随着网络的诞生而出现的，但直到 20 世纪 80 年代末才引起关注，90 年代在国外获得了飞速的发展。近几年频繁出现的安全事故引起了各国计算机安全界的高度重视，计算机网络安全技术也因此出现了日新月异的变化。安全核心系统、VPN 安全隧道、身份认证、网络底层数据加密和网络入侵主动监测等越来越高深复杂的安全技术极大地从不同层次加强了计算机网络的整体安全性。安全核心系统在实现一个完整或较完整的安全体系的同时也能与传统网络协议保持一致。它以密码核心系统为基础，支持不同类型的安全硬件产品，屏蔽安全硬件的变化对上层应用的影响，实现多种网络安全协议，并在此之上提供各种安全的计算机网络应用。

互联网已经日渐融入到人类社会的各个方面中，网络防护与网络攻击之间的斗争也将更加激烈。这就对网络安全技术提出了更高的要求。未来的网络安全技术将会涉及到计算机网络的各个层次中，但围绕电子商务安全的防护技术将在未来几年中成为重点，如身份认证、授权检查、数据安全、通信安全等将对电子商务安全产生决定性影响。

4.2.3 常用的计算机网络安全技术

目前，常用的计算机网络安全技术主要有病毒防范技术、身份认证技术、防火墙技术和虚拟专用网 VPN 技术等。

1. 病毒防范技术

病毒是一种恶意的计算机程序，它可分为引导区病毒、可执行病毒、宏病毒和邮件病毒等，不同的病毒的危害性也不一样。为了防范病毒，可以采用以下的措施：

（1）安装防病毒软件，加强内部网的整体防病毒措施；
（2）加强数据备份和恢复措施；
（3）对敏感的设备和数据要建立必要的物理或逻辑隔离措施等。

2. 身份识别技术

身份识别技术是计算机网络安全技术的重要组成部分之一。它的目的是证实被认证对象是否属实和是否有效。其基本思想是通过验证被认证对象的属性来达到确认被认证对象是否真实有效的目的。被认证对象的属性可以是口令、问题解答或者像指纹、声音等生理特征，常用的身份认证技术有口令、标记法和生物特征法。

（1）口令

传统的认证技术主要采用基于口令的认证方法。当被认证对象要求访问提供服务的系统时，提供服务的认证方要求被认证对象提交该对象的口令，认证方收到口令后，将其与系统中存储的用户口令进行比较，以确认被认证对象是否为合法访问者。

这种认证方法的优点在于：一般的系统（如 Unix，Windows NT，NetWare 等）都提供了对口令认证的支持，对于封闭的小型系统来说不失为一种简单可行的方法。

然而，基于口令的认证方法存在下面几点不足：

- 用户每次访问系统时都要以明文方式输入口令，很容易泄密；
- 口令在传输过程中可能被截获；
- 系统中所有用户的口令以文件形式存储在认证方，攻击者可以利用系统中存在的漏洞获取系统的口令文件；
- 用户在访问多个不同安全级别的系统时，都要求用户提供口令，用户为了记忆的方便，往往采用相同的口令。而低安全级别系统的口令更容易被攻击者获得，从而用来对高安全级别系统进行攻击；
- 只能进行单向认证，即系统可以认证用户，而用户无法对系统进行认证。攻击者可能伪装成系统骗取用户的口令。

（2）标记方法

标记（token）是个人持有物，它的作用类似于钥匙，用于启动电子设备。标记上记录着用于机器识别的个人信息。常用的标记多采用磁介质，而磁介质却有不少缺陷。磁介质最大的问题就是易受环境影响，而且也易被修改和转录，所以智能卡取代磁卡是很必要的。智能卡的原理是在卡内安装电脑芯片以取代原来的磁介质，这样就克服了磁介质的缺陷，使身份识别更有效、安全。但智能卡仅仅为身份识别提供了一个硬件基础，要想得到安全的识别，还需要与安全协议配套使用。

（3）生物特征法

口令和标记方法并不是完美的，为了确保口令安全，就需要它们难以被猜测，但这同时也使口令难以记忆。在电子商务环境下，由于使用的电子设备越来越多，就需要记忆越来越多的口令或个人识别号码，生物特征法有效地解决了这个问题。

每个人都有惟一且稳定的特征，如指纹、眼睛以及说话和书写等做事的标准方法，这些特征非常难以伪造并且几乎一直可用。生物特征法是基于物理特征或行为特征自动识别人员的一种方法,其优点是严格依据人的物理特征并且不倚赖任何能被拷贝的文件或可被破解的口令,所以它是数字证书或智能卡未来的选择。

由于成本的原因,目前基于生物特征识别人员的设备还不是很多,但是随着新的、功能更强大的硬件和更智能化的软件的引入,这种方法正在成为电子商务中对人员身份识别的解决方案。

3. 防火墙技术

(1)基本概念

众所周知,防火墙是一种将内部网和公众网如 Internet 分开的方法。它能限制被保护的网络与互联网络之间,或者与其他网络之间进行的信息存取、传递操作。防火墙可以作为不同网络或网络安全域之间信息的出入口,能根据企业的安全策略控制出入网络的信息流,且本身具有较强的抗攻击能力。它是提供信息安全服务,实现网络和信息安全的基础设施。

防火墙是在内部网与外部网之间实施安全防范的系统,可被认为是一种访问控制机制,基于两种准则进行设计:

一切未被允许的就是禁止的。基于该准则,防火墙应封锁所有信息流,然后对希望提供的服务逐项开放。这种方法可以创造十分安全的环境,但用户使用的方便性、服务范围受到限制。

一切未被禁止的就是允许的。基于该准则,防火墙转发所有信息流,然后逐项屏蔽有害的服务。这种方法构成了更为灵活的应用环境,可为用户提供更多的服务。但在日益增多的网络服务面前,网管人员的疲于奔命可能很难提供可靠的安全防护。

如图 4.2 所示,防火墙是在专用网(如 Intranet)和 Internet 之间设置的安全系统,可以提供接入控制,可以干预这两个网之间的任何消息传送。根据防火墙的结构,它可以决定一个数据组或一种连接能否通过它。

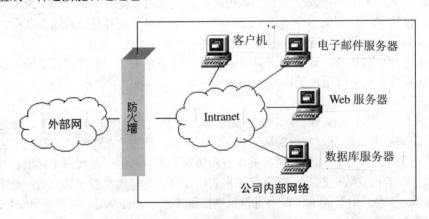

图 4.2 防火墙的示意图

(2)防火墙的功能

防火墙有以下几个方面的作用:

- 保护数据的完整性。可依靠设定用户的权限和文件保护来控制用户访问敏感性信息,可以限制一个特定用户能够访问信息的数量和种类;

- 保护网络的有效性。有效性是指一个合法用户如何快速、简便地访问网络的资源；
- 保护数据的机密性。加密敏感数据。

利用防火墙可以提供安全决策的集中控制点，使所有进出网络的信息都通过这个惟一的检查点，形成信息进出网络的一道关口；可以针对不同的用户对网络的不同需求，强制实施复杂的安全策略，起到"交通警察"的作用；可以对用户的操作和信息进行记录和审计，分析网络侵袭和攻击，并及时发出报警信息；可以防止机密信息的扩散以及信息间谍的潜入，可保护内部网络敏感资源和重要的个人信息；可以减少网络的脆弱性。但是防火墙也有一些缺点，它不能防止来自内部变节者（恶意的知情者）和不经心的用户带来的威胁；无法防范通过防火墙之外的其他途径的攻击；不能防止传送已感染病毒的软件或文件所带来的病毒；无法防止数据驱动型的攻击，数据驱动型的数据从表面上看是无害的数据被邮寄到或拷贝到Internet主机上，但一旦执行就开始攻击。

（1）防火墙的实现技术

防火墙系统的实现技术主要分为分组过滤（Packet Filter）和代理服务（Proxy Service）两种。

分组过滤技术是一种简单、有效的安全控制技术，它通过在网络间相互连接的设备上加载允许、禁止来自某些特定的源地址、目的地址、TCP端口号等规则，对通过设备的数据包进行检查，限制数据包进出内部网络。分组过滤技术的最大优点是对用户透明，传输性能高。但由于安全控制层次在网络层、传输层，安全控制的力度也只限于源地址、目的地址和端口号，因而只能进行较为初步的安全控制，对于恶意的拥塞攻击、内存覆盖攻击或病毒等高层次的攻击手段，则无能为力。

代理服务是运行于内部网络与外部网络之间的主机之上的一种应用。当用户需要访问代理服务器另一侧主机时，对符合安全规则的连接，代理服务器会代替主机响应，并重新向主机发出一个相同的请求。当此连接请求得到回应并建立起连接之后，内部主机同外部主机之间的通信将通过代理程序将相应连接映射来实现。对于用户而言，似乎是直接与外部网络相连的，代理服务器对用户透明。由于代理机制完全阻断了内部网络与外部网络的直接联系，保证了内部网络拓扑结构等重要信息被限制在代理网关内侧，不会外泄，从而减少了黑客攻击时所需的必要信息。同时，内部网络到外部的服务连接也可以受到监控，代理服务程序可以将所有通过它的连接作出日志记录，以便对安全漏洞检查和收集相关的信息。

代理服务器的应用也受到诸多限制。首先是当一项新的应用加入时，如果代理服务程序不予支持，则此应用不能使用。其次，它只能抵御经由防火墙的攻击，不能防止内部应用软件所携带的数据和病毒或其他方式的袭击，也不能对内部计算机系统未授权的物理袭击提供安全保证。

目前，比较完善的防火墙系统通常结合使用两种技术。代理服务可以大大降低分组过滤规则的复杂度，是分组过滤技术的重要补充。

4. 虚拟专用网技术（Virtual Private Network，VPN）

虚拟专用网是用于Internet电子交易的一种专用网络，它可以在两个系统之间建立安全的通道，非常适合于电子数据交换（EDI）。在虚拟专用网中交易双方比较熟悉，而且彼此之间的数据通信量很大。只要交易双方取得一致，在虚拟专用网中就可以使用比较复杂的专用加密和认证技术，这样就可以大大提高电子商务的安全性。VPN可以支持数据、语音及图像业务，其优点是经济、便于管理、方便快捷地适应变化，但也存在安全性低，容易受到攻击等问题。

以一般的生产厂家为例。生产厂家的直接伙伴是原材料供应商和产品批发商。一方面，生产厂家要想生产适销对路的产品，就要利用虚拟专用网从产品批发商那里得到产品信息，以便组织生产。另一方面，为了尽量减少库存，生产厂家又要根据需求来组织原材料，这一过程是通过虚拟专用网与原材料供应商联系，以便原材料供应商可以及时地把所需原材料送到指定的地点。这样的生产组织方式降低了成本，提高了效率。同时，由于中间都采用了虚拟专用网，安全性比较高。

4.3 交易安全技术

交易安全紧紧围绕传统商务在互联网络上应用时产生的各种安全问题。在计算机网络安全的基础上，如何保障电子商务过程的顺利进行，如何实现电子商务的保密性、完整性、可鉴别性、不可伪造性和不可抵赖性。为了保证这个电子交易的顺利进行，以下的安全技术是必须的。

4.3.1 加密技术

虽然加密技术本身与商务活动的关系不大，但在电子商务中，为了解决诸如信息的篡改、信息假冒、交易抵赖等问题，大量使用了数据加密技术，因此我们可以把加密技术也看成是电子商务安全的一项基本技术，它是认证技术的基础。

采用加密技术对信息进行加密，是最常见的安全手段。加密技术是一种主动的信息安全防范措施，其原理是利用一定的加密算法，将明文转换成为无意义的密文，阻止非法用户理解原始数据，从而确保数据的保密性。明文变成为密文的过程称为加密，由密文还原为明文的过程称为解密，加密和解密的规则称为密码算法。在加密和解密的过程中，由加密者和解密者使用的加解密可变参数叫做密钥。

对同样的明文，可使用不同的加密算法或相同的加密算法，但使用不同的密钥会得出不同的密文。一个加密算法是安全的，当且仅当它的安全性取决于密钥的长度，而不取决于加密算法的保密、密文的不可存取或其他因素。这时第三方为了对密文进行非法解密，惟一可行的方法就是蛮力攻破，即用所有可能的密钥进行尝试，直至找到那个真正的密钥，因此当密钥空间足够大时，即使蛮力攻击，对安全算法来说也是不可行的。目前，在电子商务中，获得广泛应用的两种加密技术是对称密钥加密体制（私钥加密体制）和非对称密钥加密体制（公钥加密体制）。它们的主要区别在于所使用的加密和解密的密码是否相同。

利用加密技术可以达到对电子商务安全的需求，保证商务交易的机密性、完整性、真实性和不可否认性等。

1. 对称密钥加密体制

对称密钥加密，又称私钥加密，即信息的发送方和接收方用一个密钥去加密和解密数据。对称加密技术的最大优势是加/解密速度快，适合于对大数据量进行加密，但密钥管理困难。

使用对称加密技术将简化加密的处理，每个参与方都不必彼此研究和交换专用设备的加密算法，而是采用相同的加密算法并只交换共享的专用密钥。如果进行通信的双方能够确保专用密钥在密钥交换阶段未曾泄露，那么机密性和报文完整性就可以通过使用对称加密方法对机密信息进行加密以及通过随报文一起发送报文摘要或报文散列值来实现。

对称加密技术存在着在通信的参与者之间确保密钥安全交换的问题。对称加密技术要求通信双方事先交换密钥，当系统用户多时，例如，在网上购物的环境中，商户需要与成千上万的购物者进行交易，若采用简单的对称密钥加密技术，商户需要管理成千上万的密钥与不同的对象通信，除了存储开销以外，密钥管理是一个几乎不可能解决的问题；另外，双方如何交换密钥？通过传统手段？通过因特网？无论何者都会遇到密钥传送的安全性问题。另外，实际环境中，密钥通常会经常更换，更为极端的是，每次传送都使用不同的密钥，对称技术的密钥管理和发布都是远远无法满足使用要求的。

对称加密比较典型的算法有 DES（Data Encryption Standard 数据加密标准）算法及其变形 Triple DES（三重 DES），GDES（广义 DES）；欧洲的 IDEA；日本的 FEALN、RC5 等。DES 标准由美国国家标准局提出，主要应用于银行业的电子资金转账（EFT）领域。DES 的密钥长度为 56bit。Triple DES 使用两个独立的 56bit 密钥对交换的信息进行 3 次加密，从而使其有效长度达到 112bit。RC2 和 RC4 方法是 RSA 数据安全公司的对称加密专利算法，它们采用可变密钥长度的算法。通过规定不同的密钥长度，RC2 和 RC4 能够提高或降低安全的程度。

2. 非对称密钥加密体制

非对称密钥加密系统，又称公钥密钥加密，它需要使用一对密钥来分别完成加密和解密操作，一个公开发布，称为公开密钥（Public-Key）；另一个由用户自己秘密保存，称为私有密钥（Private-Key）。信息发送者用公开密钥去加密，而信息接收者则用私有密钥去解密。公钥机制灵活，但加密和解密速度却比对称密钥加密慢得多。

在非对称加密体系中，密钥被分解为一对（即一把公开密钥或加密密钥和一把专用密钥或解密密钥）。这对密钥中的任何一把都可作为公开密钥（加密密钥）通过非保密方式向他人公开，而另一把则作为专用密钥（解密密钥）加以保存。公开密钥用于对机密性的报文加密，专用密钥则用于对加密信息的解密。专用密钥只能由生成密钥对的贸易方掌握，公开密钥可广泛发布，但它只对应于生成该密钥的贸易方。贸易方利用该方案实现机密信息交换的基本过程是：贸易方甲生成一对密钥并将其中的一把作为公开密钥向其他贸易方公开；得到该公开密钥的贸易方乙使用该密钥对机密信息进行加密后再发送给贸易方甲；贸易方甲再用自己保存的另一把专用密钥对加密后的信息进行解密。贸易方甲只能用其专用密钥解密由其公开密钥加密后的任何信息。

非对称加密算法的关键是寻找对应的公钥和私钥，并运用某种数学方法使得加密过程是一个不可逆过程，即用公钥加密的信息只能是用与该公钥配对的私有密钥才能解密，反之亦然。常用的算法有 RSA、ElGamal 等。

RSA 是公钥密码体制中的一种，RSA 的算法如下：

（1）选取两个足够大的质数 P 和 Q；

（2）计算 P 和 Q 相乘所产生的乘积 $n=P\times Q$；

（3）找出一个小于 n 的数 e，使其符合与（P−1）×（Q−1）互为质数；
（4）另找一个数 d，使其满足（e×d）mod [（P−1）×（Q−1）]=1；
（5）(n, e) 即为公开密钥，(n, d) 即为私有密钥；
（6）加密和解密的运算方式为：密文 c=me（mod n）；明文=ee（mod n）。

这两个质数无论哪一个先与原文密码相乘，对文件加密，均可由另一个质数再相乘来解密。但要用一个质数来求出另一个质数，则是非常困难的。因此将这一对质数称为密钥对。

对于上述两种加密体制，我们可以做一个简单的比较，结果如表 4.1 所示。

表 4.1 对称与非对称加密体制对比

特　性	对　　称	非　对　称
密钥的数目	单一密钥	密钥是成对的
密钥种类	密钥是秘密的	一个私有、一个公开
密钥管理	简单不好管理	需要数字证书及可靠第三者
相对速度	非常快	慢
用途	用来做大量资料的加密	用来做加密小文件或对信息签字等不太严格保密的应用

为了充分利用公钥密码和私钥密码算法的优点，克服其缺点，解决每次传送更换密钥的问题，提出混合密码系统，即所谓的电子信封（envelope）技术。发送者自动生成对称密钥，用对称密钥加密发送的信息，将生成的密文连同用接收方的公钥加密后的对称密钥一起传送出去。收信者用其秘密密钥解密被加密的密钥来得到对称密钥，并用它来解密密文。这样保证每次传送都可由发送方选定不同密钥进行，更好地保证了数据通信的安全性。

4.3.2 认证技术

安全认证技术也是为了满足电子商务系统的安全性要求采取的一种常用的必须的安全技术。安全认证的主要作用是进行信息认证。信息认证的目的有两个：
（1）确认信息的发送者的身份；
（2）验证信息的完整性，即确认信息在传送或存储过程中未被篡改过。下面从安全认证技术和安全认证机构两个方面来做介绍。

1. 常用的安全认证技术

安全认证技术主要有数字摘要（Digital Digest）、数字信封（Digital Envelop）、数字签名（Digital Signature）、数字时间戳（Digital Time-Stamp）、数字证书（Digital Certificate，Digital ID）等。

（1）数字摘要

数字摘要是采用单向 Hash 函数对文件中若干重要元素进行某种变换运算得到固定长度的摘要码（数字指纹 Finger Print），并在传输信息时将之加入文件一同送给接收方，接收方收到文件后，用相同的方法进行变换运算，若得到的结果与发送来的摘要码相同，则可断定文件未被篡改，反之亦然。

加密方法亦称安全 Hash 编码法（SHA：Secure Hash Algorithm）或 MDS（Standards for Message Digest），由 Ron Rivest 所设计。该编码法采用单向 Hash 函数将需加密的明文"摘要"成一串 128bit 的密文，这一串密文亦称为数字指纹（Finger Print），它有固定的长度，且不同的明文摘要成密文,其结果总是不同的,而同样的明文其摘要必定一致。这样这串摘要便可成为验证明文是否是"真身"的"指纹"了。这种方法可以与加密技术结合起来使用,数字签名就是上述两法结合使用的实例。

(2) 数字信封

数字信封是用加密技术来保证只有规定的特定收信人才能阅读信的内容。在数字信封中,信息发送方采用对称密钥来加密信息,然后将此对称密钥用接收方的公开密钥来加密(这部分称为数字信封)之后,将它和信息一起发送给接收方,接收方先用相应的私有密钥打开数字信封,得到对称密钥,然后使用对称密钥解开信息。这种技术的安全性相当高。

(3) 数字签名

日常生活中,通常通过对某一文档进行签名来保证文档的真实有效性,可以对签字方进行约束,防止其抵赖行为,并把文档与签名同时发送以作为日后查证的依据。在网络环境中,可以用电子数字签名作为模拟,从而为电子商务提供不可否认服务。

把 HASH 函数和公钥算法结合起来,可以在提供数据完整性的同时,也可以保证数据的真实性。完整性保证传输的数据没有被修改,而真实性则保证是由确定的合法者产生的HASH,而不是由其他人假冒。而把这两种机制结合起来就可以产生所谓的数字签名(Digital Signature),其原理为:

① 被发送文件用安全 Hash 编码法 SHA(Secure Hash Algorithm)编码加密产生 128bit 的数字摘要;

② 发送方用自己的私用密钥对摘要再加密,这就形成了数字签名;

③ 将原文和加密的摘要同时传给对方;

④ 对方用发送方的公共密钥对摘要解密,同时对收到的文件用 SHA 编码加密产生又一摘要;

⑤ 将解密后的摘要和收到的文件在接收方重新加密产生的摘要相互对比。如两者一致,则说明传送过程中信息没有被破坏或篡改过。否则不然。

图 4.3 表示了整个数字签名的过程,数字签名就是这样通过这种双重加密的方法来防止电子信息因易被修改而有人作伪;或冒用别人名义发送信息;或发出(收到)信件后又加以否认等情况发生。

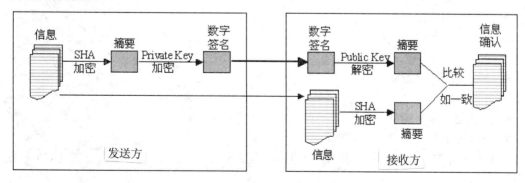

图 4.3 数字签名原理示意图

数字签名相对于手写签名在安全性方面具有如下好处:数字签名不仅与签名者的私有密钥有关,而且与报文的内容有关,因此不能将签名者对一份报文的签名复制到另一份报文上,同时也能防止篡改报文的内容。

（4）数字时间戳（Digital Time-Stamp）

交易文件中，时间是十分重要的信息。在书面合同中，文件签署的日期和签名一样均是十分重要的，是防止文件被伪造和篡改的关键性内容。而在电子交易中，同样需对交易文件的日期和时间信息采取安全措施，而数字时间戳服务（DTS-Digital Time-stamp Service）就能提供电子文件发表时间的安全保护。数字时间戳服务（DTS）是网络安全服务项目，由专门的机构提供。

时间戳（time-stamp）是一个经加密后形成的凭证文档，它包括三个部分：
① 需加时间戳的文件的摘要(digest)；
② DTS 收到文件的日期和时间；
③ DTS 的数字签名。

时间戳产生的过程为：用户首先需要加时间戳的文件用 HASH 编码加密形成摘要，然后将该摘要发送到 DTS，DTS 在加入了收到文件摘要的日期和时间信息后再对该文件加密（数字签名），然后送回用户。由 Bellcore 创造的 DTS 采用如下的过程：加密时将摘要信息归并到二叉树的数据结构；再将二叉树的根值发表在报纸上，这样更有效地为文件发表时间提供了佐证。注意，书面签署文件的时间是由签署人自己写上的，而数字时间戳则不然，它是由认证单位 DTS 来加的，以 DTS 收到文件的时间为依据。因此，时间戳也可作为科学家的科学发明文献的时间认证。

（5）数字证书（Digital certificate，Digital ID）

在交易支付过程中，参与各方必须利用认证中心签发的数字证书来证明各自的身份。所谓数字证书，就是用电子手段来证实一个用户的身份及用户对网络资源的访问权限。在网上电子交易中，如果双方出示了各自的数字证书，并用它来进行交易操作，那么双方都可不必为对方身份的真伪担心。

数字证书是用来惟一确认安全电子商务交易双方身份的工具。由于它由证书管理中心做了数字签名，因此，任何第三方都无法修改证书的内容。任何信用卡持有人只有申请到相应的数字证书，才能参加安全电子商务的网上交易。

数字证书的内部格式是由 CCITT X.509 国际标准所规定的，它必须包含以下几点：
- 证书的版本号；
- 数字证书的序列号；
- 证书拥有者的姓名；
- 证书拥有者的公开密钥；
- 公开密钥的有效期；
- 签名算法；
- 办理数字证书的单位；
- 办理数字证书单位的数字签名。

在电子商务中，数字证书一般有四种类型：客户证书，商家证书，网关证书及 CA 系统证书。

2. 安全认证机构

电子商务授权机构（CA）也称为电子商务认证中心（Certificate Authority）。在电子交易中，无论是数字时间戳服务还是数字证书的发放，都不是靠交易的双方自己能完成的，而需要有一个具有权威性和公正性的第三方来完成。认证中心（CA）就是承担网上安全电子交易认证服务，能签发数字证书，并能确认用户身份的服务机构。认证中心通常是企业性的服务机构，主要任务是受理数字证书的申请、签发及对数字证书的管理。在实际运作中，CA 可由大家都信任的一方担当。例如在客户、商家、银行三角关系中，客户使用的是由某个银行发的卡，而商家又与此银行有业务关系或有账号。在这种情况下，客户和商家都信任银行，可有该银行担任 CA 角色，接收、处理它的卡客户证书和商家证书的验证请求。又例如，对商家自己发行的购物卡，则可由商家自己担任 CA 角色。

在做交易时，向对方提交一个由 CA 签发的包含个人身份的证书，使对方相信自己的身份。顾客向 CA 申请证书时，可提交自己的驾驶执照、身份证或护照，经验证后，发放证书，证书包含了顾客的名字和他的公钥。以此作为网上证明自己身份的依据。

认证机构的核心职能是发放和管理用户的数字证书。认证机构在整个电子商务环境中处于至关重要的位置，它是整个信任链的起点。认证机构是开展电子商务的基础，如果认证机构不安全或发放的证书不具权威性，那么网上电子交易就根本无从谈起。

认证机构发放的证书一般分为持卡人证书、支付网关证书、商家证书、银行证书、发卡机构证书。

CA 有四大职能：证书发放、证书更新、证书撤销和证书验证。下面具体阐述各职能要完成的工作。

（1）证书发放。对于 SET 的用户，可以有多种方法向申请者发放证书，可以发放给最终用户签名的或加密的证书，向持卡人只能发放签名的证书，向商户和支付网关可以发放签名并加密的证书。

（2）证书更新。持卡人证书、商户和支付网关证书应定期更新，更新过程与证书发放过程是一样的。

（3）证书撤销。证书的撤销可以有许多理由，如私有密钥被泄露、身份信息的更新或终止使用等。对持卡人而言，他需要确认他的账户信息不会发往一个未被授权的支付网关。因此，被撤销的支付网关证书需包含在撤销清单中并散发给持卡人；由于持卡人不会将任何敏感的支付信息发给商家，所以，持卡人只需商户证书的有效性即可。对商户而言，需检查持卡人不在撤销清单中，并需与发卡行验证信息的合法性；同样支付网关需检查商户证书不在撤销清单中，并需与收单行验证信息的合法性。

（4）证书验证。SET 证书是通过信任分级体系来验证的，每一种证书与签发它的单位相联系，沿着该信任树直接到一个认可信赖的组织，我们就可以确定证书的有效性，信任树"根"的公用密钥对所有 SET 软件来说都是已知的，因而可以按次序检验每一个证书。

4.3.3 安全认证协议

电子商务的一个主要特征是在线支付。为了保证在线支付的安全，需要采用数据加密和身份认证技术，以便营造一个可信赖的电子交易环境。现实中，不同企业会采用不同的手段来实现，这些就在客观上要求有一种统一的标准来支持。

目前电子商务中有两种安全认证协议被广泛使用，即安全套接层 SSL（Secure Sockets Layer）协议和安全电子交易 SET（Secure Electronic Transaction）协议。

1. 安全套接层（SSL）协议

安全套接层协议是由 Netscape 公司 1994 年设计开发的安全协议，主要用于提高应用程序之间的数据的安全系数。SSL 协议的整个概念可以被概括为：它是一个保证任何安装了安全套接层的客户和服务器间事务安全的协议，该协议向基于 TCP/IP 的客户/服务器应用程序提供了客户端和服务器的鉴别、数据完整性及信息机密性等安全措施。目的是为用户提供 Internet 和企业内联网的安全通信服务。

在传统的邮购活动中，客户首先寻找商品信息，然后汇款给商家，商家再把商品寄给客户。这里，商家是可以信赖的，所以客户需先汇款给商家。在电子商务的开始阶段，商家也担心客户购买后不付款，或是使用过期作废的信用卡，因而他们也希望银行予以认证。SSL 安全协议正是在这种背景下应用于电子商务的。

SSL 采用了公开密钥和专有密钥两种加密：在建立连接过程中采用公开密钥；在会话过程中使用专有密钥。加密的类型和强度则在两端之间建立连接的过程中判断决定。它保证了客户和服务器间事务的安全性。

SSL 协议在运行过程中可分为六个阶段：

（1）建立连接阶段：客户通过网络向服务商打招呼，服务商回应；
（2）交换密码阶段：客户与服务商之间交换双方认可的密码；
（3）会谈密码阶段：客户与服务商之间产生彼此交谈的会谈密码；
（4）检验阶段：检验服务商取得的密码；
（5）客户认证阶段：验证客户的可信度；
（6）结束阶段：客户与服务商之间相互交换结束信息。

当上述动作完成之后，两者之间的资料传输就以对方公钥进行加密后再传输，另一方收到资料后以私钥解密。即使盗窃者在网上取得加密的资料，如果没有解密密钥，也无法看到可读的资料。

在电子商务交易过程中，由于有银行参与，按照 SSL 协议，客户购买的信息首先发往商家，商家再将信息转发银行，银行验证客户信息的合法性后，通知商家付款成功，商家再通知客户购买成功，将商品寄送客户（如图 4.4 所示）。

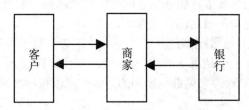

图 4.4　SSL 的工作流程

SSL 提供如下的三种基本的安全服务：

（1）加密处理。安全套接层协议所采用的加密技术既有对称密钥技术，如 DES，也有公开密钥技术，如 RSA，MDS 等。具体是客户机与服务器进行数据交换前，交换 SSL 初始握手信息，在 SSL 握手信息中采用了各种加密技术对其加密，以保证其机密性和数据的完整性，并且用数字证书进行鉴别。这样就可以防止非法用户使用 IP Packer Sniffer 工具进行窃听，尽管 IP Packer Sniffer 可能截取到通信内容，但无法对其进行破译。

（2）保证信息的完整性。安全套接层协议是采用 Hash 函数和机密共享的方法来提供完整信息性的服务，来建立客户机与服务器之间的安全通道，使所有经过安全套接层协议处理的业务能全部准确无误地到达目的地。

（3）提供较完善的认证服务。客户机和服务器都有各自的识别号，这些识别号由公开密钥进行编号，为了验证用户是否合法，安全套接层协议要求在握手交换数据进行数字认证，以此来确保用户的合法性。

值得注意的是，在上述流程中，我们也可以注意到，SSL 协议有利于商家而不利于客户，客户的信息首先传到商家，商家阅读后再传到银行。这样，客户资料的安全性便受到了威胁。商家认证客户是必要的，但整个过程中缺少了客户对商家的认证。在电子商务的开始阶段，由于参与电子商务的公司大都是一些大公司，信誉较好，这个问题也没有引起人们的重视。随着电子商务参与厂商的迅速增加，对厂商的认证问题就越来越突出，SSL 的缺点完全暴露出来；其次，SSL 只能保证资料传递过程的安全，而传递过程是否有人截取就无法保证了。所以，SSL 并没有实现电子支付所要求的保密性、完整性，而且多方互相认证也是很困难的。

2. 安全电子交易（SET）协议

安全电子交易是一个通过开放网络（包括 Internet）进行安全资金支付的技术标准，由 VISA 和 MasterCard 组织共同制定，1997 年 5 月联合推出。由于它得到了 IBM、HP、Microsoft、Netscape、VeriFone、GTE、Terisa 和 VeriSign 等很多大公司的支持，已成为事实上的工业标准，目前已获得 IETF 标准的认可。这是一个在 Internet 上进行在线交易而设立的一个开放的、以电子货币为基础的电子付款规范。SET 在保留对客户信用卡认证的前提下，又增加了对商家身份的认证，这对于需要支付货币的交易来讲是至关重要的。SET 将建立一种能在 Internet 上安全使用银行卡进行购物的标准。安全电子交易规范是一种为基于信用卡而进行的电子交易提供安全措施的规则，是一种能广泛应用于 Internet 上的安全电子付款协议，它能够将普遍应用的信用卡的使用场所从目前的商店扩展到消费者家里，扩展到消费者个人计算机中。

SET 向基于信用卡进行电子化交易的应用提供了实现安全措施的规则。SET 主要由 3 个文件组成，分别是 SET 业务描述、SET 程序员指南和 SET 协议描述。SET 规范涉及的范围：加密算法的应用（例如 RSA 和 DES）；证书信息和对象格式；购买信息和对象格式；确认信息和对象格式；划账信息和对象格式；对话实体之间消息的传输协议。SET 1.0 版已经公布并可应用于任何银行支付服务。

SET 协议的主要目标有：

（1）信息在 Internet 上安全传输，保证网上传输的数据不被黑客窃取；

（2）订单信息和个人账号信息的隔离，当包含持卡人账号信息的订单送到商家时，商家只能看到定货信息，而看不到持卡人的账户信息；

（3）持卡人和商家相互认证，以确定通信双方的身份，一般由第三方机构负责为在线通信双方提供信用担保；

（4）要求软件遵循相同协议和报文格式，使不同厂家开发的软件具有兼容和互操作功能，并且可以运行在不同的硬件和操作系统平台上。

电子商务的工作流程与实际的购物流程非常接近，使得电子商务与传统商务可以很容易融合，用户使用起来也没有什么障碍。从顾客通过浏览器进入在线商店开始，一直到所订购的物品送货上门或所订的服务完成，以及账户上的资金转移，所有这些都是通过公共网络（Internet）完成的。如何保证网上传输数据的安全和交易对方的身份确认是电子商务能否得到推广的关键。这正是 SET 所要解决的最主要的问题。如图 4.5 所示，一个完整的 SET 处理流程如下：

（1）支付初始化请求和响应阶段

当客户决定要购买商家的商品并使用 SET 钱夹付钱时，商家服务器上 POS 软件发报文给客户的浏览器 SET 钱夹付钱，SET 钱夹则要求客户输入口令然后与商家服务器交换"握手"信息，使客户和商家相互确认，即客户确认商家被授权可以接受信用卡，同时商家也确认客户是一个合法的持卡人。

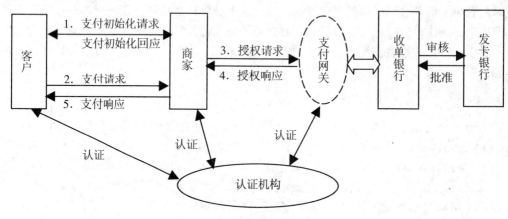

图 4.5 SET 的工作流程

（2）支付请求阶段

客户发一报文，包括订单和支付命令。在订单和支付命令中必须有客户的数字签名，同时利用双重签名技术保证商家看不到客户的账号信息。只有位于商家开户行的被称为支付网关的另外一个服务器可以处理支付命令中的信息。

（3）授权请求阶段

商家收到订单后，POS 组织一个授权请求报文，其中包括客户的支付命令，发送给支付网关。支付网关是一个 Internet 服务器，是连接 Internet 和银行内部网络的接口。授权请求报文通过到达收单银行后，收单银行再到发卡银行确认。

（4）授权响应阶段

收单银行得到发卡银行的批准后，通过支付网关发给商家授权响应报文。

（5）支付响应阶段

商家发送订单确认信息给顾客，顾客端软件可记录交易日志，以备将来查询。同时商家给客户装运货物，或完成订购的服务。到此为止，一个购买过程已经结束。商家可以立即请求银行将钱从购物者的账号转移到商家账号，也可以等到某一时间，请求成批划账处理。

在上述的处理过程中，通信协议、请求信息的格式、数据类型的定义等，SET 都有明确的规定。在操作的每一步，持卡人、商家和支付网关都通过 CA 来验证通信主体的身份，以确保通信的对方不是冒名顶替。SET 协议规范所涉及的对象有：

① 消费者，包括个人消费者和团体消费者，按照在线商店的要求填写定货单，通过由

发卡银行发行的信用卡进行付款；
② 在线商店，提供商品或服务，具备相应电子货币使用的条件；
③ 收单银行，通过支付网关处理消费者和在线商店之间的交易付款问题；
④ 电子货币（如智能卡、电子现金、电子钱包）的发行公司，以及某些兼有电子货币发行的银行，负责处理智能卡的审核和支付工作；
⑤ 认证中心（CA），负责对交易双方的身份确认，对厂商的信誉度和消费者的支付手段进行认证。

SET 协议通过证书、认证中心以及它的树形验证体系结构完成这个认证过程。我们可以对它们做一个简要的分析：

（1）证书

SET 中主要的证书是持卡人证书和商家证书，此外还有支付网关证书、银行证书、发卡机构证书。持卡人证书是支付卡的一种电子化的表示，持卡人证书不包括账号和终止日期信息，而是用单向 Hash 算法根据账号和截止日期生成的一个码，如果知道账号、截止日期、密码值即可导出这个码值，反之不行。商家证书就像是贴在商家收款台小窗上的付款卡贴画，以表示它可以用什么卡来结算。在 SET 环境中，一个商家至少应有一对证书，与一个银行打交道；一个商家也可以有多对证书，表示它与多个银行有合作关系，可以接受多种付款方法。

（2）CA

持卡人可从公开媒体上获得商家的公开密钥，但持卡人无法确定商家不是冒充的（有信誉），于是持卡人请求 CA 对商家认证。CA 对商家进行调查、验证和鉴别后，将包含商家公开密钥的证书经过数字签名传给持卡人。同样，商家也可对持卡人进行验证。

CA 的主要功能包括：接收注册请求，处理、批准/拒绝请求，颁发证书。

在实际运作中，CA 也可由大家都信任的一方担当，例如在客户、商家、银行三角关系中，客户使用的是由某个银行发的卡，而商家又与此银行有业务关系(有账号)。在此情况下，客户和商家都信任该银行，可由该银行担当 CA 角色，接收、处理客户证书和商家证书的验证请求。又例如，对商家自己发行的购物卡，则可由商家自己担当 CA 角色。

（3）证书的树形验证体系结构

在双方通信时，通过出示由某个 CA 签发的证书来证明自己的身份，如果对签发证书的 CA 本身不信任，则可验证 CA 的身份，依此类推，一直到公认的权威 CA 处，就可确信证书的有效性。每一个证书与签发证书的实体的签名证书关联。SET 证书正是通过信任层次来逐级验证的。例如，C 的证书是由 B 的 CA 签发的，而 B 的证书又是由 A 的 CA 签发的，A 是权威的机构，通常称为根 CA。验证到了根 CA 处，就可确信 C 的证书是合法的。

在网上购物实现中，持卡人的证书与发卡机构的证书关联，而发卡机构证书通过不同品牌卡的证书连接到根 CA，而根的公开密钥对所有的 SET 软件都是已知的，可以校验每一个证书。

我们不难看出 SSL 协议和 SET 协议在网络各层位置和功能并不相同。SSL 是基于传输层的通用安全协议，它只占电子商务体系中一部分，可以看做其中由于传输的那部分技术规范。从电子商务特性来看，它并不具备商务性、服务性、协调性和集成性。而 SET 协议位于应用层，它对网络上其他各层也有所涉及。SET 中规范了整个商务的活动流程，从信用卡持卡人到商家，到支付网关，到认证中心及信用卡结算中心之间的信息流向及必须参与的加密，认证都制定了严密的标准，从而最大限度地保证了商务性、服务性、协调性和集成性。

4.3.4 公钥基础设施

公钥基础设施（PKI）是一种以公钥加密技术为基础技术手段实现电子交易安全的技术。PKI 是由加拿大的 Entrust 公司开发的，支持 SET 协议、SSL 协议、电子证书和数字签名等。PKI 遵循标准的密钥管理平台，它能够为所有网络应用透明地提供采用加密和数字签名等密码服务所必须的密钥和证书管理。PKI 能实现发送信息方与接收信息方的身份认证、不可抵赖及保证数据的完整性等安全问题。

PKI 是由认证机构（CA）、证书库、密钥生成和管理系统、证书管理系统、PKI 应用接口系统等基本成分组成。下面就分别简要介绍一下它们的功能和特性。

（1）认证机构

CA 是证书的签发机构，它是 PKI 的核心。证书是公开密钥体制的一种密钥管理媒介，它是一种权威性的电子文档，形同网络计算机环境中的一种身份证，用于证明某一主体的身份以及其公开密钥的合法性等问题。在使用公钥体制的网络环境中，为了向公钥的使用者证明公钥的真实合法性，PKI 采用 CA 对在公钥体制环境中的主体和主体的公钥进行公证，以便证明主体的身份以及它与公钥的匹配关系等问题。

CA 主要职责有：验证并标识证书申请者的身份；确保 CA 用于签名证书的非对称密钥的质量；确保这个签证过程的安全性；确保签名私钥的安全性；证书材料信息（包括公钥证书序列号、CA 标识等）的管理；确定并检查证书的有效期限；确保证书主体标识的惟一性，防止重名；发布并维护作废证书表；对这个证书签发过程做日志记录；向申请人发通知等。其中最为主要的是 CA 自己的一对密钥的管理，它必须确保其高度的机密性，防止他方伪造证书。CA 的公钥在网上公开，这个网络系统必须保证完整性。其中，CA 的数字签名保证证书（实际是持有者的公钥）的合法性和权威性。

（2）证书库

证书库是证书的集中存放地，是网上的一种公共信息库，用户可以从此处获得其他用户的证书和公钥。系统必须确保证书库的完整性，以便防止伪造、篡改证书。

（3）密钥生成和管理系统

PKI 应该具有生成密钥功能、备份与恢复脱密密钥功能以及密钥分配、撤销、暂停、否认和归档等功能，这些功能的实现是由密钥生成和管理系统来实现的。

（4）证书管理系统

证书管理系统是 PKI 的一个重要组件。同日常生活中的各种证件管理一样，证书在 CA 中必须进行有效的管理，如证书的获取、证书的鉴别、证书的有效性检查、证书的撤销作废等。

（5）PKI 应用接口系统

PKI 为用户提供了良好的应用接口系统，使得各种各样的应用能够以安全、一致、可信的方式与 PKI 交互，确保所建立起来的网络环境的可信性，同时降低管理维护成本。需要指出的是，PKI 应用接口系统是跨平台的。

PKI 的优点很多，主要有：

（1）透明性和易用性：PKI 可以向上层应用屏蔽密码服务的实现细节。向上屏蔽复杂性的安全解决方案，使密码服务对用户而言简单易用，同时便于单位、企业完全控制其信息资源。

（2）可扩展性：PKI 的证书库等具有良好的可扩展性。

（3）可操作性强：PKI 建立在标准之上，这些标准包括加密标准、数字签名标准、密钥管理标准、证书格式、文件信封格式、SSL、SET 协议等。

（4）支持多应用：PKI 能面向广泛的网络应用，提供文件传送安全、文件存储安全、电子邮件安全、电子表单安全、Web 应用安全等保护。

（5）支持多平台：PKI 应用接口系统是跨平台的，可以支持目前广泛使用的操作系统平台。

总之，作为网络环境的一种基础设施，PKI 具有很好的性能，是一个比较完整的安全体系。电子商务建设过程中涉及的许多安全问题都可由 PKI 解决。PKI 在国外已经开始实际应用。在美国，随着电子商务的日益兴旺，电子签名、数字证书已经在实际中得到了一定程度的应用，就连某些法院都已经开始接受电子签名的档案。国外开发 PKI 产品的公司也有很多，比较有影响力的有 Baltimore 和 Entrust，他们都推出了可以应用的产品。Entrust 公司的 Entrust/PKI 5.0 可提供多种功能，能较好地满足商业企业的实际需求。VeriSign 公司也已经开始提供 PKI 服务，Internet 上很多软件的签名认证都来自 VeriSign 公司。

从发展趋势来看，随着 Internet 应用的不断普及和深入，政府部门需要 PKI 支持管理；商业企业内部、企业与企业之间、区域性服务网络、电子商务网站都需要 PKI 的技术和解决方案；大企业需要建立自己的 PKI 平台；小企业需要社会提供的商业性 PKI 服务。为此，对于我国刚刚开展电子商务的企业和政府来说，应该积极进行有关 PKI 的研究和建设，为我国电子商务的健康发展提供安全保证。

4.4 本章小结

随着电子商务的不断发展与应用，其安全性问题已经得到广泛的关注。本章首先论述了现在电子商务所面临的安全问题及电子商务的安全需求，在此基础分别就网络安全技术和交易安全技术分别做了详细的阐述。

在网络安全方面，我们着重介绍了常用的网络安全技术：病毒防范技术、身份识别技术、防火墙技术及虚拟专用网技术。

在交易安全方面，首先介绍加密算法和常用的认证技术，如数字摘要、数字证书等，同时就公钥基础设施 PKI 也做了一定介绍。最后重点讨论两种常用的交易协议 SSL 和 SET，分析了协议的工作原理及优缺点。

4.5 本章习题

1. 电子商务目前面临什么样的安全性问题？
2. 电子商务的安全需求有哪些？

3. 目前常用的身份识别技术有哪些?请举例说明。
4. 什么是防火墙?
5. 常见的防火墙有哪几种实现方式,各具有什么优缺点?
6. 对称加密体制和非对称加密体制有什么不同?
7. 简述数字签名的工作原理。
8. 什么是CA,它具有什么作用?
9. 简述SSL的工作原理,并指出它有什么缺陷。
10. 简述SET的工作原理,和SSL相比它具有什么优点?

第 5 章　电子商务支付技术

电子商务较之传统商务的优越性，成为吸引越来越多的商家和个人上网购物和消费的原动力。然而，如何通过电子支付安全地完成整个交易过程，又是人们在选择网上交易时所必须面对的而且是首先要考虑的问题，电子支付是电子商务中一个极为重要的关键性的组成部分。本章将就什么是电子支付、电子支付的方式与特点、电子支付的工具及网关等问题进行较为深入的探讨。

本章主要内容：
- 电子支付与电子货币
- 电子现金、电子钱包、信用卡、电子支票等支付技术
- 网上银行与支付网关

5.1　电子支付技术概述

5.1.1　传统支付的局限性

在电子商务的交易过程中，如果想采用传统的支付方法（例如支票）就不可能完成在线的实时支付。"实时"意味着当消费者点击浏览器上的"付款"键时，整个交易便已被执行和完成。对于实时支付来说，消费者通过 Web 浏览器传送支付指令给商家，商家把这些指令传送给银行，银行在验明其个人身份之后，再拨款给商家。在对消费者认证基础上，商家再将消费者所购买的商品送给消费者。

传统支付的方式都假定：不但交易双方必须同时在某一地点同时出现，而且，交易流程中必须有足够的延迟以保证能够发现欺诈、透支和其他问题等。而这些假设对于电子商务是无效的，因此传统的付款方式都需要加以修订，以便适合于在计算机网络中完成有效的交易活动。

造成传统支付方法不能用在在线支付的主要原因在于：

（1）缺乏方便性。传统支付方式通常要求消费者离开在线平台，以使用电话或寄送支票的方式付款。

（2）缺乏安全性。为了在 Internet 上完成传统支付，消费者必须在线提供卡/账户的信息以及其他个人资料。通过电话或者邮寄方式所提供的卡/账户细节会引起安全上的危险。

（3）缺乏覆盖面。信用卡只能在特约经销商处使用。一般不支持个人或企业之间的支付交易。

（4）缺乏适用性。并不是所有的购买者都能达到合格的信用卡标准而拥有信用卡或支票账号。

（5）缺乏小额交易的能力。Internet 上的许多付款都是小额交易，所以为了此笔交易所花费的电话或信件的费用都是额外的开销，导致其支付成本相对过高，很多销售商不能接受。

正是这些原因，随着越来越多的电子商务的应用与开展，支付问题就显得越来越突出：如何配套世界范围内的电子商务活动的支付问题？如何处理每日通过信息技术网络产生的成千上万个交易流的支付问题？答案只有一个，就是利用电子支付。

5.1.2 电子支付

1. 电子支付的涵义

电子支付，指的是以金融电子化网络为基础，以商用电子化机具和各类交易卡为媒介，以计算机技术和通信技术为手段，以电子数据形式存储在银行的计算机系统中，并通过计算机网络系统以电子信息传递形式实现流通和支付。

与传统的支付方式相比较，电子支付具有以下特征：

（1）电子支付是采用先进的技术通过数字流转来完成信息传输的，其各种支付方式都是采用数字化的方式进行款项支付的；而传统的支付方式则是通过现金的流转、票据的转让及银行的汇兑等物理实体的流转来完成款项支付的。

（2）电子支付的工作环境是基于一个开放的系统平台（即因特网）之中；而传统支付则是在较为封闭的系统中运作。

（3）电子支付使用的是最先进的通信手段，如 Internet、Extranet；而传统支付使用的则是传统的通信媒介。电子支付对软、硬件设施的要求很高，一般要求有联网的微机、相关的软件及其他一些配套设施；而传统支付则没有这么高的要求。

（4）电子支付具有方便、快捷、高效、经济的优势。用户只要拥有一台上网的 PC 机，便可足不出户，在很短的时间内完成整个支付过程。支付费用相对于传统支付来说非常低，曾有过统计，电子支付费用仅为传统方式的几十分之一，甚至几百分之一。

2. 电子支付系统的类型

电子支付方式的出现要早于因特网，并且已经建立了三种不同类型的支付系统，即预支付（Pre-paid）系统、即时支付（Instant-paid）系统和后支付（Post-paid）系统。在预支付或后支付交易中，对银行的访问是在实际购买程序执行之前或之后才做的。所谓"预支付"就是指先付款，然后才能购买到产品或服务。预支付系统基本上是通过将电子货币保存到硬盘或一张智能卡上的方式来工作的。这些包含该电子货币的文件叫做虚拟钱包（Virtual Wallet）。

预支付是银行和在线商店首选的解决方案，由于他们要求客户预先支付，所以不再需要为这些钱支付利息，而且可以在购买产品的瞬间将钱传送给在线商店以防止欺骗，预支付系统的工作方式像在真实商店里一样，顾客进入商店并用现金购买商品，然后才得到所需商品。

后支付系统允许用户购买一件商品之后再付款。无论是在现实生活中还是在电子世界中，信用卡都是一种最普遍的后支付系统。但是信用卡很贵，这主要是因为其低级的安全措施，可能会受欺骗而增加费用，而且事务处理费用也很高。与信用卡相比，借方卡相对比较安全，因为它要求顾客证实他们知道那些只有卡的所有者才知道的信息，例如个人识别号。

但是，为实现安全地在线交易，其相关的通信费用很高。

即时支付系统是以交易时支付的概念为基础的，即在交易发生的同时，钱也被从银行账户中转入卖方。即时支付系统实现起来时比较复杂，因为该系统为了立即支付，必须直接访问银行的内部数据库。即时支付系统需要执行比其他系统更严格的安全措施，因而它是最强大的系统。基于因特网的即时支付系统是"在线支付"的基本模式。

商家可以从即时支付模型获得利益，因为货款与订单是同时到达的，这可以减少发生欺骗行为的可能。在退货的情况下，后支付模型存在一个微小的缺陷，由于后支付系统没有直接从顾客的银行账户中记入借方，因此，有可能在任何金融事务发生之前将所购的商品退回。在即时支付模型中，需要将货款存回银行账号。

对于三种类型的电子支付系统，我们可以做一个比较，比较的方面如表 5.1 所示。

表 5.1　三类电子支付系统的比较

比较项目	后支付	即时支付	预支付
可接收性	高	低	低
匿名性	低	高	中
可兑换性	高	高	高
效率	低	高	高
灵活性	低	低	低
集成度	高	低	中
可靠性	高	高	高
可扩展性	高	高	高
安全性	中	高	中
适用性	高	中	中

比较结果显示，后支付系统的得分最高，这是因为该系统已经在因特网上建立了很长一段时间。预支付系统和即时支付系统在因特网上都不如后支付系统普遍，它们的标准还没有解决，而且许多内容还处于变动之中。虽然这看起来很糟糕，但实际上是很好的，因为它开辟了集成新技术和范例的可能。

在电子支付方式下，与传统的支付方式一样的最大的问题是保证任何人都不能仿造用户的电子货币或盗走用户的信用卡信息。如果采用电子货币来显示在线支付，为了模仿现有支付方案的特性，还必须满足某些因特网支付系统必须具有的灵活性，而且这些系统应当可以支持不同情况下的不同支付模型（例如信用卡现金、支票）。此外，支付的时限也必须被所涉及的当事人一致同意。

作为电子支付的一个主要条件就是必须允许将电子货币从一个系统转移到另一个系统。支付系统应允许许多形式的支付和电子货币，而且除此以外，还应能与其他电子货币和实际货币的提供者签订协议，这样就可以产生能将这些资金转移到系统中的机制。

按照支付金额的多少，国际上还将支付的等级进行了如下划分：

（1）微支付：价值大约少于 4 美元的业务。这种支付方案是建立在电子现金的基础之上的，一般认为这些系统的业务费几乎为零。

（2）消费者级支付：价值大约在 5~500 美元之间的业务。典型的消费者支付是用信用卡方式来进行的。

（3）商业级支付：价值大于 500 美元的业务。直接借记或发票是最合适的解决方案。

上面所提到的每个支付等级各有不同的安全要求和费用要求。微支付系统十分类似于普通现金，而消费者级支付最可能通过信用卡或借记卡来完成。在大多数情况下，商业级支付是由直接借记或发票来完成的。

3. 电子支付的发展阶段

银行采用信息技术进行电子支付的形式有五种，分别代表着电子支付发展的不同阶段。
- 第一阶段是银行利用计算机处理银行之间的业务，办理结算；
- 第二阶段是银行计算机与其他机构计算机之间资金的结算，如代发工资等业务；
- 第三阶段是利用网络终端向客户提供各项银行服务，如客户在自动柜员机（ATM）上进行取、存款操作等；
- 第四阶段是利用银行销售点终端（POS）向客户提供自动的扣款服务，这是现阶段电子支付的主要方式；
- 第五阶段是最新发展阶段，电子支付可随时随地通过互联网络进行直接转账结算，形成电子商务环境。这是正在发展的形式，也将是 21 世纪的主要电子支付方式。我们又称这一阶段的电子支付叫作网上支付。网上支付的形式称为网上支付工具，主要有信用卡、数字现金、电子支票等。

5.1.3 电子货币

1. 电子货币的特点

电子货币作为当代最新的货币形式，从 20 世纪 70 年代产生以来,其应用越来越广泛，电子货币已经成为电子商务实施的核心，建立电子货币系统是发展电子商务的基础和保证。自从 1995 年 10 月美国率先建立世界第一家网络银行——"安全第一网络银行"以来，相继推出各种电子货币如电子现金（E-Cash）、数字式信用卡（IC）等。人们对电子货币的认识慢慢地也趋于一致：电子货币是采用电子技术和通讯手段，以电子数据形式存储的，并通过计算机网络系统以电子信息方式实现流通和支付功能的货币。也就是说，电子货币是一种以电子脉冲代替纸张进行资金传输和储存的信用货币。

电子货币是在传统货币基础上发展起来的，与传统货币一样都是固定充当一般等价物的特殊商品，这种特殊商品体现在一定的社会生产关系上。同时二者具有价值尺度、流通手段、支付手段、储藏手段和世界货币五种职能。它们对商品价值都有反映作用，对商品交换都有媒介作用，对商品流通都有调节作用。

电子货币与传统货币相比，由于二者的产生背景不同，也表现出其自身固有的特点：
- 电子货币是以计算机技术为依托，进行相应的支付处理和存储，没有传统货币的大小、重量和印记；
- 在支付电子货币时，其金额信息是以电子数据形式流动或通过网络系统送到网上银行或转移到收款人指定的账户，流通速度远远快于传统货币；
- 可广泛应用于生产、交换、分配和消费等各个领域，集储蓄、信贷和非现金结算等多种功能为一体；
- 电子货币的使用和结算不受金额限制、不受对象限制、不受区域限制，且使用极为简便；如能够处理以"分"或更小的货币单位出现的大量低价值的交易；

- 不像传统货币是国家发行并强制流通的，电子货币是由银行发行的，其使用只能宣传引导，不能强迫命令，并且在使用中，要借助法定货币去反映和实现商品的价值，结清商品生产者之间的债权和债务关系；
- 此外，信息加密、数字签名、数字时间戳等技术的应用使电子货币更具有安全可靠性。

电子货币通过电子数据的形式传输结算资金，可以加快资金周转，提高资金使用效益，促进商品经济发展。电子货币通过计算机转账系统处理各项业务，不需动用纸币，这样可以减少印刷开支，节约流通费用，节省社会劳动，增加营业收入，增加其他行业劳动力，促进经济全面发展。电子货币的使用，不仅简单方便，而且安全可靠，不受银行营业时间的限制，可以为客户提供更多的金融服务，促进商品的网上交易的实现。

2. 电子货币的种类

在现阶段，电子货币的形式多种多样，但基本形态大致是类似的，即电子货币的使用者以一定的现金或存款从发行者处兑换并获得等值的电子数据，并以可读写的电子信息方式储存起来，当使用者需要清偿债务时，可以通过某些电子化的方法将该电子数据直接转移给支付对象。

按电子货币的形态，可以分为以下三种：

（1）电子现金型：通过将按一定规律排列的数字串保存于电子计算机的硬盘内或 IC 卡内来进行支付，即以电子化的数字信息块代表一定金额的货币；前者如 E-Cash，后者如英国研制的 Mondex 型电子货币，是最接近于现金形式的电子货币。

（2）信用卡应用型：在传统信用卡基础上实现了在因特网上通过信用卡进行支付功能的电子货币，如第一虚拟因特网支付系统，计算机现金安全因特网支付服务等，是目前发展最快，正步入实用阶段的电子货币。

（3）存款电子化划拨型：通过计算机网络转移、划拨存款以完成结算的电子化支付方法，又可细分为通过金融机构的专用封闭式网络的资金划拨和通过因特网开放网络实现的资金划拨，如美国安全第一网上银行提供的电子支票，环球银行金融电信协会提供的电子结算系统等。

5.2 电子支付的解决方案

5.2.1 电子现金

1. 电子现金

电子现金是一种以数据形式存在的现金货币。它把现金数值转换成为一系列的加密序列数，通过这些序列数来表示现实中各种金额的币值。用户在开展电子现金业务的银行开设账户并在账户内存钱后，就可以在接受电子现金的商店购物。

电子现金是纸币现金的电子化。因此，数字现金同时拥有现金和电子化两者的优点，主要表现在以下几个方面：

（1）匿名：这同样也是纸币现金的优点。电子现金不能提供用于跟踪持有者的信息，这样可以保证交易的保密性，也就维护了交易双方的隐私权。也正是因为这一点，如果电子现金丢失了，就会同纸币现金一样无法追回。

（2）节省交易费用：数字现金使交易更加便宜，因为通过 Internet 传输数字现金的费用比通过普通银行系统支付要便宜得多。为了流通货币，普通银行需要维持许多分支机构、职员、自动付款机及各种交易系统，这一切都增加了银行进行资金处理的费用。而数字现金是利用已有的 Internet 网络和用户的计算机，所以消耗比较小，尤其是小额交易更加合算。

（3）支付灵活方便：电子现金可以用若干种货币单位，并且可以像普通现金一样细分成不同大小的货币单位，使得其在商品交易中更具方便性，尤其是在小额交易中。

（4）安全存储：电子现金能够安全地存储在用户的计算机或 IC 卡中，并且可以方便地在网络上传输。

电子现金支付具有特殊性，目前比较有影响力的系统有：

- DigiCash（http://www.digicash.com）：无条件匿名电子现金支付系统。主要特点是通过数字记录现金，集中控制和管理现金，是一种足够安全的电子交易系统。
- Netcash（http://www.isi.edu）：可记录的匿名电子现金支付系统。主要特点是设置分级货币服务器来验证和管理电子现金，其中电子交易的安全性得到保证。
- Mondex（http://www.mondex.com）：欧洲使用的，以智能卡为电子钱包的电子现金系统。可以应用于多种用途，具有信息存储、电子钱包、安全密码锁等功能，可保证安全可靠。

在这里，我们以 E-Cash 为例来分析电子现金的工作原理。

2. 电子现金系统的实例——E-Cash

E-Cash 是由专门从事电子支付系统和电子现金开发的 DigiCash 公司所研制的，是一种在线的软件解决方案，它提供了纸质现金的匿名性，并具有在公众网络所要求的附加安全性。E-Cash 是完全匿名的，因为客户从银行提取"硬币"的方式使得银行无法知道这些硬币的序列号。

（1）E-Cash 的支付过程

如图 5.1 所示，E-Cash 的支付过程为：

- 顾客用现金或存款申请兑换 E-Cash 现金。银行对其要使用的电子现金进行"盲签字"，来实现电子现金的完全匿名；

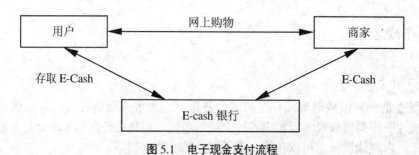

图 5.1　电子现金支付流程

- 客户用授权的 E-Cash 现金进行支付，电子现金便通过网络转移到商户。商户联机向

E-Cash 银行验证真伪，以及是否被复制过；
- 商家将收到的 E-Cash 现金向银行申请兑付，E-Cash 银行收回 E-Cash 现金，保留其序列号备查，再将等值的货币存入商家的银行账户。

（2）E-Cash 的特点

从上面的分析可以看出，E-Cash 具有以下的特点：
- 银行和商家之间应有协议和授权关系，E-Cash 银行负责用户和商家之间资金的转移。
- E-Cash 系统采用联机处理方式，而且用户、商家和银行都需使用 E-Cash 软件；
- 身份验证是由 E-Cash 本身完成的。E-Cash 银行在发放电子货币时使用了数字签名。商家在每次交易中，将电子货币传送给 E-Cash 银行，由 E-Cash 银行验证用户支持的电子货币是否有效（伪造或使用过等）。
- 具有现金特点，可以存、取、转让，适用于小的交易量。

（3）E-Cash 的问题
- 只有少数商家接受电子现金，而且只有少数几家银行提供电子现金开户服务。
- 成本较高。电子现金对于硬件和软件的技术要求都较高，需要一个大型的数据库存储用户完成的交易和 E-Cash 序列号以防止重复消费。因此，尚需开发出硬软件成本低廉的电子现金。
- 存在货币兑换问题。由于电子硬币仍以传统的货币体系为基础，因此德国银行只能以德国马克的形式发行电子现金，法国银行发行以法郎为基础的电子现金，诸如此类，因此从事跨国贸易就必须要使用特殊的兑换软件。
- 风险较大。如果某个用户的硬驱损坏，电子现金丢失，钱就无法恢复，这个风险许多消费者都不愿承担。

尽管存在种种问题，电子现金的使用仍呈现增长势头。Jupiter 通信公司的一份分析报告称，1987 年，电子现金交易在全部电子交易中所占的比例为 6%，到 2000 年底，这个比例将超过 40%，在 10 美元以下的电子交易中所占的比例将达 60%。因此，随着较为安全可行的电子现金解决方案的出台，电子现金一定会像商家和银行界预言的那样，成为未来网上贸易方便的交易手段。

5.2.2 信用卡

1. 信用卡的起源

在今天的美国等发达国家，现金和支票仍然占所有零售交易支付手段的 3/4 强。但是，随着市场经济的不断发展，现金和票据的流通速度已无法满足银行业务不断增长及客户对质量和效率的更高要求。电子货币的初级阶段，还应追溯到 1915 年世界上第一张信用卡的诞生。信用卡是由发卡机构签发的，证明持有人信誉良好，能为其提供信用消费的信用凭证。

信用卡的发行突破了传统的现金支付方式，为银行建立先进的自动服务体系创造了条件，成为自动服务系统中的主要组成部分，并为电子货币时代的来临奠定了基础。信用卡是市场经济发展到一定阶段的产物，随着商品生产规模的不断扩大，消费者的消费能力相对不足，于是 1915 年在美国诞生了第一张信用卡，其最初是用于商业。饮食业主为了扩大销售、吸引顾客，在一些顾客中发行"信用筹码"，凭此筹码顾客能享受分期付款、赊购商品。

后来逐渐由筹码形式演变为卡片形式并逐渐在其他领域推广使用。

几十年来信用卡以其方便、灵活、安全、快捷的特点吸引了众多的消费者。据统计，美国目前人均拥有信用卡 5 张，日本人均 1.5 张，我国台湾地区人均 0.5 张。信用卡已经广泛应用于各个领域，如银行业的银行卡、商业服务业的购物卡、加油卡、电话卡等。其中尤以银行卡应用最为广泛、功能最强、品种最多。中国银行珠海分行于 1985 年 6 月发行的中银卡，是我国国内发行的第一张信用卡。截止到 2000 年末，我国共有发卡金融机构 55 家，发卡总量超过 2.77 亿张，银行卡账户人民币存款余额达 2909 亿元，全年交易总额达 4.53 万亿元，全国可以受理银行卡的银行网点达 12.5 万个，特约商户 10 万个，各银行共安装 POS 机近 29 万台，ATM 3.7 万台。在过去 5 年中，我国银行卡发卡量、存款余额、交易额等平均增长速度分别达到了 61%、48% 和 57%，银行卡的发展已初具规模。

2. 信用卡的种类

信用卡是银行卡的一种，银行卡目前的主要品种有信用卡、专用卡、电子钱包卡、购物卡、转账卡、提款卡等多种，其中信用卡是最主要的、使用最广泛的一种银行卡。信用卡与其他银行卡的一个主要差别在于：信用卡不仅是一种支付工具，同时也是一种信用工具。使用信用卡可以透支消费，给用户带来了方便，但这同时也给银行带来了恶意透支的问题。

从不同的方面，可以把信用卡分为不同的类型，可以归纳为表 5.2 所示。

目前，信用卡的支付主要有四种类型：无安全措施的信用卡支付、通过第三方代理人的支付、简单信用卡加密、SET 信用卡方式。下面就这四种方式一一做个介绍。

表 5.2 信用卡分类汇总表

分 类	类 型	使 用 特 点
结算方式	贷记卡	发卡行允许持卡人"先消费，后付款"，提供给持卡人短期消费信贷，到期依据有关规定完成清偿
	借记卡	持卡人在开立信用卡账户时按规定向发卡行交一定的备用金，持卡人完成消费后，银行会自动从其账户上扣除相应的消费款项，急需时能为持卡人提供小额的善意透支
使用权限	金卡	允许透支限额相对较大（我国为 1 万元）
	普通卡	透支限额低（我国为 5 千元）
持卡对象	个人卡	持有者是有稳定收入来源的社会各界人士，其信用卡账户上的资金属持卡人个人存款
	公司卡	又称单位卡，是各企事业单位、部门中指定人员使用的卡，其信用卡账户资金属公款
使用范围	国际卡	可以在全球许多国家和地区通行使用，如著名的 VISA 卡和 MASTER 卡等
	地方卡	只局限在某地区内使用，如我国各大商业银行发行的人民币长城卡、牡丹卡、太平洋卡等都属地方卡
载体材料	磁卡	在信用卡背后贴有的磁条内存储有关信用卡业务所必需的数据，使用时必须有专门的读卡设备读出其中所存储的数据信息
	IC 卡	IC 卡是集成电路卡（Integrated Circuits Card）的缩写，为法国人 Roland Moreno 于 1970 年所研制，并由法国 BULL 公司于 1979 年推出第一张可工作的 IC 卡。IC 卡的卡片中嵌有芯片，信用卡业务中的有关数据存储在 IC 芯片中，既可以脱机使用也可以联机使用

3. 无安全措施的信用卡支付

买方通过网上从卖方订货，而信用卡信息通过电话、传真等非网上传送，或者信用卡信息在互联网上传送，但无任何安全措施，卖方与银行之间使用各自现有的银行商家专用网络授权来检查信用卡的真伪。这种支付方式具有以下特点：

- 由于卖方没有得到买方的签字，如果买方拒付或否认购买行为，卖方将承担一定的风险；
- 信用卡信息可以在线传送，但无安全措施，买方（即持卡人）将承担信用卡信息在传输过程中被盗取及卖方获得信用卡信息等风险。

其流程图如图 5.2 所示。

图 5.2　无安全措施信用卡支付流程

4. 通过第三方代理人的支付

改善信用卡事务处理安全性的一个途径就是在买方和卖方之间启用第三方代理，目的是使卖方看不到买方信用卡信息，避免信用卡信息在网上多次公开传输而导致的信用卡信息被窃取。

（1）第三方代理人支付方式的过程（如图 5.3 所示）：

- 买方在线或离线在第三方代理人处开账号，第三方代理人持有买方信用卡号和账号；
- 买方用账号从卖方在线订货，即将账号传送给卖方；
- 卖方将买方账号提供给第三方代理人，第三方代理人验证账号信息，将验证信息返回给卖方；
- 卖方确定接收订货。

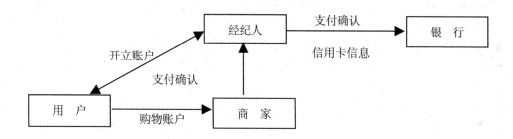

图 5.3　第三方代理人支付方式流程

（2）第三方代理人服务的特点：

- 支付是通过双方都信任的第三方完成的；
- 信用卡信息不在开放的网络上多次传送，买方可能离线在第三方开设账号，这样买方没有信用卡信息被盗窃的风险；
- 卖方信任第三方，因此卖方也没有风险；
- 买卖双方预先获得第三方的某种协议，即买方在第三方处开设账号，卖方成为第三方的特约商户。

(3) 软件供应商提供的解决方案

Cybercash (http://www.cybercash.com) 提供了第三方代理人的解决方案。买方必须首先下载 Cybercash 软件，即"钱夹"（注：很多钱夹（Wallet）软件提供多种支付工具，里面包括信用卡、数字/电子现金、电子支票，打开钱夹可以选择其中的一种支付方式）。其软件使用步骤如下：

- 在建立钱夹过程中，买方将信用卡信息提供给第三方 Cybercash；
- 第三方 Cybercash 指定一个加密的代码代表信用卡号码，传送给买方；
- 当买方向接收 Cybercash 的卖方购物时，它只需简单地输入代码；
- 卖方将代码及购买价格传送给第三方 Cybercash；
- 第三方证实这一事务处理并将资金及购买商品的授权传送给卖方。

Cybercash 第三方代理软件具有如下特点：

- 开设账号时信用卡信息通过网络传输；
- Cybercash 信用卡服务不向买卖双方额外收费，所有 Cybercash 费用都通过信用卡处理系统支付。

First Virtual (http://www.firstvirtual.com) 公司也提供第三方代理服务解决方案，FV 系统的过程如下：

- 买方通过填写注册单，或通过语音电话向 First Virtual 提供他们的信用卡号码，申请 VirtualPIN，买方可以用它替代信用卡；
- 为了购买产品，顾客通过他的 FV 账号向卖方选购，这种购买可能以如下两种形式中的一种发生：买方自动授权卖方通过浏览器获得其 FV 账号并向买方送账单；买方自己把账户信息传过去；
- 卖方通过买方账号和 FV 支付系统服务器联系；
- FV 支付系统确认买方账号，并清点出相应资金；
- FV 支付服务器向买方发送一个电子信息，这条信息是自动 WWW 格式，或者只是一个简单的 E-mail。买方以下面三种方式中的一种作出反应：是的，我同意支付；不，我拒绝支付；我从未发出过相关命令；
- 如果 FV 支付服务器获得了一个"同意"的信息，就通知卖方，卖方准备发货；
- FV 在收到购买完成的信息后在买方账户上记借，买方在收到产品/信息后，如果拒绝付款，可以终止他们的账户。

FV 第三方代理软件具有如下的特点：卖方在 FV 上注册一次性付费 10 美元，一次交易交费 0.29 美元以及 2%的附加费，买方通过账户进行一次支付需要 1 美元的费用，每个买方的启动费用是 2 美元；整个系统也可以建立在现存的机制上以方便买卖双方，买方只需要一个电子邮箱和 First Virtual 账户即可，卖方无需具有计算机技能或者 Internet 销售服务器（warehouse server），而只需通过 FV 就可直接处理销售业务。

截止到 1996 年 3 月 30 日，已有 166 个国家的 3300 多商家和 21.5 万用户使用 FV 第三方代理系统。1997 年 3 月，FV 公司宣布该系统已拥有 35 万用户。

5. 简单加密信用卡支付

(1) 简单加密信用卡支付过程

使用简单加密信用卡模式付费时,用户只需在银行开立一个普通信用卡账号,在支付时,用户提供信用卡号码,当信用卡信息被买方输入浏览器窗口或其他电子商务设备时,信用卡信息就被简单加密,安全地作为加密信息通过网络从买方向卖方传递。采用的加密协议有 SHTTP、SSL 等,这种付费方式给用户带来很多方便,但是,一系列的加密、授权、认证及相关信息传送,使交易成本提高,所以这种方式不适用于小额交易。

其完整的支付过程为:用户在银行开立一个信用卡账户,并获得信用卡账号。用户从商家定货后,把信用卡信息加密后传给商家服务器。商家服务器验证接收到的信息的有效性和完整性后,将用户加密的信用卡信息传给业务服务器,商家服务器无法看到用户的信用卡信息,业务服务器验证商家身份后,将用户加密的信用卡信息转移到安全的地方解密,然后将用户信用卡信息通过安全专用网传送到商家银行。商家银行通过普通电子通道与用户信用卡发卡行联系,确认信用卡信息的有效性。得到证实后,将结果传送给业务服务器,业务服务器通知商家服务器交易完成或拒绝,商家再通知用户。整个过程只要经历很短的时间。交易过程的每一步都需要交易方以数字签名来确认身份,用户和商家都必须使用支持此种业务的软件,数字签名是用户、商家在线注册系统时产生的,不能修改。其流程图如图 5.4 所示。

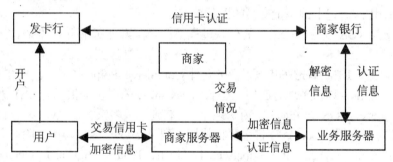

图 5.4 简单加密信用卡支付过程

(2) Cybercash 公司简单加密信用卡解决方案

Cybercash 公司提供一种软件,其流程如下:

- Cybercash 用户从 Cybercash 卖方订货后,通过电子钱包将信用卡信息加密后传给 Cybercash 卖方服务器;
- 卖方服务器验证接收到的信息的有效性和完整性后,将买方加密的信用卡信息传给第三方——Cybercash 服务器;
- 第三方——Cybercash 服务器验证卖方身份后,将买方加密的信用卡信息转移到非 Internet 的安全地方解密,然后将买方信用卡信息通过安全专网传送到卖方银行;
- 卖方银行通过与一般银行之间的电子通道从买方信用卡发卡行得到证实后,将结果传送给第三方——Cybercash 服务器,Cybercash 服务器通知卖方服务器交易完成或拒绝,卖方通知买方。

该软件的特点如下:

- 整个过程大约历时 15 秒至 20 秒;
- 加密的信用卡信息只有业务提供商或第三方机构能够识别;

- 由于购物时只需一个信用卡号,所以给用户带来了方便;
- 需要一系列的加密、授权、认证及相关信息传送,交易成本较高,所以对小额交易不适用;
- 交易过程中每进行一步,交易各方都以数字签名来确认身份,买方和卖方都需使用 Cybercash 软件;
- 签名是买方、卖方在注册系统时产生的,且本身不能修改;
- 加密技术使用工业标准,使用 56 位 DES 和 768 位~1024 位 RSA 公开密钥对产生数字签名。

Cybercash 支持多种信用卡,如 Visa Card、Master Card、American Express Card、Diners 和 Carte Blanche 等;已授权处理 Cybercash 的系统有 Global Payment System、First Data Corporation 和 VisaNet 等。

6. 安全电子交易(SET)信用卡支付

安全电子交易(SET)协议的出现就是为了保障 Internet 上信用卡交易的安全性。利用 SET 给出的整套安全电子交易的过程规范,可以实现电子商务交易中的机密性、认证性、数据完整性等安全功能。由于 SET 提供商家和收单银行的认证,确保了交易数据的安全、完整可靠和交易的不可抵赖性,特别是具有保护消费者信用卡号不暴露给商家等优点,因此它成为目前公认的信用卡/借记卡的网上交易的国际标准。

由于安全电子交易(SET)和其 SET 的付款过程都已经在第 4 章做了详细的论述。这里就不再重复了。

自从 SET 发布以来,IBM 率先在其电子商务套件 Commerce Point 中使用了 SET 规范,Commerce Point 目前已在全球很多地方应用。著名的 VeriFone 公司也提供了与 SET 兼容的电子商务套件(Vwallet、vPOS、VGate),Vgate 已经安装到了很多银行中,vPOS 也已在很多 Internet 在线商家得到应用。微软宣称将来要将其加入到 Windows 的核心中。除此之外,符合 SET 规范的产品还有:Cybercash、Globalset、TrinTech、Tellan、DigiCash、OpenMarket 等。符合 SET 规范的产品会越来越多,SET 也必将会成为未来电子商务的基础。

5.2.3 电子钱包

1. 电子钱包

电子钱包是电子商务活动中顾客购物常用的一种支付工具,是在小额购物或购买小商品时常用的新式钱包。

英国西敏寺(National-Westminster)银行开发的电子钱包 Mondex 是世界上最早的电子钱包系统,于 1995 年 7 月首先在有"英国的硅谷"之称斯温顿(Swindon)市试用。起初,名声并不那么响亮,不过很快就在温斯顿打开了局面,被广泛应用超级市场、酒吧、珠宝店、宠物商店、餐饮店、食品店、停车场、电话间和公共车辆之中。由于电子钱包使用起来十分简单,只要把 Mondex 卡插入终端,三五秒钟之后,收据便从设备输出,一笔交易即告结束,读取器将从 Mondex 卡中所有的钱款中扣除掉本次交易的花销。此外,Mondex 卡还大都具有现金货币所具有的诸多属性,如作为商品尺度的属性、储蓄的属性和支付交换的属性,通过专用终端还可将一张卡上的钱转移到另一张卡上,而且,卡内存有的钱一旦用光,一旦遗失或被窃，Mondex 卡内的金钱价值不能重新复原，也就是说持卡人必须负起管理上的责任。有的卡如被别人拾起照样能用，有的卡写有持卡人的姓名和密码锁功能，只有持卡人才能使用，比现金来讲安全一些。Mondex 卡损坏时，持卡人就向发生机关申报卡内所余余额，由发行机关确认后重新制作新卡发还。

Mondex 卡终端支付只是电子钱包的早期应用，从形式上看，它与智能卡十分相似。而今天电子商务中的电子钱包则已完全摆脱了实物形态，成为真正的虚拟钱包了。

网上购物使用电子钱包，需要在电子钱包服务系统中进行。电子商务活动中电子钱包软件通常都是免费提供的。用户可以直接使用与自己银行账号相连接的电子商务系统服务器上的电子钱包软件，也可以通过各种保密方式利用因特网上的电子钱包软件。目前世界上有 Visa Cash 和 Mondex 两大电子钱包服务系统，其他电子钱包服务系统还有 MasterCard Cash、EurlPay 的 Clip 和比利时的 Proton 等。

使用电子钱包的顾客通常要在有关银行开立账户。在使用电子钱包时，将电子钱包通过电子钱包应用软件安装到电子商务服务器上，利用电子钱包服务系统就可以把自己的各种电子货币或电子金融卡上的数据输入进去。在发生收付款时，如顾客需用电子信用卡付款，如用 Visa 卡和 Mondex 卡等收款时，顾客只要单击一下相应项目（或相应图标）即可完成。这种电子支付方式称为单击式或点击式支付方式。

在电子钱包内只能装电子货币，即装入电子现金、电子零钱、安全零钱、电子信用卡、在线货币、数字化币等。这些电子支付工具都可以支持单击式支付方式。

在电子商务服务系统中设在电子货币和电子钱包的功能管理模块，叫作电子钱包管理器（Wallet Administration），顾客可以用它来改变保密口令或保密方式，用它来查看自己银行账号上收付往来的电子化币账目、清单和数据。电子总务服务系统中还有电子交易记录器，顾客通过查询记录器，可以了解自己都买了什么物品，购买了多少，也可以把查询结果打印出来。

2. 电子钱包的使用

利用电子钱包在网上购物，通常包括以下步骤：

（1）客户使用浏览器在商家 Web 主页上查看在线商品目录浏览商品，选择要购买的商品。

（2）客户填写订单，包括项目列表、价格、总价、运费、搬运费、税费。

（3）订单可通过电子化方式来传输，或由客户的电子购物软件建立。有些在线商场可以让客户与商家协商物品的价格（例如出示自己是老客户的证明，或给出的竞争对手的价格信息）。

（4）顾客确认后，选定用电子钱包付钱。将电子钱包装入系统，单击电子钱包的相应项或电子钱包图标，电子钱包立即打开；然后输入自己的保密口令，在确认是自己的电子钱包后，从中取出一张电子信用卡来付款。

（5）电子商务服务器对此信用卡号码采用某种保密算法进行加密后，发送到相应的银行中去，同时销售商店也会收到经过加密的购货账单，销售商店将自己的顾客编码加入电子购货账单后，再转送到电子商务服务器上去。这里，商店对顾客电子信用卡上的号码是看不见的，不可能也不应该知道，销售商店无权也无法处理信用卡中的钱款。因此，只能把信用卡送到电子商务服务器上去处理。经过电子商务服务器确认这是一位合法顾客后，将其同时送到信用卡公司和商业银行。在信用卡公司和商业银行之间要进行应收款项和账务往来的电子数据交换和结算处理。信用卡公司将处理请求再送到商业银行请求确认并授权，商业银行确认并授权后送回信用卡公司。

（6）如果经商业银行确认后拒绝并且不予授权，则说明顾客的这张电子信用卡上的钱数不够用了或者是没有钱了，或者已经透支。遭商业银行拒绝后，顾客可以再单击电子钱包，再相应打开电子钱包，取出另一张电子信用卡，重复上述操作。

（7）如果经商业银行证明这张信用卡有效并授权后，销售商店就可交货。与此同时，销售商店留下整个交易过程中发生往来的财务数据，并且出示一份电子数据发送给顾客。

（8）上述交易成交后，销售商店就按照顾客提供的电子订货单将货物在发送地点交到顾客或其指定的人手中。

到这里，电子钱包购物的全过程就完了。购物过程中间虽经过信用卡公司和商业银行等多次进行身份确认、银行授权、各种财务数据交换和账务往来等，但这些都是在极短的时间内完成的。实际上，从顾客输入订货单后开始到拿到销售商店出具的电子收据为止的全过程仅用 5～20 秒的时间。这种电子购物方式十分省事、省力、省时。而且，对于顾客来说，整个购物过程自始至终都是十分安全可靠的。在购物过程中，顾客可以用任何一种浏览器（如 Netscape 浏览器）进行浏览和查看。由于顾客的信用卡上的信息别人看不见的，因此保密性很好，用起来十分安全可靠。另外，有了电子商务服务器的安全保密措施，就可以保证顾客去购物的商店必定是真的，不会假冒的，从而保证顾客安全可靠地购到货物。

总之，这种购物过程彻底改变了传统的面对面交易和一手交钱一手交货的购物方式，是一种很有效的而且非常安全可靠的电子购物过程，是一种与传统购物方式根本不同的现代高新技术购物方式。

自 1995 年 7 月电子钱包面世以来三年多的时间内，电子钱包已经在英国的温斯顿、亚洲的香港、加拿大的多伦多和新西兰等 10 多个国家和地区进行了试用。1998 年 Mondex 在美国纽约试用，还以合同连锁方式在其他城市进行实验，参加的银行有曼哈顿银行、芝加哥银行和法戈壁银行等。澳大利亚的国家银行在 1998 年引入 Mondex，南非和以色列等国家也已制定了相同计划。不过，说来有趣，截止到目前，接受或参与 Mondex 实验推广的银行，如英国、美国、加拿大、澳大利亚、新西兰、南非等国家的银行，几乎都属于"盎格鲁撒克逊"族范围，而欧洲大陆的德国、荷兰、比利时、芬兰和丹麦等国，则大多对 Mondex 不感兴趣，都在开发本国独特的电子货币。美国也并非只有 Mondex 一种电子货币，也有其他公司开发的不同技术体系的电子货币在发行，如 Visa Card 公司在 1996 年亚特兰大奥运会期间，就发行了 200 万张智能卡（内含的钱数分别为 10 美元、20 美元、50 美元、100 美元），特约商店有 2300 家，共进行了 20 万次的付款，总计超过 110 万美元。日本也有不少机构早就打算引进电子钱包，实验计划一订再订，但一直未能实现，用日立公司新金融系统推进总部部长的话来说就是："日本很多银行与万事达电子钱包的合作，始终停留在口头上，所有共同开发项目至今还都是一张白纸。"这其中的原因即在日本有着与其他国家不同的独特的金融网络，如要应用电子钱包，日本方面必须投入"数以万亿日元"的巨资对现有金融网络进行改造。这笔巨额的资金投入，对于日本来说，无疑是个沉重的负担。所有这些都表明，围绕电子支付开展的竞争刚刚开始。不过，无论如何，电子钱包毕竟比前几年出现的其他类型的电子货币更胜一筹。

5.2.4 电子支票

1. 电子支票

电子支票（Electronic Check，eCheck）是由 FSTC 倡导，是以一种纸基支票的电子替代品而存在的；是设计来吸引不想使用现金，而宁可使用信用方式的个人客户和公司。电子支票仿真纸面支票，不过是用电子方式启动，使用电子签名做背书，而且使用数字证书来验证付款者、付款银行和银行账号。电子支票的安全/认证工作是由公开密钥算法的电子签名来完成的。

由于电子文档可以取代纸基文档，而基于公钥的数字签名可以替代手写签名，所以，使用电子支票取代纸基支票，不需要创建一个全新的支付手段，可以充分利用现有的支票处理基础设施（如法律政策和商业环境等）。在充分利用电子支付手段的前提下，可以对付款人、收款人、银行和金融系统带来尽量少的影响。银行的基础设施与网络的集成是电子支票的基础。

2. 电子支票的基本流程

电子支票的基本流程如下（如图 5.5 所示）：

（1）客户到银行开设支票存款账户，存入存款，申请电子支票的使用权。
（2）客户开户行审核申请人资信情况，决定是否给予使用电子支票的权利。
（3）顾客网上购物，填写订单完毕，使用电子支票生成器和开户行发放的授权证明文件生成此笔支付的电子支票，一同发往商家。
（4）商家将电子支票信息通过支付网关发往收单行请求验证，收单行将通过银行专用网络验证后的信息传回商家。
（5）支票有效，商家则确认客户的购物行为，并组织发货。
（6）在支票到期前，商家将支票向收单行背书提示，请求兑付。

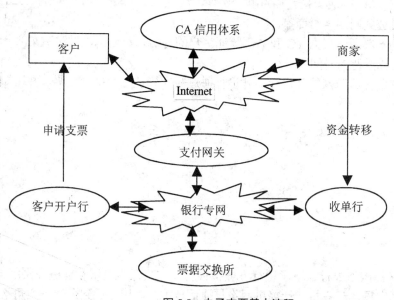

图 5.5 电子支票基本流程

在这个流程中，电子支票的优势在于：

（1）电子支票方式的付款可以脱离现金和纸张进行，购买方通过计算机或 POS 机获得一个电子支票证明，而不是寄支票或直接到柜台前付款，这样可以减少事务的费用，而且处理速度会大大增加。

（2）电子支票的即时认证能加快交易的速度，并在一定程度上保障交易安全性，减少了处理传统支票的时间成本和财务成本，对支票丢失或被盗的挂失处理也方便有效得多。

（3）电子支票可以为新型的在线服务提供便利。例如，它支持新的结算流（收款人可证实付款人在银行里有足够的资金）；它可以自动证实交易各方的数字签名，增强每个环节上的安全性；还可以与基于 EDI 的电子订货集成来实现结算业务的自动化。

（4）电子支票的运作方式与传统支票相同，简化了顾客学习的过程。电子支票基本上保留了传统支票的基本特性和灵活性，又加强了其功能，因而易于理解和接受。

（5）电子支票可为企业市场提供服务。企业运用电子支票在网上进行结算，可比现在采用的其他方法更方便、更快捷。

（6）电子支票要求把公共网络与金融专用网连接起来，这就充分发挥了现有的金融结算基础设施和公共网络的作用。

3. 电子支票实例——NetCheque

NetCheque 是由南加州大学的信息科学研究院开发的面向支票结算的支付系统，它使用传统的支票处理方法，在因特网上得以实现。NetCheque 系统中除客户、商家与银行外还引入了一个第三方——Kerberos 服务器，来提供客户签发支票的信用担保服务，并与银行合作完成整个支付过程。

NetCheque 业务流程如下：

（1）客户签发支票：首先生成支票明文部分，然后从 Kerberos 服务器获得一个标签 TC，用以证明服务器对这张支票的信用授权。客户再用 TC 向开户行证明身份，并获得加密证明文件 AC，明文+TC+AC 构成一张完整的电子支票。

（2）支票通过公共网络传给商家。

（3）商家收到支票后，根据 TC 和 AC 验证客户的身份以及信用，再对明文部分进行背书，加上商家的名称、背书时间等。

（4）背书后支票传给商家的开户行，开户行通过验证确认是否接收支票，并通知商家。

5.3 网上银行

5.3.1 网上银行

1. 网上银行

网上银行，又称网络银行、电子银行、虚拟银行，它实际上是银行业务在网络上延伸。网上银行依托迅猛发展的计算机和计算机网络与通信技术，利用渗透到全球每个角落的因特网，突破了银行传统的业务操作模式，摒弃了银行由店堂前台接柜开始的传统服务流程，把银行的业务直接在因特网上推出。这种新式的网上银行包括有虚拟家庭银行、虚拟联机银行、虚拟银行金融业以及以银行金融业为主的虚拟金融世界等，几乎囊括了现有银行金融业的全部业务，代表了整个银行金融业未来的发展方向。

网上银行目前有两种形式：一种是完全依赖于 Internet 发展起来的全新电子银行，这类银行所有的业务交易依靠 Internet 进行，如世界第一家全交易型网络银行——美国安全第一网络银行（Security First Network Bank，简称 SFNB）。另一种则是在现有商业银行基础上发展起来，把银行服务业务运用到 Internet，开设新的电子服务窗口，即所谓传统业务的外挂电子银行系统。目前我国开办的网上银行业务都属于后一种。

自网上银行在美国诞生以来，网上银行发展速度极快，目前仅欧洲就有数千家金融机构开设了网上银行业务。2000 年，西方国家网上银行业务量已占传统银行业务量的 10%～20%。

2．网上银行——SFNB

美国安全第一网络银行（SFNB）是世界上第一家网上银行，也是目前最成功的一家网上银行。它从 1996 年就开始了网上金融服务，尽管在发展的过程中并非一帆风顺，但是它确实代表着一种全新的业务模式和未来的发展方向。

从美国安全第一网络银行的运作情况看，网上银行提供的服务可以分为三大类：一类是提供即时资讯，如查询结存的余额、外币报价、黄金及金币买卖报价、定期存款利率的资料等；二是办理银行一般交易，如客户往来、储蓄、定期账户间的转账、新做定期存款及更改存款的到期指示、申领支票薄等；三是为在线交易的买卖双方办理交割手续。具体的服务项目有以下几种：

（1）基本支票业务。在 SFNB 开立基本支票账户只需首先存入 100 美元。在头半年试用期内，对支票签发实行免费无限制服务，每月可以使用 20 次免费电子支付、10 次免费自动柜员机取款服务和免费 POS 交易服务，90 天内免费支票清算查询服务。半年过后，如果客户的存款金额达不到银行的要求，则每月收取一定的费用。对于支票退票或止付，银行收取 25 美元的手续费。

（2）利息支票账户。要开立这样的账户同样只需要 100 美元。这种账户是在基本支票账户的基础上，加上利息收益和电子票据支付服务。这个账户中必须维持月余额不得低于 500 美元。如果在某一个月的任何一天，余额少于 500 美元，则该月就没有利息。利息支票账户的手续费为每月 4.95 美元，可以最多使用 35 次电子票据支付服务。如果账户的日均余额超过 5000 美元，则免除所有手续费。

（3）信用卡服务。SFNB 发行 Visa 卡，分普遍卡和金卡两种。SFNB 的信用卡不收年费，但如果每年使用次数少于 6 次，则收取 25 美元的费用。要申请信用卡，必须首先开立一个现金账户。

（4）基本储蓄账户。基本储蓄账户的月手续费为 5 美元，但如果平均日余额超过 200 美元，则可以免收手续费。每月可以免费存、取款三次，第四次到第六次存款每次收费用 3 美元，第七次起每次收费 15 美元。

（5）货币市场账户。一次存入 2500 美元就可以开立这样的账户了，同时，必须维持每月余额超过 2500 美元。

（6）存单业务。存单业务最小金额为 1500 美元。对提前支取者，半年及一年期的收取 3 个月的利息，对两年期的收取 6 个月的利息。

(7)宏观市场金融信息服务。SFNB 为客户提供全面的金融分析服务,及时向客户提供各种市场信息和新闻。

3. 网上银行的业务

网上银行既可进行部分传统的商业银行业务,也担负着电子商务过程中极其重要的在线支付功能,还可开辟新的系列服务领域。

(1)商业银行业务

网上银行可以在网上为客户提供 24 小时的实时服务,首先可以将商业银行传统服务在线化。如转账结算、汇兑、代理公共收费(水费、电费、电话费等)、发放工资、查询个人账户等。到了电子商务高度发达,货币基本甚至完全电子化的时候,客户存、取款都可以足不出户,既轻松又快捷。其次,借助于网络,银行可以新增很多业务。如证券清算(即完成证券公司与交易所之间,证券公司各营业部之间,及保证金融账户与储蓄账户之间的资金清算业务)、外币业务、信息咨询、消费信贷(如住房按揭)等。

(2)在线支付

这将成为网上银行网上金融服务最重要的一部分。在网上进行的交易将全部通过 E-Bank 支付,包括商户对顾客 B2C 商务模式下的购物、订票、证券买卖等零售交易,也包括商户对商户 B2B 商务模式下的网上采购等批发交易,以及金融机构间的资金融通和清算。

(3)新的业务领域

鉴于网上信息传递的全面性、迅速性和方便性,网上银行还可以开辟多种新业务。比如集团客户通过网上银行查询各子公司的账户余额和交易信息;在签订多边协议的基础上实现集团公司内部的资金调度与划拨(由于这种调动几乎是实时的,因而可以大大提高各分公司及整个集团公司的资金利用率);提供财务信息咨询、账户管理等理财服务;还可以进行网上国际收支申报;发放电子信用证;开展数据统计工作等。

显然,网上银行倾向于提供便捷的服务以吸引更多的客户,从而把利润点更多地转向中间业务。而且,网上银行在费用上也大大减少了,只需支付网络的建设费及很有限的开发、维护费,便等同于把服务网点开设到每个客户家中。除此之外,随着 Internet 和电子商务的普及与发展,网上银行可提供的服务也势必越来越广泛,越来越完善,使得包括顾客、商户、行政机构在内的多种交易主体都可以真正做到足不出户即可完成交易的支付。

4. 网上银行的特点

与传统的银行业务相比,网上银行表现出以下特点:

(1)全面实现无纸化交易。以前使用的票据和单据大部分被电子支票、电子汇票和电子收据所代替;原来的纸币被电子货币,即电子现金、电子钱包、电子信用卡所代替;原来纸质文件的邮寄变为通过数据通信网进行传送。

(2)服务方便、快捷、高效、可靠。对于网上银行的用户,可以享受到方便、快捷、高效和可靠的全方位服务。上网客户可以在家里开立账户,进行收付交易,省却了跑银行、排队等候的时间。网上银行实行全天 24 小时,一年 365 天不间断营业。客户可以在任何地方、任何需要的时候使用网上银行服务,不受时间、地域的限制。银行业务的电子化大大缩短了资金的在途时间,提高了资金的利用率和整个社会的经济效益。网络银行的出现无疑是对传统银行的挑战,它向客户提供了最便利、最可靠的服务手段。

(3)经营成本低廉。根据 BoozAllen&Hamilton 公司 1996 年 8 月公布的调查报告,因特网银行经营成本只相当于经营收入的 15～20%，而普通银行的经营成本占收入的 60%；开办一个网络银行所需的成本只有 100 万美元，还可利用电子邮件、讨论组等技术，提供一种全新的真正的双向交流方式。而建立一个传统银行分行，需要成本 150～200 万美元，外加每年的附加经营费 35～50 万美元。在因特网上进行金融清算每笔成本不超过 13 美分，而在银行自有的个人电脑软件上处理一笔交易的成本则达到 26 美分，电话银行服务的每笔交易成本为 54 美分，而传统银行分理机构的处理成本更高达 1.08 美元。所以，网络银行业务成本优势显而易见，它对传统银行的经营已构成威胁。而且，由于采用了虚拟现实信息处理技术，网上银行可以在保证原有的业务量不降低的前提下，减少营业点的数量。无纸化的实现、效率的提高和固定营业点数量的减少，节约大量的服务成本，提高了银行的竞争能力，也使客户得到实惠。美国安全第一网络银行的基本支票账户不收手续费，没有最低余额限制，这在美国堪称一绝。客户每个月可以免费使用 20 次电子付款服务，免费使用自动柜员机或借记本。其货币市场及定期存单的利率在美国是属于最高的几家之一，也是由于采用了电子业务处理方式，成本下降，银行把由此带来的额外利润的一部分返还给客户。

（4）简单易用。使用网上银行的服务不需要特别的软件，甚至不需要任何专门的培训。只要有一台 PC 电脑和调制解调器，有进入因特网的账号，入网后，即可根据网络银行网页的显示，按照提示进入自己所需的业务项目。简捷明快的用户指南，使一般具有因特网基本知识的网民都可以很快掌握网上银行的操作方法。网上 E-mail 通信方式也非常灵活方便，便于客户与银行之间，以及银行内部之间的沟通。

5.3.2 支付网关

支付网关是银行金融系统和因特网之间的接口，是由银行操作的将因特网上的传输数据转换为金融机构内部数据的设备，或由指派的第三方处理商家支付信息和顾客的支付指令。支付网关可以确保交易在 Internet 用户与交易处理商之间安全、无缝隙地传递，并且无需对原有主机系统进行修改。它可以处理所有 Internet 支付协议、Internet 特定的安全协议、交易交换、消息及协议的转换以及本地授权和结算处理。另外，它还可以通过配置设定来满足特定交易处理系统的要求。离开了支付网关，网上银行的电子支付功能也就无从实现。

银行使用支付网关可以实现以下功能：
（1）配置和安装 Internet 网络支付能力。
（2）避免对现有主机系统的修改。
（3）采用直观的用户图形接口进行系统管理。
（4）适应诸如扣账卡、电子支票、电子现金以及微电子支付等电子支付手段。
（5）通过采用 RSA 公共密匙加密和 SET 协议，可以确保网络交易的安全性。
（6）提供完整的商户支付处理功能，包括授权、数据捕获和结算、对账等。
（7）通过对 Internet 网上交易的报告和跟踪，对网上活动进行监视。
（8）使 Internet 网络的支付处理过程与当前支付处理商的业务模式相符，确保商户信息管理上的一致性，并为支付处理商进入互联网交易处理这一不断增长的新市场提供了机会。

随着网络市场的不断增长，Internet 网络交易的处理将成为每一个支付系统的必备功能。今天的商户在数据传输方面常常是低效率的，或者使用传真，或者将数据键入到 Internet 网络以外的系统中。有了支付网关，这个问题便可得到有效的解决，它使银行或交易处理商在面对网络市场高速增长和网络交易量不断膨胀的情况下,仍可保持其应有的效率。

1998年5月13日,中银信用卡有限公司与IBM香港有限公司宣布使用设立香港第一个安全支付网关。该支付网关采用SET标准,提供一个安全可靠的环境,使香港的商户可以安心在网上进行电子商务。随着中银的支付网关在1998年下半年的启用,相信香港会有越来越多的企业引入电子商务技术,以扩展业务并增强其在海内外市场上的竞争力。SET支付网关在香港的建立,将有助于促进香港的国际地位,更灵活有效地满足香港市场的需要。

5.3.3 我国网上银行的现状

1. 国内网上银行的现状

自1997年以来,国内招商银行、中国银行、中国建设银行、中国工商银行陆续推出网上银行业务,初步实现了在线金融服务。目前最新版本的网上银行系统已经可以实现网上汇兑、网上信用证,极大地方便了个人和企业用户。其中中国银行采用的是SET协议,另外则使用了SSL。

招商银行的网上银行于1999年底正式运行,其功能主要包括了个人银行系统、网上支付系统、网上证券系统、网上商城系统等。截止到2000年6月,招行的"网上企业银行"签约户已经达到10078户,网上交易金融达到1700亿人民币。2000年8月,招行又对网上银行系统进行了全面升级,增加了在线理财、瞬间转账和网上信用证等新功能。

中国建设银行开发了日处理业务130万笔、允许5万个客户同时访问和交易的网上银行系统。

中国银行的网上银行则与其100万张"长城卡"相结合,推出了"支付网上行"系列网上银行服务。

中国工商银行在北京、天津、上海、广州等31个城市开通了网上银行业务,提供24小时不间断服务。

根据CCID在2000年9—10月间对国内10家银行进行了网上银行业务开展情况的调查来看(如图5.6所示)10家银行中有2/3以上的银行都开展了个人银行、企业银行和网上支付三项业务;3~4家银行推出了网上购物和网上证券两项业务。招商银行网上银行的业务水平居国内领先地位。招商银行在规模优先和银行再造(重整)战略思想指导下,定位于"技术领先型银行",立志成为国内网上银行市场的领导者。

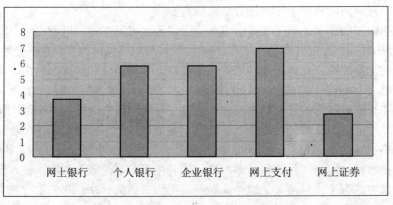

图5.6 国内10家银行网上业务开展情况

从目前来看，首先，国内网上银行现在开通的服务基本上还是网上银行业务中比较初级的内容，是传统业务在网上的延伸，也只是商业银行业务的一种补充手段。如个人和对公的账务查询；支持同一户名下不同存期、不同卡种或折种间的转账；支持不同户名的资金划拨；实现个人网上支付；代收公共费用等。其次现在国内的网上银行经营的业务主要是 B2C 的商务模式。此外，网上银行业务也仅在为数不多的几个大中城市开展。但是，电子商务的趋势是肯定的，发展速度也很迅速，现在做的 B2C 服务既是一种宣传，又是一种尝试，是为以后开展 B2B，B2G 做好铺垫。从这个角度出发，国内的银行都为抢占未来的市场而对他们的网上银行进行了不遗余力的宣传推广。

2. 国内网上银行的所面临的问题与对策

网上银行给商业银行带来的是机遇和挑战并存，但在实际操作过程会面临以下几个方面的问题：

首先，是缺乏全国统一，权威的 CA 认证中心。目前，国内几家网上银行都是直接或间接地靠自己建立的 CA。从规范的角度讲，只有国家出面建设统一公用的认证中心，才能起到认证中心中立、权威的作用。人民银行虽已在 1999 年 4 月发了标书，开始建设统一的 CA 认证中心，但进展缓慢。当这种情况阻碍了商业银行进行 E-Bank 建设的步伐时，各商业银行或人行的地区分行便会另起炉灶。如果各银行或地区都建立自己的 CA 认证中心，一是先建设后统一，会出现交叉认证的问题，若再加上与国外银行的交叉认证，会大大阻碍网上的服务效率及准确性；二是会导致重复建设和资源浪费。

第二，法律问题。目前网上银行采用的规则都是协议，与客户在言明权利义务关系的基础上签订合同，出现问题则通过仲裁解决。但由于缺乏相关的法律，问题出现后涉及的责任认定、承担、仲裁结果的执行等复杂的法律关系是现在难以解决的。另外，新《合同法》中虽然承认了电子合同的法律效应，却没有解决数字签名的问题。这些无形中都增加了银行和客户在网上进行金融交易的麻烦和风险。

第三，网络建设问题。接受网上银行服务的最基本要求便是上网和具备信用卡，这两个条件大大缩小了中国电子商务的范围。由于网络的限制，网上银行的结算速度也有差异，招商银行基本上可以达到实时的程度，算是速度最快的，而中国银行却要延迟一天支付达账。这样一来，某些业务尚可维持，但诸如网上订票等服务便大受影响。举个例子：火车票的订购具有排他性，受付款延迟一天的影响，这张票被锁定一天，如果一天内客户变卦放弃订票，其他客户的订票权利便大打折扣。除此之外，网络拥挤不堪，速度缓慢；网上商家屈指可数，选择范围有限，广告展示不直观，信息不全面；加上送货渠道不畅，这些网络建设滞后的问题都影响着网上银行服务的推广。

第四，其他问题。比如说票据问题，网上银行代收款项后无法为客户提供发票或其他票据。再比如说观念问题：申请信用卡本已使具有储蓄传统的中国人有"寅吃卯粮"之感，再加上需要这样那样的担保手续；网上消费不但不打折扣，不免税，顾客还要向网上银行支付手续费，向送货上门 EMS 等之类支付邮费，更担心商品货不对，从而引起诸多不必要的麻烦，如此这般，还不如亲自跑一趟商店。仅此种种，说明要在中国广泛推行 E-Bank 还面临着不少棘手的问题

电子商务与网上银行是两个联系密切的系统，两者存在着互动关系。同时，他们又不是独立于现实运行的"空中楼阁"，它们的发展需要建立在较高的社会认同感、发达的网络

基础、健全的法律框架、强力的政府支持基础之上的。基于我国网上银行存在的诸多问题，我国电子商务和网上银行的发展首先必须从外部营造一个健全完善的制度环境。其一，加强网络基础设施和现代化系统的建设；其二，加强系统的风险防范机制，加快电子商务的标准、法律等的制定；其三，大力推进信息化普及率；其四，加快电子商务人才的培养；其五，加大与政府的沟通，得到政府的政策支持。当然，这些措施是商业银行自身不可控制的。本着"有所为，有所不为"的原则，为促进我国电子商务的发展，商业银行应该在以下几个方面积极努力：

第一，在业务体系上，银行业必须积极创新，完善服务方式，丰富服务品种，提供"金融超市"式的服务。面对资本性和技术性"脱媒"的压力，传统银行必须重新构造业务体系，在把网络作为新的产品营销渠道的同时，更应该把网络作为商业银行与证券、保险、基金等金融企业合作的平台，为商业银行的综合化全能经营和金融控股公司的构建奠定基础。在为"E－客户"提供"一站式"的全方位服务基础上，推进我国电子商务的发展。

第二，在经营方式上，银行业应该把传统营销渠道和网络营销渠道紧密结合起来，走"多渠道并存"的道路。一方面，金融产品日趋多样化和个性化，银行销售人员与客户之间面对面式的互动交流必不可少，而擅长于高效率、大批量地处理标准化业务的网上银行也将占据越来越重要的地位。另一方面，发展"多渠道"营销方式，不仅可以利用网络化新服务手段维护原有客户资源，还有助于提高网络银行的发展起点。实践已经证明，不搞网上银行的传统银行必将面临困境，而单纯的网上银行也非最佳选择。

第三，在经营理念上，银行业必须实现由"产品中心主义"向"客户中心主义"的转变。传统商业银行经营理念的核心是"以量胜出"和"产品驱动"，其标志是通过机构网点的扩张和批量化生产为客户提供标准化的金融服务，以此来降低成本。然而，在网络经济条件下，随着客户对银行产品和服务的个性化需求和期望越来越高，迫使商业银行必须从客户需求出发，充分体现"以质胜出"和"客户驱动"，为客户提供"量身订做"的个性化金融产品和金融服务。为实现这一转变，银行必须将客户关系管理放在重要位置，依靠发达的网络系统，了解、分析、预测、引导甚至创造客户需求，为客户量身订做最合适的金融产品，从而获取金融服务附加价值。

第四，在战略导向上，银行业必须调整与其他金融机构的关系，争取成为网络经济的金融门户。网络经济对金融服务业提出了整合和协同的要求，各类金融机构将以建立金融门户的形式共享资源、提升效率。网上金融门户是多家金融机构网上服务的结合，与各类金融机构交易系统之间存在直接连接。它一方面对众多金融服务进行打包加工，另一方面收集客户信息供成员机构共享。其建立和经营是各类金融服务机构间关系从冲突到协同的过程，对于中国金融业向综合化、全能化转型具有特别的意义。

5.4 本章小结

本章首先介绍电子支付和电子货币的有关概念，并重点介绍了电子现金、信用卡、电子钱包和电子支票等常用的电子支付工具，最后就网上银行及其在中国发展情况也做了论述，对读者了解电子商务系统中资金流有很大帮助。

5.5 本章习题

1. 传统支付在电子商务环境下存在什么缺陷?
2. 什么是电子支付和电子货币?
3. 常见的电子支付形式有哪些?
4. 什么是电子现金,以 E-Cash 为例说明其具有什么特点?
5. 什么是信用卡?信用卡的支付形式有哪几种?
6. 什么是电子支票?简述电子支票的基本处理流程。
7. 简述网上银行的主要功能?

第 6 章　电子商务与物流

电子商务是 20 世纪信息化、网络化的产物。随着电子商务的迅猛发展，物流在电子商务发展中所起的作用越来越大。物流作为一种先进的组织方式和管理技术，是企业降低生产经营成本，提高产品竞争力的重要手段，对于整个社会来说，可避免许多重复建设，盲目投资，并通过资源优化配置，节约社会成本。没有一个高效、合理、畅通的物流系统，电子商务所具有的优势就难以得到有效的发挥，电子商务就难以得到有效的发展。本章主要就围绕着如何建立一个电子商务物流体系进行展开，着重介绍物流基本概念、电子商务与物流的关系、电子商务物流解决方案等方面内容。

本章主要内容：
- 物流的基本概念
- 电子商务与物流关系
- 电子商务物流的模式、内容、技术与特点
- 中国物流业发展现状与对策

6.1　物流的概念

6.1.1　物流的概念

物流概念最早出于美国，在二次大战中，围绕战争物资供应，美国军队建立了"后勤"（Logistics）理论，并将其用于战争活动中。其中所提出的"后勤"是指将战时物资生产、采购、运输、配给等活动作为一个整体进行统一布置，以求战略物资补给的费用更低、速度更快、服务更好。因此，将战时的后勤保障体系移植到现代经济生活中，才逐步演变为今天的物流。可能是由于市场经济条件下任何一种行为都不可能固定地长期不变，因此，物流始终没有一个权威性的定义，其包含的概念也始终在不断地变化，墨尔本皇家理工大学物流组筹划主任 Roger Oakden（罗吉·澳克顿）先生统计了从 1992 到 1997 年间物流概念的变化，10 年不到，物流由一种"物质资料的运动"，改变为"使用信息技术为消费者提供低成本服务的活动"。

目前国内外对物流的定义很多，如有以下几个：

"物流是一个控制原材料、制成品、产成品和信息的系统。"

"从供应开始经各种中间环节的转让及拥有而达到最终消费者手中的实物运动，以此实现组织的明确目标。"

"物质资料从供给者到需求者的物理运动，是创造时间价值、场所价值和一定的加工价值的活动。"

"物流是指物质实体从供应者向需求者的物理移动,它由一系列创造时间价值和空间价值的经济活动组成,包括运输、保管、配送、包装、装卸、流通加工及物流信息处理等多项基本活动,是这些活动的统一。"

在物流概念传入我国之前,我国实际上一直存在着物流活动,即运输、保管、包装、装卸、流通加工等物流活动,其中主要是存储运输即储运活动。国外的物流业基本上就是我国的储运业,但两者并不完全相同,主要差别在于:

(1) 物流比储运所包含的内容更广泛,一般认为物流包括运输、保管、配送、包装、装卸、流通加工及相关信息活动,而储运仅指储存和运输两个环节,虽然其中也涉及到包装、装卸、流通加工及信息活动,但这些活动并不包含在储运概念之中;

(2) 物流强调诸活动的系统化,从而达到整个物流活动的整体最优化,储运概念则不涉及存储与运输及其他活动整体的系统化和最优化问题;

(3) 物流是一个现代的概念,在二次大战后才在各国兴起,而在我国储运是一个十分古老、传统的概念。

6.1.2 物流的分类

社会经济领域中的物流活动无处不在,对于各个领域的物流,虽然其基本要素都存在且相同,但由于物流对象不同,物流目的不同,物流范围、范畴不同,形成了不同的物流类型。在对物流的分类标准方面目前还没有统一的看法,主要的分类方法有以下几种:宏观物流和微观物流、社会物流和企业物流、国际物流和区域物流。

本书将采用第二种分类方法,对物流进行划分(如图6.1所示)。

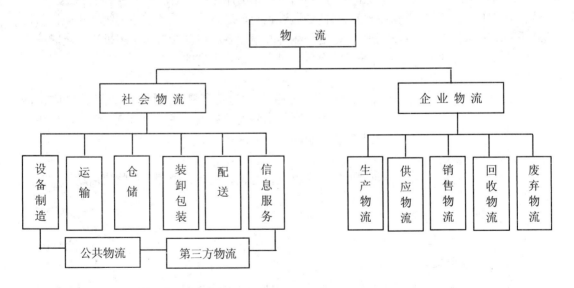

图 6.1 物流的分类

1. 社会物流

社会物流是指超越一家一户的以一个社会为范畴、面向社会为目的的物流。这种社会性很强的物流往往是由专门的物流承担人承担的,如第三方物流等。

2. 企业物流

从企业角度研究与之有关的物流活动，这是具体的、微观的物流活动的典型领域。企业物流又可以区分为以下具体的物流活动：

（1）企业生产物流

企业生产物流指企业在生产工艺中的物流活动。这种物流活动是与整个生产工艺过程伴生的，实际上已构成了生产工艺过程的一部分。企业生产过程的物流大体为：原料、零部件、燃料等辅助材料从企业仓库或企业的"门口"开始，进入到生产线的开始端，再进一步随生产加工过程一个一个环节地流，在流的过程中，本身被加工，同时产生一些废料、余料，直到生产加工终结，再流至产成品仓库，便终结了企业生产物流过程。

（2）企业供应物流

企业为保证本身生产的节奏，不断组织原材料、零部件、燃料、辅助材料供应的物流活动，这种物流活动对企业生产的正常、高效进行起着重大作用。企业供应物流不仅是一个保证供应的目标，而且还是在最低成本，以最少消耗，以最大的保证来组织供应物流活动的限定条件下，因此，就带来很大的难度。企业竞争的关键在于：如何降低这一物流过程的成本，可以说是企业物流的最大难点。为此，企业供应物流就必须解决有效的供应网络问题，供应方式问题，零库存问题等等。

（3）企业销售物流

企业销售物流是企业为保证本身的经营效益，不断伴随销售活动，将产品所有权转给用户的物流活动。在现代社会中，市场是一个完全的买方市场，因此，销售物流活动便带有极强的服务性，以满足买方的需求，最终实现销售。在这种市场前提下，销售往往以送达用户并经过售后服务才算终止，因此，销售物流的空间范围很大，这便是销售物流的难度所在。在这种前提下，企业销售物流的特点，便是通过包装、送货、配送等一系列物流实现销售，这就需要研究送货方式、包装水平、运输路线等并采取各种诸如少批量、多批次、定时、定量配送等特殊的物流方式达到目的，因而，其研究领域是很宽的。

（4）企业回收物流

企业在生产、供应、销售的活动中总会产生各种边角余料和废料，这些东西回收是需要伴随物流活动的，而且，在一个企业中，回收物品处理不当，往往会影响整个生产环境，甚至影响产品质量，也会占用很大资金与空间，造成浪费。

（5）企业废弃物物流

企业废弃物物流是指对企业排放的无用物进行运输、装卸、处理等的物流活动。

6.1.3 物流管理

1. 物流管理的定义

所谓物流管理是指在社会再生产过程中，根据物质资料实体流动的规律，应用管理的基本原理和科学方法，对物流活动进行计划、组织、指挥、协调、控制和监督，使各项物流活动实现最佳的协调与配合，以降低物流成本，提高物流效率和经济效益。

物流管理的对象有：对物流活动诸要素的管理，包括对运输、储运等环节的管理；对物流系统诸要素的管理，即对其中的人、财、物、设备、方法和信息等六大要素的管理；对物流活动中具体职能的管理,主要包括对物流的计划、质量、技术、经济等职能管理。

2. 物流系统化

系统化是现代物流管理的重要模式。对于企业来说,怎样建立所希望的物流系统是一个非常重要的问题,用系统观点来研究物流活动则提供了一条有效的方法。

(1)物流系统的构成

物流系统就是指在企业活动中的各种物流功能,随着采购、生产、销售活动而发生,使物的流通效率提高的系统。这种系统大致可由作业系统和信息系统两个系统组成,如图6.2所示。

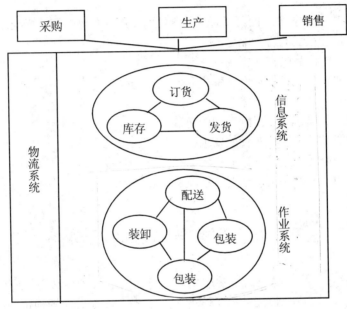

企业物流系统图

图 6.2 物流系统的构成

(2)物流系统化原则

物流是指从生产供应到消费资料废弃的一个范围很广的系统。这里主要就其中有关从生产到消费的范畴来研究所谓物流系统化问题。即把物流的各个环节联系起来看成一个物流大系统进行整体设计和管理,以最佳的结构、最好的配合,充分发挥其系统功能、效率、实现整体物流合理化。

在设计和管理物流大系统时,应从以下几个方面进行考虑。

- 服务性(Service)。在为用户服务方面要求做到无缺货、无货物损伤和丢失等现象,且费用便宜。
- 快捷性(Speed)。要求把货物按照用户指定的地点和时间迅速送到。为此可以把物流设施建在供给地区附近,或者利用有效的运输工具和合理的配送计划等手段。
- 有效地利用面积和空间(Space Saving)。虽然我国土地费用比较低,但也在不断上涨。特别是对城市市区面积的有效利用必须加以充分考虑。应逐步发展立体设施和有关物流机械,求得空间的有效利用。

- 规模适当化（Scale Optimization）。应该考虑物流设施集中与分散的问题是否适当，机械化与自动化程度如何合理利用，情报系统的集中化所要求的电子计算机等设备的利用等。
- 库存控制（Stock Contro1）。库存过多则需要更多的保管场所，而且会产生库存资金积压，造成浪费。因此，必须按照生产与流通的需求变化对库存进行控制。

上述物流系统化的内容简称为"5S"，要发挥以上物流系统化的效果，就要进行研究，把从生产到消费过程的货物量作为一贯流动的物流量看待，依靠缩短物流路线，使物流作业合理化、现代化，从而降低其总成本。

（3）物流系统化的作用

完善的物流系统在物流服务方面可以起到关键性的作用。具体的衡量标准可以列举如下：
① 对用户的订货能很快的进行配送；
② 接受用户订货时商品的在库率高；
③ 在运送中交通事故、货物损伤、丢失和发送错误少；
④ 保管中变质、丢失、破损现象少；
⑤ 具有能很好地实现运送、保管功能的包装；
⑥ 装卸搬运功能满足运送和保管的要求；
⑦ 能提供保障物流活动流畅进行的物流信息系统，能够及时反馈信息；
⑧ 合理的流通加工，以保证生产费、物流费之和最少。

6.2 电子商务与物流的互动

随着因特网的日益普及，电子商务的应用呈现迅猛的增长势头。电子商务的推广加快了世界经济的一体化，使国际物流在整个商务活动中占有着举足轻重的地位。电子商务带来了对物流的巨大需求，推动了物流的进一步发展，而物流也在促进电子商务的发展，因此可以说二者是互相依存，共同发展的。实践表明，凡是电子商务业务蓬勃发展的企业，必是物流技术发达、物流服务比较到位的企业；相反，由于缺乏及时配送等物流服务，导致不少电子商务企业处境艰难甚至倒闭、破产。

6.2.1 物流是实施电子商务的根本保证

1. 物流是电子商务的基本构成部分

由电子商务的基本流程（如图6.3所示）可以看出，电子商务的任何一笔完整交易，都包含着几种基本的"流"，即信息流、商流、资金流、物流。所谓信息流，是指商品信息的提供、商业单证的转移、技术支持等多项内容。商流是指商品交易和商品所有权转移的运动过程。资金流主要指付款、转账等资金的转移过程。物流则是指物质实体（商品或服务）的流动过程，如商品的储存、保管、配送、运输、装卸、信息管理等活动。物流虽然只是若干环节的一部分，但往往是商品和服务价值的最终体现，如果没有处理好，前端环节的价值就无法体现。在电子商务下，四流中的前三流均可通过计算机和网络通信设备实现，但作为四流中最为特殊的物流，只有诸如电子出版物、信息咨询等少数商品和服务可以直接通过网络传输方式进行，但对于多数商品和服务来说物流仍要经由物理方式传输，即由一系列机械化、自动化工具的应用，准确、及时的物流信息对物流过程的监控，将使物流的流动速度加快、准确率提高，能有效地减少库存，缩短生产周期。

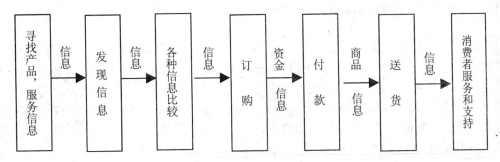

图 6.3 基本的电子商务流程

2. 物流保障生产

无论在传统的贸易方式下，还是在电子商务下，生产都是商品流通之本，而生产的顺利进行需要各类物流活动支持。生产的全过程从原材料的采购开始，便要求有相应的供应物流活动，将所采购的材料到位，否则，生产就难以进行；在生产的各工艺流程之间，也需要原材料、半成品的物流过程，即所谓的生产物流，以实现生产的流动性；部分余料、可重复利用的物资的回收，就需要所谓的回收物流；废弃物的处理则需要废弃物物流。可见，整个生产过程实际上就是系列化的物流活动。合理化、现代化的物流，通过降低费用从而降低成本、优化库存结构、减少资金占压、缩短生产周期，保障了现代化生产的高效进行。相反，缺少了现代化的物流，生产将难以顺利进行，无论电子商务是多么便捷的贸易形式，仍将是无米之炊。

3. 物流服务于商流

在商流活动中，商品所有权在购销合同签订的那一刻起，便由供方转移到需方，而商品实体并没有因此而移动。在传统的交易过程中，除了非实物交割的期货交易，一般的商流都必须伴随相应的物流活动，即按照需方（购方）的需求将商品实体由供方（卖方）以适当的方式、途径向需方（购方）转移。而在电子商务下，消费者通过上网点击购物，完成了商品所有权的交割过程，即商流过程。但电子商务的活动并未结束，只有商品和服务真正转移到消费者手中，商务活动才告以终结。在整个电子商务的交易过程中，物流实际上是以商流的后续者和服务者的姿态出现的。没有现代化的物流，如何轻松的商流活动都仍会退化为一纸空文。

4. 物流是实现"以顾客为中心"理念的根本保证

电子商务的出现，在最大程度上方便了最终消费者。他们不必再跑到拥挤的商业街，一家又一家地挑选自己所需的商品，而只要坐在家里，在 Internet 上搜索、查看、挑选，就可以完成他们的购物过程。但试想，他们所购的商品迟迟不能送到，或者商家所送并非自己所购，那消费者还会选择网上购物吗？物流是电子商务中实现以"以顾客为中心"理念的最终保证，缺少了现代化的物流，电子商务给消费者带来的购物便捷等于零，消费者必然会转向他们认为更为安全的传统购物方式，那么网上购物还有什么存在的必要？

由此可见，物流是实现电子商务的根本保证。随着电子商务的推广与应用，物流对电子商务活动的影响日益明显。

6.2.2 电子商务对物流的影响

近几年来，在电子商务的应用与发展过程中，人们发现因为没有一个高效的、合理的、畅通的物流系统，电子商务所具有的优势就难以得到有效的发挥，没有一个与电子商务相适应的物流体系，电子商务就难以得到有效的发展。但随着电子商务环境的改善的同时，电子商务也正在使传统的物流发生一些变化，甚至会强化物流的作用，促使物流系统进一步完善，而物流体系的完善将会进一步推动电子商务的发展。电子商务活动对物流的影响，主要表现在以下几个方面：

1. 电子商务将改变人们传统的物流观念

传统的物流和配送企业需要置备大面积的仓库，而电子商务系统网络化的虚拟企业将散置在各地的分属不同所有者的仓库通过网络系统连接起来，使之成为"虚拟仓库"，进行统一管理和调配使用，服务半径和货物集散空间都放大了。这样的企业在组织资源的速度、规模、效率和资源的合理配置方面都是传统的物流和配送所不可比拟的，相应的物流观念也必须是全新的。

电子商务作为一新兴的商务活动，为物流创造了一虚拟的运动空间。可以通过各种的组合方式，寻求物流的合理化，使商品实体在实际的运动过程中，达到效率最高、费用最省、距离最短、时间最少的功能。

2. 电子商务将改变物流的运作方式

传统的物流和配送过程是由多个业务流程组成的，受人为因素影响和时间影响很大。网络的应用可以实现整个过程的实时监控和实时决策，而且这种物流的实时控制是以整体物流来进行的。新型的物流和配送的业务流程都由网络系统连接。当系统的任何一个环节收到一个需求信息的时候，该系统都可以在极短的时间内作出反应，并可以拟定详细的配送计划，通知各相关的环节开始工作。这一切工作都是由计算机根据人们事先设计好的程序自动完成的。

物流和配送的持续时间在电子商务环境下会大大缩短，对物流和配送速度提出了更高的要求。在传统的物流和配送管理中，由于信息交流的限制，完成一个配送过程的时间比较长，但这个时间随着网络系统的介入会变得越来越短，任何一个有关配送的信息和资源都会通过网络管理在几秒钟内传到有关环节。

网络系统的介入，简化了物流和配送过程。传统物流和配送的整个环节极为繁琐，在网络化的新型物流配送中心里可以大大缩短这一过程。

3. 电子商务改变物流企业的经营形态

首先，电子商务将改变物流企业对物流的组织和管理。在传统经济条件下，物流往往是从某一企业来进行组织和管理、为企业自身服务的，而电子商务则要求物流以社会的角度来实行系统的组织和管理，以打破传统物流分散的状态。这就要求企业在组织物流的过程中，不仅要考虑本企业的物流组织和管理，而且更重要的是要考虑全社会的整体系统。

其次，电子商务将改变物流企业的竞争状态。在传统经济活动中，物流企业之间存在激烈的竞争，这种竞争往往是依靠本企业提供优质服务、降低物流费用等方面来进行的。在电子商务时代，这些竞争内容虽然依然存在，但有效性却大大降低了。原因在于电子商务需要一个全球性的物流系统来保证商品实体的合理流动，对于一个企业来说，即使它的规模再大，也是难以达到这一要求的。这就要求物流企业应相互联合起来，在竞争中形成一种协同竞争的状态，以实现物流高效化、合理化、系统化。

4. 电子商务将促进物流基础设施的改善和物流技术与物流管理水平的提高

首先，电子商务将促进物流基础设施的改善。电子商务高效率和全球性的特点，要求物流也必须达到这一目标。而物流要达到这一目标，良好的交通运输网络、通信网络等基础设施则是最基本的保证。

其次，电子商务将促进物流技术的进步。物流技术主要包括物流硬技术和软技术。物流硬技术是指在组织物流过程中所需的各种材料、机械和设施等；物流软技术是指组织高效率的物流所需的计划、管理、评价等方面的技术和管理方法。物流技术水平的高低是实现物流效率高低的一个重要因素，要建立一个适应电子商务运作的高效率的物流系统，加快提高物流的技术水平则有着重要的作用。

第三，电子商务将促进物流管理水平的提高。物流管理水平的高低直接决定和影响着物流效率的高低，也影响着电子商务高效率优势的实现问题。只有提高物流的管理水平，建立科学合理的管理制度，将科学的管理手段和方法应用于物流管理当中，才能确保物流的畅通进行，实现物流的合理化和高效化，促进电子商务的发展。

6.3 电子商务物流

6.3.1 电子商务物流模式

电子商务物流应该是信息化、现代化、社会化的，就是指物流和配送企业采用网络化的计算机技术和现代化的硬件设备、软件系统及先进的管理手段，针对社会需求，严格地、守信用地按用户的订货要求，进行一系列分类、编配、整理、分工、配货等理货工作，定时、定点、定量地交给没有范围限度的各类用户，满足其对商品的需求。可以看出，这种新型的物流模式可以使商品流通较传统的物流方式更容易实现信息化、自动化、现代化、社会化、智能化、合理化、简单化，既减少生产企业库存，加速资金周转，提高物流效率，降低物流成本，又刺激了社会需求，有利于整个社会的宏观调控，也提高了整个社会的经济效益，促进市场经济的健康发展。

在当前，物流一体化的方向和专业化的第三方物流的发展，已经成为目前世界各国和大型的跨国公司所关注、讨论和实践的热点。

1. 物流一体化

随着市场竞争的不断深化和加剧，企业建立竞争优势的关键已由节约原材料的"第一利润源泉"、提高劳动生产率的"第二利润源泉",转向建立高效的物流系统的"第三利润源泉"。

20世纪80年代,西方发达国家,如美国、法国和德国等就提出了物流一体化的现代理论,应用和指导其物流发展取得了明显的效果,使它们的生产商、供应商和销售商均获得了显著的经济效益。美国十几年的经济繁荣期即与该国重视物流一体化的理论研究与实践、加强供应链管理、提高社会生产的物流效率和物流水平是分不开的。亚太物流联盟主席指出,物流一体化就是利用物流管理,使产品在有效的供应链内迅速移动,使参与各方的企业都能获益,使整个社会获得明显的经济效益。

所谓物流一体化,就是以物流系统为核心的由生产企业、经由物流企业、销售企业,直至消费者的供应链的整体化和系统化。它是物流业发展的高级和成熟的阶段。物流业高度发达,物流系统完善,物流业成为社会生产链条的领导者和协调者,能够为社会提供全方位的物流服务。

物流一体化的发展可进一步分为三个层次:物流自身一体化、微观物流一体化和宏观物流一体化。物流自身一体化是指物流系统的观念逐渐确立,运输、仓储和其他物流要素趋向完备,子系统协调运作,系统化发展。微观物流一体化是指市场主体企业将物流提高到企业战略的地位,并且出现了以物流战略作为纽带的企业联盟。宏观物流一体化是指物流业发展到这样的水平:物流业占到国家国民总产值的一定比例,处于社会经济生活的主导地位,它使跨国公司从内部职能专业化和国际分工程度的提高中获得规模经济效益。

2. 第三方物流

第三方物流是指由物流劳务的供方、需方之外的第三方去完成物流服务的物流运作方式。第三方就是指提供物流交易双方的部分或全部物流功能的外部服务提供者。在某种意义上,可以说它是物流专业化的一种形式。

第三方物流是社会化分工和现代物流发展的方向。在国外第三方物流已经是现代物流产业的主体。据调查,欧洲的大型企业,使用第三方物流的比重高达76%,而且70%的企业不只使用一家。在欧洲,第三方物流所占市场份额,德国为23%,法国为27%,英国为34%。美国、日本等国家使用第三方物流的比例都在30%以上。这种在现代经济中为货主提供集成化、专业化、个性化全方位服务的物流方式,市场的需求量正呈迅速上升之势。

由此可见,全世界的第三方物流市场具有潜力大、渐进性和高增长率的特征。这种状况使第三方物流业拥有大量的服务提供者,大多数第三方物流服务公司是以传统的、"类物流"业为起点而发展起来的,如仓储业、运输业、空运、海运和企业内的物流部等。他们根据顾客的不同需要,通过提供各有特色的服务取得成功。美国目前约有1600个第三方物流服务提供者,据对其中56家领先公司的调查,最常见的第三方物流服务内容主要集中于物流策略/系统开发、电子数据交换、货物运输、信息管理、仓储、咨询、运费谈判和支付等传统意义上的运输、仓储范畴之内,1997年仅此业务总收入达31.97亿美元。

在西方发达国家第三方物流的实践中,有以下几方面值得注意。第一,物流业务的范围不断扩大。商业机构和各大公司面对日趋激烈的竞争,不得不将主要精力放在核心业务,将运输、仓储等相关业务环节交由更专业的物流企业进行操作,以求节约和高效;另一方面,物流企业为提高服务质量,也在不断拓宽业务范围,提供配套服务。第二,很多成功的物流企业根据第一方、第二方的谈判条款,分析比较自理的操作成本和代理费用,灵活运用自理和代理两种方式，提供客户定制的物流服务。第三，物流产业的发展潜力巨大，具有广阔的发展前景。

第三方物流给企业（顾客）带来了众多益处，主要表现在：

（1）集中主业，企业能够实现资源优化配置，将有限的人力、财务集中于核心业务，进行重点研究，发展基本技术，努力开发出新产品参与世界竞争。

（2）节省费用，减少资本积压。专业的第三方物流提供者利用规模生产的专业优势和成本优势，通过提高各环节能力的利用率节省费用，使企业能从分离费用结构中获益。根据对工业用车的调查结果，企业解散自有车队而代之以公共运输服务的主要原因就是为了减少固定费用，这不仅可以节省购买车辆的投资，还节省了车间仓库、发货设施、包装器械以及与员工相关的开支。从日益增长的工业成品营销服务需求看。以1990年的服务为例，工业品营销费用占费用的20%，预计2005年该比例将达到40%。若企业自行分配产品，这意味着对营销服务任何程度的深入参与，都将引起费用的大幅增长。只有使用专业服务公司提供的公共服务，才能减少额外开支。

（3）减少库存。企业不能承担原料和库存的无限拉长，尤其是高价值的部件要及时送往装配点以保证库存的最小量。第三方物流提供者借助精心策划的物流计划和适时运送手段，最大限度地养活库存，改善了企业的现金流量，实现成本优势。

（4）提升企业形象。第三方物流提供者与顾客，不是竞争对手，而是战略伙伴，他们为顾客着想，通过全球性的信息网络使顾客的供应链管理完全透明化，顾客随时可通过Internet了解供应链的情况；第三方物流提供者是物流专家，他们利用完备的设施和训练有素的员工对整个供应链实现完全的控制，减少物流的复杂性；他们通过遍布全球的运送网络和服务提供者（分承包方）大大缩短了交货期，帮助顾客改进服务，树立自己的品牌形象。第三方物流提供者通过"量体裁衣"式的设计，制订出以顾客为导向、低成本高效率的物流方案，为企业在竞争中取胜创造有利条件。

以上种种原因，极大地推动了第三方物流的发展，使第三方物流服务成为21世纪国际物流发展的主流。

3. 中国电子商务物流模式

物流一体化是物流产业化的发展形式，它必须以第三方物流充分发育和完善为基础。物流一体化的实质是一个物流管理的问题，即专业化物流管理人员和技术人员，充分利用专业化物流设备、设施，发挥专业化物流运作的管理经验，以求取得整体最优的效果。同时，物流一体化的趋势为第三方物流的发展提供了良好的发展环境和巨大的市场需求。

从物流业的发展看，第三方物流是在物流一体化的第一个层次时出现萌芽的。但是这时只有数量有限的功能性物流企业和物流代理企业。第三方物流在物流一体化的第二个层次得到迅速发展。专业化的功能性物流企业和综合性物流企业以及相应的物流代理公司出现，发展很快。这些企业发展到一定水平，物流一体化就进入了第三个层次。

实现物流一体化，发展第三方物流，关键是具备一支优秀的物流管理队伍。管理者必须具备较高的经济学和物流学专业知识和技能，精通物流供应链中的每一门学科，整体规划水平和现代管理能力都很强。

今天，许多商业企业和生产企业面对日趋激烈的市场竞争，不得不将主要精力放在自己的核心业务上,而将运输、仓储等相关业务环节交由更专业的物流企业进行操作,以求节约和高效;物流企业为提高服务质量,也在不断拓宽业务范围,提供配套服务,物流企业根据第一方、第二方的谈判条款,分析比较自理的操作成本和代理费用,灵活运用自理和代理两种方式,提供客户定制的物流服务。

第三方物流和物流一体化的理论为发展中国电子商务物流带来一次难得的发展机遇,根据我国的实际情况,我国在发展电子商务时,应积极推动物流企业采取以代理形式的为客户定制服务的第三方物流模式。中国目前物流企业在数量上,供大于求,供给数量大于实际能力;在质量上有所欠缺,满足不了需求的质量;物流网络资源丰富,利用和管理水平低;缺乏有效的物流管理者。如果解决了上述问题,必将极大地推动我国电子商务的发展。

为了实现第三方物流,我国的物流企业还要做很多工作,特别是信息化网络化的建设亟待加强。国内物流业在物流一体化和第三方物流上存在着很大的空白,国有大中型企业不景气的现状为这种物流模式的产生和发展提供了低成本高扩张的坚实基础。大力推广和发展第三方物流模式正逢其时。

6.3.2 电子商务物流内容

电子商务与非电子商务就实现商品销售的本质来讲并无区别,物流是实现销售过程的最终环节,但由于采用不同形式,使一部分特殊服务变得格外重要,因此,设计电子商务物流服务内容时应反映这一特点。概括起来,电子商务物流服务内容可以分为以下两个方面。

1. 传统物流服务

(1) 运输服务。无论是由企业自身还是由第三方提供物流服务,都必须将购买者的订货送到其指定的地点。企业可以简单地购买或租用车辆送货,但这样做物流成本肯定很高,比较理想的方案是将该业务外包给第三方经营物流者。第三方一般自己拥有或掌握有一定规模的运输工具,具有竞争优势的第三方物流经营者的物流设施不仅仅在一个点上,而是一个覆盖全国或一个大的区域的网络,因此,第三方物流服务提供商首先可能要为客户设计最合适的物流系统,选择满足客户需要的运输方式,然后具体组织网络内部的运输作业,在规定的时间内将客户的商品运抵目的地,除了在交货点交货需要客户配合外,整个运输过程,包括最后的市内配送都应由第三方物流经营者完成,以尽可能方便客户。

(2) 储存功能。电子商务既需要建立 Web 网站,同时又需要建立或具备物流中心,而物流中心的主要设施之一就是仓库及附属设备。需要注意的是,电子商务服务提供商的目的不是要在物流中心的仓库中储存商品,而是要通过仓储保证市场分销活动的开展,同时尽可能降低库存占压的资金,减少储存成本。因此,提供社会化物流服务的公共型物流中心需要配备高效率的分拣、传送、储存、拣选设备。在电子商务方案中,可以利用电子商务的信息网络,尽可能地通过完善的信息沟通,将实物库存暂时用信息代替,即将信息作为虚拟库存(Virtual Invetory),办法可以是建立需求端数据自动收集系统(ADC: Automated Data Collection),在供应链的不同环节采用 EDI 交换数据,建立基于 Internet 的 Intranet,为用户提供 Web 服务器便于数据实时更新和浏览查询,一些生产厂商和下游的经销商、物流服务商共用数据库,共享库存信息等等,目的都是尽量减少实物库存水平但并不降低供货服务水平。那些能将供应链上各环节的信息系统有效集成,并能取得以尽可能低的库存水平满足营销需要的电子商务方案提供商将是竞争的真正领先者。

（3）装卸搬运功能。这是为了加快商品的流通速度必须具备的功能，无论是传统的商务活动还是电子商务活动，都必须配备具备一定的装卸搬运能力，第三方物流服务提供商应该提供更加专业化的装载、卸载、提升、运送、码垛等装卸搬运机械，以提高装卸搬运作业效率，降低订货周期（OCT：Order Cycle Time），减少作业对商品造成的破损。

（4）包装功能。物流的包装作业目的不是要改变商品的销售包装，而在于通过对销售包装进行组合、拼配、加固，形成适于物流和配送的组合包装单元。

（5）流通加工功能。主要目的是方便生产或销售，专业化的物流中心常常与固定的制造商或分销商进行长期合作，为制造商或分销商完成一定的加工作业，比如贴标签、制作并粘贴条形码等。

（6）物流信息处理功能。由于现代物流系统的运作现在已经离不开计算机，因此将各个物流环节各种物流作业的信息进行实时采集、分析、传递，并向货主提供各种作业明细信息及咨询信息，这是相当重要的。

2．增值性物流服务

以上是普通商务活动中典型的物流作业，电子商务的物流也应该具备这些功能。但除了传统的物流服务外，电子商务还需要增值性的物流服务（Value Added Logistics Services）。增值性的物流服务包括以下几层含义和内容。

（1）增加便利性的服务。一切能够简化手续、简化操作的服务都是增值性服务。在提供电子商务的物流服务时，推行一条龙门到门服务、提供完备的操作或作业提示、免培训、免维护、省力化设计或安装、代办业务、一张面孔接待客户、24 小时营业、自动订货、传递信息和转账（利用 EOS、EDI、EFT）、物流全过程追踪等都是对电子商务销售有用的增值性服务。

（2）加快反应速度的服务。快速反应（Quick Response）已经成为物流发展的动力之一。传统观点和做法将加快反应速度变成单纯对快速运输的一种要求，但在需求方对速度的要求越来越高的情况下，它也变成了一种约束，因此必须想其他的办法来提高速度，所以第二种办法，也是具有重大推广价值的增值性物流服务方案，应该是优化电子商务系统的配送中心、物流中心网络，重新设计适合电子商务的流通渠道，以此来减少物流环节、简化物流过程，提高物流系统的快速反应性能。

（3）降低成本的服务。电子商务发展的前期，物流成本将会高居不下，有些企业可能会因为根本承受不了这种高成本退出电子商务领域，或者是选择性地将电子商务的物流服务外包出去，这是很自然的事情，因此发展电子商务，一开始就应该寻找能够降低物流成本的物流方案。企业可以考虑的方案包括：采用第三方物流服务商、电子商务经营者之间或电子商务经营者与普通商务经营者联合，采取物流共同化计划，同时，如果具有一定的商务规模，比如，珠穆朗玛和亚马逊这些具有一定的销售量的电子商务企业，可以通过采用比较适用但投资比较少的物流技术和设施设备，或推行物流管理技术，如运筹学中的管理技术、单品管理技术、条形码技术和信息技术等，提高物流的效率和效益，降低物流成本。

（4）延伸服务。向上可以延伸到市场调查与预测、采购及订单处理；向下可以延伸到配送、物流咨询、物流方案的选择与规划、库存控制决策建议、货款回收与结算、教育与培训、物流系统设计与规划方案的制作等等。关于结算功能，物流的结算不仅仅只是物流费用的结算，在从事代理、配送的情况下，物流服务商还要替货主向收货人结算货款等。关于需求预测功能，物流服务商应该负责根据物流中心商品进货、出货信息来预测未来一段时间内的商品进出库量，进而预测市场对商品的需求，从而指导订货。关于物流系统设计咨询功能，第三方物流服务商要充当电子商务经营者的物流专家，因而必须为电子商务经营者设计物流系统，代替它选择和评价运输商、仓储商及其他物流服务供应商。国内有些专业物流公司正在进行这项尝试。关于物流教育与培训功能，物流系统的运作需要电子商务经营者的支持与理解，通过向电子商务经营者提供物流培训服务，可以培养它与物流中心经营管理者的认同感，可以提高电子商务经营者的物流管理水平，可以将物流中心经营管理者的要求传达给电子商务经营者，也便于确立物流作业标准。

以上这些延伸服务最具有增值性，但也是最难提供的服务，能否提供此类增值服务现在已成为衡量一个物流企业是否真正具有竞争力的标准。

6.3.3 电子商务物流的基本技术

物流技术一般是指与物流要素活动有关的所有专业技术的总称，可以包括各种操作方法、管理技能等，如流通加工技术、物品包装技术、物品标识技术、物品实时跟踪技术等，此外，还包括物流规划、物流评价、物流设计、物流策略等。随着计算机网络技术的应用普及，物流技术中综合了许多现代技术，如 GIS（地理信息系统）、GPS（全球卫星定位系统）、EDI（电子数据交换）、Bar Code（条码）等等。

（1）条码技术及应用

条码技术是在计算机的应用实践中产生和发展起来的一种自动识别技术。它是为实现对信息的自动扫描而设计的。它是实现快速、准确而可靠地采集数据的有效手段。条码技术的应用解决了数据录入和数据采集的"瓶颈"问题，为供应链管理提供了有力的技术支持。

条码技术为我们提供了一种对物流中的物品进行标识和描述的方法，借助自动识别技术、POS 系统、EDI 等现代技术手段，企业可以随时了解有关产品在供应链上的位置，并即时作出反应。当今在欧美等发达国家兴起的 ECR、QR、自动连续补货（ACEP）等供应链管理策略，都离不开条码技术的应用。条码是实现 POS 系统、EDI、电子商务、供应链管理的技术基础，是物流管理现代化、提高企业管理水平和竞争能力的重要技术手段。

物流条码是条码中的一个重要组成部分，它不仅在国际范围内提供了一套可靠的代码标识体系，而且为贸易环节提供了通用语言，为 EDI 和电子商务奠定了基础。因此，物流条码标准化在推动各行业信息化、现代化建设进程和供应链管理的过程中将起到不可估量的作用。

（2）EDI 技术及应用

EDI（电子数据交换）是指按照同一规定的一套通用标准格式，将标准的经济信息，通过通信网络传输，在贸易伙伴的电子计算机系统之间进行数据交换和自动处理。它是实现信息交换的有效手段，其目的在于利用现有的计算机及通信网络资源，提高贸易伙伴之间的通信效率，降低成本。

（3）射频技术及应用

射频技术 RF（Radio Frequency）的基本原理是电磁理论。射频系统的优点是不局限于视线，识别距离比光学系统远，射频识别卡可具有读写能力，可携带大量数据，难以伪造，且有智能。

RF 适用于物料跟踪、运载工具和货架识别等要求非接触数据采集和交换的场合，由于 RF 标签具有可读写能力，对于需要频繁改变数据内容的场合尤为适用。

近年来，便携式数据终端（PDT）的应用多了起来，PDT 可把那些采集到的有用数据存储起来或传送至一个管理信息系统。便携式数据终端一般包括一个扫描器、一个体积小但功能很强并带有存储器的计算机、一个显示器和供人工输入的键盘。在只读存储器中装有常驻内存的操作系统，用于控制数据的采集和传送。

PDT 存储器中的数据可随时通过射频通信技术传送到主计算机。操作时先扫描位置标签、货架号码、产品数量就都输入到 PDT，再通过 RF 技术把这些数据传送到计算机管理系统，可以得到客户产品清单、发票、发运标签、该地所存产品代码和数量等。

（4）GIS 技术及应用

GIS（Geographical Information System，地理信息系统）是多种学科交叉的产物，它以地理空间数据为基础，采用地理模型分析方法，适时地提供多种空间的和动态的地理信息，是一种为地理研究和地理决策服务的计算机技术系统。其基本功能是将表格型数据（无论它来自数据库、电子表格文件或直接在程序中输入）转换为地理图形显示，然后对显示结果浏览、操作和分析。其显示范围可以从洲际地图到非常详细的街区地图，显示对象包括人口、销售情况、运输线路以及其他内容。

（5）GPS 技术及应用

全球定位系统（Global Positioning System——GPS）具有在海、陆、空进行全方位实时三维导航与定位能力。近 10 年来，我国测绘等部门使用 GPS 的经验表明，GPS 以全天候、高精度、自动化、高效益等显著特点，赢得广大测绘工作者的信赖，并成功地应用于大地测量、工程测量、航空摄影测量、运载工具导航和管制、地壳运动监测、工程变形监测、资源勘察、地球动力学等多种学科，从而给测绘领域带来一场深刻的技术革命。GPS 在物流领域可以应用于汽车自定位、跟踪调度，用于铁路运输管理，用于军事物流。

6.3.4 电子商务物流特点

电子商务时代的来临，使物流具备了一系列新特点：

（1）信息化

电子商务时代，物流信息化是电子商务的必然要求。物流信息化表现为物流信息收集的数据库化和代码化、物流信息处理的电子化和计算机化、物流信息传递的标准化和实时化、物流信息存储的数字化等。因此，条码技术（Bar Code）、数据库技术(Database)、电子定货系统（EOS：Electronic Ordering System）、电子数据交换（EDI：Electronic Data Interchange）、快速反应（QR：Quick Response）及有效的客户反映（ECR：Effective Customer Response）、企业资源计划（ERP：Enterprise Resource Planning）等先进技术与管理策略在我国的物流中将会得到普遍的应用。

（2）自动化

自动化的基础是信息化，自动化的核心是机电一体化，自动化的外在表现是无人化，自动化的效果是省力化，另外还可以扩大物流作业能力、提高劳动生产力、减少物流作业的差错等。物流自动化的设施非常多，如条码/语音/射频自动识别系统、自动分拣系统、自动存取系统、自动导向车、货物自动跟踪系统等。

（1）网络化

物流领域的网络化有两层含义：一是物流配送系统的计算机通信网络，包括物流配送中心与供应商或制造商的联系要通过计算机网络，另外与下游顾客之间的联系也要通过计算机网络通信，比如物流配送中心向供应商提出定单这个过程，就可以使用计算机通信方式，借助于增值网上的电子定货系统（EOS）和电子数据交换技术（EDI）来自动实现，物流配送中心通过计算机网络收集下游客户的定货的过程也可以自动完成；二是组织的网络化，即所谓的组织内部网。比如，台湾的电脑业在20世纪90年代创造出了"全球运筹式产销模式"，这种模式基本是按照客户定单组织生产，生产采取分散形式，即将全世界的电脑资源都利用起来，采取外包的形式将一台电脑的所有零部件、元器件、芯片外包给世界各地的制造商去生产，然后通过全球的物流网络将这些零部件、元器件和芯片发往同一个物流配送中心进行组装，由该物流配送中心将组装的电脑迅速发给订户。可见，物流的网络化成为电子商务下物流活动的主要特征。

（2）智能化

这是物流自动化、信息化的一种高层次应用，物流作业过程大量的运筹和决策，如库存水平的确定、运输（搬运）路径的选择、自动导向车的运行轨迹和作业控制、自动分拣机的运行、物流配送中心经营管理的决策支持等问题都需要借助于大量的知识才能解决。在物流自动化的进程中，物流智能化是不可回避的技术难题。好在专家系统、机器人等相关技术在国际上已经有比较成熟的研究成果。为了提高物流现代化的水平，物流的智能化已成为电子商务下物流发展的一个新趋势。

（3）柔性化

柔性化本来是为实现"以顾客为中心"理念而在生产领域提出的，但要真正做到柔性化，即真正地能根据消费者需求的变化来灵活调节生产工艺，没有配套的柔性化的物流系统是不可能达到目的的。20世纪90年代，国际生产领域纷纷推出弹性制造系统（FMS：Flexible Manufacturing System）、计算机集成制造系统（CIMS：Computer Integrated Manufacturing System）、制造资源系统（MRP：Manufacturing Resource Planning）、企业资源计划（ERP：Enterprise Resource Planning）以及供应链管理的概念和技术，这些概念和技术的实质是要将生产、流通进行集成，根据需求端的需求组织生产，安排物流活动。因此，柔性化的物流正是适应生产、流通与消费的需求而发展起来的一种新型物流模式。这就要求物流配送中心要根据消费需求"多品种、小批量、多批次、短周期"的特色，灵活组织和实施物流作业。

另外，物流设施、商品包装的标准化，物流的社会化、共同化也都是电子商务物流模式的新特点。

6.3.5　国外先进的电子商务物流模式案例

美国的物流配送业发展起步早，经验成熟，尤其是信息化管理程度高，对我国物流发展有很大的借鉴意义。从20世纪60年代起，商品配送合理化在发达国家普遍得到重视。为了向流通领域要效益，美国企业采取了以下措施：一是将老式的仓库改为配送中心；二是引进电脑管理网络，对装卸、搬运、保管实行标准化操作，提高作业效率；三是连锁店共同组建配送中心，促进连锁店效益的增长。美国连锁店的配送中心有多种，主要有批发型、零售型和仓储型三种类型。

（1）批发型：美国加州食品配送中心是全美第二大批发配送中心，建于 1982 年，建筑面积 10 万平方米，工作人员 2000 人左右，共有全封闭型温控运输车 600 多辆，1995 年销售额达 20 亿美元。经营的商品均为食品，有 43000 多个品种，其中有 98% 的商品由该公司组织进货，另有 2% 的商品是该中心开发加工的商品，主要是牛奶、面包、冰激凌等新鲜食品。该中心实行会员制。各会员超市因店铺的规模大小不同、所需商品配送量的不同，而向中心交纳不同的会员费。会员店在日常交易中与其他店一样，不享受任何特殊的待遇，但可以参加配送中心的定期的利润处理。该配送中心本身不是盈利单位，可以不交营业税。所以，当配送中心获得利润时，采取分红的形式，将部分利润分给会员店。会员店分得红利的多少，将视在配送中心的送货量和交易额的多少而定，多者多分红。

该配送中心主要靠计算机管理。业务部通过计算机获取会员店的订货信息，及时向生产厂家和储运部发出要货指示单；厂家和储运部再根据要货指示单的先后缓急安排配送的先后顺序，将分配好的货物放在待配送口等待发运。配送中心 24 小时运转，配送半径一般为 50 公里。

该配送中心与制造商、超市协商制定商品的价格，主要依据是：① 商品数量与质量；② 付款时间，如在 10 天内付款可以享受 2% 的价格优惠；③ 配送中心对各大超市配送商品的加价率，根据商品的品种、档次不同以及进货量的多少而定，一般为 2.9%～8.5%。

（2）零售型：美国沃尔玛商品公司的配送中心是典型的零售型配送中心。该配送中心是沃尔玛公司独资建立的，专为本公司的连锁店按时提供商品，确保各店稳定经营。该中心的建筑面积为 12 万平方米，总投资 7000 万美元，有职工 1200 多人；配送设备包括 200 辆车头、400 节车厢、13 条配送传送带，配送场内设有 170 个接货口。中心 24 小时运转，每天为分布在纽约州、宾夕法尼亚州等 6 个州的沃尔玛公司的 100 家连锁店配送商品。

该中心设在 100 家连锁店的中央位置，商圈为 320 公里，服务对象店的平均规模为 1.2 万平方米。中心经营商品达 4 万种，主要是食品和日用品，通常库存为 4000 万美元，旺季为 7000 万美元，年周转库存 24 次。在库存商品中，畅销商品和滞销商品各占 50%，库存商品期限超过 180 天为滞销商品，各连锁店的库存量为销售量的 10% 左右。1995 年，该中心的销售额为 20 亿美元。

在沃尔玛各连锁店销售的商品，根据各地区收入和消费水平的不同，其价格也有所不同。总公司对价格差价规定了上下限，原则上不能高于所在地区同行业同类商品的价格。

（3）仓储型：美国福来明公司的食品配送中心是典型的仓储式配送中心。它的主要任务是接受美国独立杂货商联盟加州总部的委托业务，为该联盟在该地区的 350 家加盟店负责商品配送。该配送中心建筑面积为 7 万平方米，其中有冷库、冷藏库 4 万平方米，杂货库 3 万平方米，经营 8.9 万个品种，其中有 1200 个品种是美国独立杂货商联盟开发的，必须集中配送。在服务对象店经营的商品中，有 70% 左右的商品由该中心集中配送，一般鲜活商品和怕碰撞的商品，如牛奶、面包、炸土豆片、瓶装饮料和啤酒等，从当地厂家直接进货到店，蔬菜等商品从当地的批发市场直接进货。

6.4 中国电子商务物流的发展与对策

6.4.1 我国物流业发展现状

我国现有的物流企业大致可以分为以下几类:

(1) 中央直属的专业性物流企业,即专营生产资料的物资储运总公司和外运总公司。仓储主要针对系统内部,因此商流与物流分离,受行政控制。

(2) 地方专业性物流企业,即地方商业系统的储运公司及粮食仓储系统,完全受当地行政领导。

(3) 兼营性物流企业,即集物流与商流为一体的物流企业,比重大且数量正在不断增多。

长期以来,由于受计划经济的影响,我国物流社会化程度低,物流管理体制混乱,机构多元化,原物资部、原商业部、对外经贸部、交通部以及中央各部(煤炭部、林业部等等)、城乡建设环境保护部均有各自的物流系统。这种分散的多元化物流格局,导致社会化大生产、专业化流通的集约化经营优势难以发挥,规模经营、规模效益难以实现,设施利用率低,布局不合理,重复建设,资金浪费严重。由于利益冲突及信息不通畅等原因,造成余缺物资不能及时调配,大量物资滞留在流通领域,造成资金沉淀,发生大量库存费用。另外,我国物流企业与物流组织的总体水平低,设备陈旧,损失率大、效率低,运输能力严重不足,形成了"瓶颈",制约了物流的发展。

针对我国经济发展及物流业改革现状,借鉴发达国家走过的道路和经验,我国从 1992 年开始了物流配送中心的试点工作,原国内贸易部印发了《关于商品物流(配送)中心发展建设的意见》。《意见》提出:大中型储运企业要发挥设施和服务优势,改造、完善设施,增加服务项目,完善服务功能,向社会化的现代物流中心转变;小型储运企业和有一定储运设施规模的批发企业向配送中心转变。

近年来,随着连锁商业的发展,配送中心的建设受到重视,特别是连锁企业自建配送中心的积极性很高。据有关资料显示,目前全国有 700 多家连锁公司,较大型的连锁公司已在建设自己的配送中心,一些小型的连锁企业店铺数量少、规模不大,也在筹建配送中心,以期实现 100%的商品由自己配送中心配送。而一个功能完善的社会化的配送中心的投资相当巨大,配送量过小,必然造成负债过多,回收期长,反过来又影响连锁企业的发展;同时,社会上又有相当数量的仓库设施在闲置,形成了投资上的重复、浪费。

为了使物流配送中心的建设不走或少走弯路,引导配送中心发展建设,原国内贸易部于 1996 年发出了《关于加强商业物流配送中心发展建设工作的通知》,指出了发展建设物流配送中心的重要意义,提出发展建设的指导思想和原则等。同时,原国内贸易部还印发了《商业储运企业进一步深化改革与发展的意见》,提出了"转换机制,集约经营,完善功能,发展物流,增强实力"的改革与发展方针,确定以向现代化物流配送中心转变、建设社会化的物流配送中心、发展现代物流网络为主要发展方向。进入 90 年代以来,随着社会主义市场经济的确立,出现了物流配送。原商业部在 1992 年曾发文部署全国物流配送中心建设试点,标志着中国的物流配送中心建设正式起步。由于种种原因,力度不够,没有深入发展下去。这些固然与当时体制和认识有关,更重要的原因是当时市场经济正处于启动阶段,因而制约了物流配送的发展建设。

随着近几年市场经济的快速增长，中国物流业在经济高速增长的大环境下也有了很大改善，主要体现在以下几个方面：

（1）基础设施：我国目前现有公路里程 160 万公里，其中高速公路约 1.5 万多公里，跃居世界第三；铁路运力跃居亚洲第一；水运方面，港口的吞吐能力有大大的提高，列世界第五；民用航空也有了长足的进步，新建、扩建了一批机场及支线、国际航线的增开，这些都使空运能力和质量有了很大的提高。

（2）配送体系：形成了一批有一定规模的全国范围配送体系的物流企业，连锁商业和配送服务正在兴起。

（3）第三方物流的发展：在电子商务迅速发展的 1999 年，不少机制灵活、经营规范的第三方物流企业纷纷崛起，如阳光网、时空网等与原有的国家大中型仓储运输企业一起提供范围较广的物流服务。

（4）电子商务企业物流的状况：上海梅林正广和等网站的表现突出。

6.4.2 我国电子商务物流发展的障碍

近年来，电子商务的发展，扩大了企业的销售范围，改变了企业传统的销售方式以及消费者的购物方式，使得送货上门等物流服务成为必然，促进了我国物流行业的兴起。但目前，我国的物流水平仍难以满足电子商务的需求，造成这种现状的原因主要归纳为以下几点：

（1）与物流发展相关的制度和政策法规尚未完善

我国现代物流的发展仍处于起步阶段，相关制度和法规有待完善。与企业发展息息相关的融资制度、产权转让制度、用人制度、社会保障制度、市场准入与退出制度等方面的改革还远不能适应企业发展的需要。企业在改善自身物流效率时，必然要在企业内外重新配置物流资源，而制度和法规的缺陷阻碍了企业对物流资源的再分配。物流企业跨区域开展物流业务时常常受地方保护主义困扰，国有企业在选择外部更为高效的物流服务，处置原有储运设施和人员时，所遇阻力巨大，这些必然会影响企业物流效率的提高。

（2）缺少综合性物流服务

首先，从发达国家来看，现代物流的功能是设计、执行以及管理客户供应链中的物流需求，其特点是依据信息和物流专业知识，以最低的成本提供客户需要的物流管理和服务。而现在，我国多数物流企业是在传统体制下物资流通企业基础上发展而来的，企业服务内容多数仍停留在仓储，运输，搬运上，很少有物流企业能够做到提供综合性的物流服务，现代物流服务的功能尚不能得到很好的发挥。我国的物流企业，无论是物流服务的硬件还是软件与电子商务要求提供的高效率低成本的现代物流服务还有较大的差距，信息收集、加工、处理、运用能力、物流的专门知识，物流的统筹策划和精细化组织与管理能力都明显不足。

（3）条块分割的物流管理和流通体制制约着物流业的发展

电子商务环境下，物流的专业化分工特点虽然日益明显，但是物流的组织和管理却不断向综合性发展，各种物流方式和物流载体之间的联系越来越紧密。但是，我国目前的物流行业管理仍沿用着计划经济时期的部门分割体制。与物流相关的各部分分别由铁道、交通、民航、内贸等不同政府部门进行管理。依据这种条块管理体制，形成了自上而下的纵向隶属和管理格局，严重制约着在全社会范围内经济合理的对物流进行政体统筹和规划，妨碍着物流的社会化进程,制约着电子商务的进一步推广。

(4) 物流和配送方面的人才稀缺

国外物流的发展实践表明,物流从业人员是否具有较高的物流知识和操作经验,直接影响到企业的生存与发展。国外的物流经过多年发展,已形成了一定规模的物流教育系统,许多高校设置了与物流相关的课程,为物流行业培养并输送了大批实用人才。相比之下,我国在物流和配送方面的教育还相当落后,高校中开设物流课程和专业的仅有十几所,与物流相关的职业教育也十分匮乏,物流人才稀缺。

6.4.3 我国电子商务物流发展对策

突破电子商务发展的物流瓶颈,不仅要加速与物流相关的法制建设、加强对外交流和人才培养,更为重要的是做好基础性工作,尽快实现物流配送体系的社会化、产业化和现代化,并制定完整高效的物流配送方案。

(1) 建立适应电子商务发展的物流中心,实现物流配送体系的社会化和产业化

物流配送的社会化和产业化是指流通代理制与配送制相结合,通过合理化布局的社会物流网将分散的物流集中起来,形成产业,实现物流的规模效益和企业零库存生产。实现物流配送体系的社会化和产业化,关键是建立适合电子商务发展的物流中心。根据国内外连锁企业的经验,建立物流中心的途径主要有自建、改建、联建、代建四种。

- 自建物流中心。自建物流中心是指电子商务网站自身建有物流中心,经营配送业务。自建物流中心所需的建设投资大、物流成本高,因此,在我国目前条件下不宜普遍采用。
- 改建物流中心。改建物流中心是指充分利用原有储运企业、物资企业的场地、设备和购销渠道,通过功能完善、技术改造和管理创新,使其转化为现代化的物流中心。此种方式对于实力雄厚、设施条件完备、集散能力强、物流管理水平较高的储运企业和物资企业较为适用。
- 联建物流中心。联建可采取两种形式:一种是网站与物流企业联合共建物流中心;另一种是网站与生产企业联建。联建物流中心可以利用原有企业的储运设施,节约建设投资,降低物流成本,提高配送效益,同时有利于盘活存量资产,实现资产重组,发挥各自优势,是一种理想的物流发展途径。
- 代建物流中心。代建物流中心又称第三方物流,是指网站本身不经营配送业务,而是委托供应商或物流中心代其完成物流服务的运作方式。第三方物流是物流专业化的发展形式,随着市场竞争的日趋激烈,许多企业不得不将主要精力集中在核心业务上,而与物流相关的业务环节,则交给专业化的物流企业操作,以求节约和高效。

(2) 加强硬件、软件建设,实现物流配送体系的现代化

现代化的物流配送体系,可有效减少流通环节和流通时间,降低流通成本,从而促进电子商务的发展。建立现代化的物流配送体系,应从硬件、软件两方面着手,重点做到以下三点:

- 配送手段机械化、自动化和现代化。配送手段机械化、自动化、现代化是指物流配送采用机械化、自动化、现代化的储运设备和运载工具,如立体仓库、旋转货架、自动分拣输送系统、悬挂式输送机等高效、多功能的物流机械。

- 物流管理规范化、制度化。物流管理规范化、制度化是指制定科学、规范的操作规程和管理制度，建立、健全科学的管理体制，从而提高物流的管理水平、服务水平以及物流从业人员的素质和技术水平。
- 物流管理信息化。物流管理信息化是指通过以电子计算机为核心的微电子技术收集整理信息，建立数据库，进而对物流进行科学管理。物流系统只有具有良好的信息处理和传输系统，才能快速、准确地获取销售反馈信息和配送货物跟踪信息，从而大大提高物流企业的服务水平，赢得客户信赖，并可不断降低物流成本。

（3）制定完整高效的物流配送方案

要解决电子商务发展的物流瓶颈问题，除了采取以上措施外，还需制定一整套适合电子商务发展的完整、高效的物流配送方案。在制定方案时，应重点考虑以下几个方面内容：

① 消费者的地区分布。因特网是电子商务的最大信息载体。因特网的物理分布范围正在迅速扩展，是否凡是因特网所及的地区都是电子商务的销售区域呢?在电子商务发展的初级阶段这是不可能的。一般商务活动的有形销售网点资源按销售区域来配置，每一个销售点负责一个特定区域的市场，比如把全国划分为 7 个销售大区，每个大区内有若干销售网点，再设立一个配送中心，负责向该大区内的销售网点送货，销售点向配送中心订货和补货，配送中心则在规定的时限内将订货送达。电子商务也有可能按照这种方式来操作，但问题在于，电子商务的客户可能在地理分布上是十分分散的，要求送货的地点不集中，物流网络并没有像因特网那样广的覆盖范围，无法经济合理地组织送货。所以，提供电子商务服务的公司也需要像有形店铺销售一样，要对销售区域进行定位，对消费人群集中的地区提供物流承诺，否则是不经济的。还有一种处理办法，就是对不同的销售区域采取不同的物流服务政策，如在大城市因为电子商务的普及，订货可能比较集中，适于按不低于有形店铺销售的送货标准组织送货，但对偏远地区的订单则要进行集货，送货期限肯定要比大城市长得多，那些地区的电子商务消费者享受的服务就要差一些。从电子商务的经济性考虑，宜先从上网用户比较集中的大城市起步，这样建立基于一个城市的物流、配送体系也比较好操作。

② 销售的品种。是否所有的商品都适合采用电子商务这种形式？在电子商务发展的初期答案是否定的。有没有最适合采用电子商务进行销售的商品?当然有。以上两个问题要考虑的是不同商品的消费特点及流通特点，尤其是物流特点。音乐、歌曲、电影、游戏、图片、图书、计算机软件、电子邮件、新闻、评论、教学节目、医疗咨询、汇款等可以通过信息传递完成物流过程的商品最适合采用电子商务销售。因为，不仅商品信息查询、订货、支付等商流、信息流、资金流可以在网上进行，而且物流也可在网上完成，也就是这些品种可以实现商流、物流、信息流、资金流的完全统一。比如，消费者可以在网上选择流行音乐，点击音乐名称即完成订货和付款，收听音乐的过程就是进行物流的过程，音乐听完了，这个音乐的物流过程也就完成了，所以无论是亚马逊（http://www.amazon.com），还是珠穆朗玛（http://www.8848.com），都是从销售这些商品开始的。当然如果消费者除了需要满足视听需求外，还要拥有这些商品的载体本身，如发烧友要珍藏歌星的盒带、要满足多次重放功能等，那还是需要完成单独的物流过程，将盒带或其他载体本身送到消费者手中。

从理论上讲，没有什么商品特别不适合于采用电子商务的销售方式。但从流通本身的规律来看，需要有商品定位，现在的商品品种有 40～50 万种之多，一个大型百货商店充其量经营 10 万种商品，没有一个公司能够经营所有的商品，总是要确定最适合自己销售的商品，电子商务也一样，为了将某一商品的销售批量累积得更大，就需要筛选商品品种。同时，电子商务也要有一定的销售渠道配合，不同的商品进货和销售渠道可能不同。品种越多、进货渠道及销售渠道越复杂，组织物流的难度就越大，成本也就越高，因此为了考虑在物流环节不增加过多的费用，也需要将品种限制在一定的范围之内。一般而言，商品如果有明确的包装、质量、数量、价格、储存、保管、运输、验收、安装及使用标准，对储存、运输、装卸等作业等无特殊要求，就适合于采用电子商务的销售方式。

③ 配送细节。同有形市场一样，电子商务这种无店铺销售方式的物流方案中配送环节是完成物流过程并产生成本的重要环节，需要精心设计配送细节。一个好的配送方案应该考虑以下内容：库存的可供性（Stock Availability）、反应速度（Responsiveness）、首次报修修复率（First Fix Rate）、送货频率（Frequency Of Delivery）、送货的可靠性（Delivery Reliability）、配送文档的质量（Documentation Quality）。同时还要设计配套的投诉程序（Claim Procedure），提供技术支持（Technical Support）和订货状况信息（Order Status Information）等。配送是国内电子商务发展的瓶颈，目前已有了一些解决方案。比如，时空网（http://www.shikong.com）于 1999 年 12 月 3 日宣布，将在北京中视红叶电子科技有限公司原遍布全国的 27 个分公司或办事处及约 2500 个销售网点的基础上，建立覆盖全国地级以上城市的专业电子商务配送网络，该网络将接受国内外企业的网络销售业务。这类公司成功的关键不在于是否能有这样大的配送网络，而在于能否在完成配送服务的同时，保证配送系统高效、低成本地运作，这是一项专业性很强的工作，公司必须聘请专业人员对系统的配送细节进行精心设计。

④ 服务提供者。ISP/ICP、传统零售商店、传统批发企业、制造企业等均有条件开展电子商务业务，但不同的电子商务服务提供商具有不同的组织商流、物流、信息流、资金流的能力。从物流的角度来看，传统的零售商、批发商的物流能力要优于纯粹的 ISP、ICP，也优于一般的制造商，但从商流、信息流和资金流的角度来看可能正好会相反。因此，设计物流方案时，要根据电子商务服务提供商的不同，扬长避短，发挥各自的优势，实现供应链集成，共同完成向消费者提供电子商务服务的工作。

⑤ 物流成本与库存控制。电子商务的物流成本可能比有店铺销售方式的物流成本高，因为，电子商务的物流更加具有多品种、小批量、多批次、短周期的特点，由于很难单独考虑物流的经济规模，因而物流成本较高。比如，消费者自己到一个商店去购买一台电视机，商店提供免费送货，一次送货费比如要花 50 元，这时商店一般会将顺路的其他消费者购买的商品配装在一个送货车里一次完成送货，比如 5 台电视机同时送货，即使是免费送货，每台电视机的送货费用也只有 10 元。但当采用电子商务时，公司很难这样如愿地将消费者的订货在一个比较短的时间内集中起来并配装在一台送货车里，这样就会造成送货次数的分散、送货批量的降低，直接导致物流成本的提高，这个物流成本只有由单个的消费者负担，而这是对电子商务这种形式的威胁，所以电子商务服务商必须扩大在特定的销售区域内消费者群体的基数，如果达不到一定的物流规模，物流成本肯定会居高不下。

在库存控制上，电子商务经营者也面临挑战，因为经营者很难预测某种商品的销售量，库存控制历来就是销售管理中最难的课题。回避库存问题的最佳办法就是像 Dell（http://www.dell.com）公司那样搞直销，先拿到订单，按照订单组织生产，再将货物送到消费者手中。但在直销中，消费者处于不利地位，因为他要等待，他要多花钱，万一经营者送货上门但要退货，还面临更尴尬局面，另外有的可能还要预付款等，如果经营者不给消费者提供特殊的附加价值，消费者就不会去冒这些风险。同时，在采用直销时，对生产环节要求更加严格，一般制造企业不具备进行按单生产的条件，因此并非任何经营者都可成功地采取直销的方式来规避库存风险。

世界上的制造和销售企业普遍采用的库存控制技术还是根据对历史数据、实时数据的分析，依照一定模型预测未来的需求，有的企业进行长期预测，有的只进行短期预测或侧重于对时点数据进行分析，有的则不进行预测或不相信预测结果，这样采取的库存政策会有很大的区别，库存对销售的保障程度及库存成本也会各不相同。而电子商务经营者将会遇到比店铺销售更加复杂的库存控制问题。

⑥ 物流过程的监测。对物流服务过程进行有效的监测是控制物流服务过程实现、服务战略目标的惟一手段。监控的过程包括跟踪监测、绩效评价和作出响应，即收集信息，捕捉偏差，分析后果和增强管理。一般来说，对物流过程的监控分两种情况：一是以企业边界为限的，即只对企业自身的物流活动进行跟踪监测。二是超越企业边界的，即企业与其供应商或与其客户或与供应商和客户一起根据设定的客户服务标准来商定监测的内容和需要测定的指标，然后通过信息共享机制共同制定改善物流过程的解决方案。显然，前者是传统物流的服务模式，后者则属于供应链管理的现代模式。

建立完善有效的客户服务的绩效测定指标体系。这可以按照客户服务过程的三个阶段来划分。在售前服务阶段包括向客户报送货单，销售代表访问客户频率，对客户存货水平的监测，向客户提供咨询的次数等。在售中服务阶段包括订货的便利性，收到订单后的答复时间，给客户的信用期限多长，对客户询问的响应能力，配送频率，订货周期，订货周期的可靠性，准时交货率，发货延误率，紧急订货的处理能力，订货满足率，订货情况信息反馈，订货跟踪能力，延期交货比例，可得性或供货率，发货短缺率和产品替代率等。在售后服务阶段包括发票准确性，退货或者调剂情况，货物损毁情况，包装物回收情况等。

在电子商务条件下，对订单处理过程的有效监测将变得越来越重要。因为这个过程将决定客户是否放单，所以要求企业具有快速反应能力。服务系统的信息可得性也将成为过程绩效测定的重要指标，否则服务全程的监控就会失去时效。另一方面，过程绩效测定工作本身对企业与供应商和客房的互动要求越来越高。许多服务过程的测定是需要供应链成员企业共同来商定并完成的。所以，供应链成员企业共同建立一个基于网络的服务竞争情报体系不仅是可能的也是必要的。

选择适宜的监测手段。除了建立完善的绩效测定指标体系以外，还要选择适宜的物流服务过程监测方法。普遍采用的报告单监测简单实用，但用于服务过程的监测则不容易反应客户对监测的结果是否认同。也就是说，报告单方法缺乏服务过程监测的互动性。

总之，若想突破我国电子商务发展的物流瓶颈，当务之急是尽快建立社会化、产业化和现代化的高效合理的物流配送体系，如此才能扫清我国电子商务发展的障碍，才能使我国电子商务不断地发展和完善。

6.5 本章小结

本章首先介绍物流和物流管理的基本概念，分析了电子商务与物流的互动关系，重点阐述了电子商务物流的模式、内容、相关技术等内容，最后就中国电子商务物流的发展状况、存在的问题及相应的对策等方面作了讨论。通过本章学习，读者可对电子商务中另一个重要的流——物流有个比较全面的认识和了解。

6.6 本章习题

1. 什么是物流？在企业中存在哪几种物流？
2. 什么是物流系统化？
3. 电子商务与物流是如何相互作用的？
4. 什么是第三方物流？对企业能带来什么好处？
5. 简述电子商务物流内容。
6. 电子商务物流具有什么特点？
7. 我国电子商务物流发展存在什么障碍？我们该如何面对？

第 7 章 电子商务与 EDI

电子数据交换——EDI 是一项涉及面极广、影响极为深远，在世界范围内蓬勃发展的电子应用技术。EDI 将计算机和通信网络高度结合，快速处理传递商业信息，形成了涌动全球的"无纸贸易"的冲击。EDI 现作为企业间交易活动的主要技术，已经成为实施电子商务的重要手段之一。本章正是基于这个目的来介绍 EDI 的概念、功能结构，在此基础上重点阐述 EDI 数据交换标准和基于 Internet 的 EDI。由于近年来，电子商务环境下的数据交换标准越来越受到重视，我们也对电子商务数据交换标准发展情况做了介绍。

本章主要内容：
- EDI 概述
- EDI 标准
- 基于 INTERNET 的 EDI
- 电子商务标准与 XML

7.1 EDI 概述

7.1.1 什么是 EDI

20 世纪中叶，由于电子技术的迅速发展，电子计算机和通信技术日新月异，人类的信息交换手段发生了巨大的变革，各种计算机通信网络遍布世界各地，使人们之间的联系越来越紧密。在商业领域，商业交易日趋活跃，贸易额快速增长。为了有效地改善商业作业方式，人们逐渐形成了一项电子应用技术——电子数据交换 EDI（Electronic Data Interchange）。

EDI 是 Electronic Data Interchange 的缩写，联合国标准化组织将 EDI 描述为"将商业或行政事务处理按照一个公认的标准，形成结构化的事务处理或报文数据格式，从计算机到计算机的电子传输方法"。

EDI 是指公司间计算机到计算机的数据交换，这些信息是以标准格式表示的电子商务信息，允许接受方执行预期的业务，即 EDI 用户根据国际通用的标准格式编制电文，以机读方式将结构化的信息（例如订单、发票、提货单、进出口许可证等），按照协议将标准化文件通过通信网络传送。报文接收方按照国际统一规定的语法规则，对报文进行处理，通过信息管理系统和支持作业的决策支持系统，完成综合的自动交换和处理。因此，EDI 是两个或多个计算机系统之间的数据通信，它遵循一定的语法规则与国际标准，自动地进行数据投递、传输、处理，应用程序自动对它响应，而不需要人工介入，从而完成事务处理或贸易自动化。其实质是通过约定商业数据的表示方法，实现数据经由网络在贸易伙伴所拥有的计算机应用系统之间的交换和自动处理,达到迅速和可靠的目的。

20多年来,电子数据交换在工商界应用中不断得到发展和完善,在当前电子商务中占据重要地位。随着 EDI 应用于 Internet,EDI 将得到更广泛的应用。

与传统的商业活动相比,使用 EDI 的最大的好处就是与企业 MIS 系统的紧密结合。由于 EDI 使用的是标准的报文结构,计算机可以识别并从中拣出有用的数据,直接存入企业 MIS 的数据库中。这样减少了贸易活动的中间环节,不仅减少了纸张的使用,更重要的是减少了手工的工作,使出错的可能性变小,提高了响应速度。

图 7.1 说明了传统方式和 EDI 方式传递一份合同时的信息流程。传统的贸易单证的处理需要人工在两端介入,即发送方通过键盘将资料输入计算机,然后处理产生一份书面的业务文件,邮寄、传真、或人工投递到接收方;接收方对该业务文件进行手工编辑,并利用键盘将相同的数据输入计算机后进行处理。这种传统的做法不但浪费人力,而且容易出错,表现为:增加处理时间,降低精确度,使用劳动量增加,增加了不确定性。而在 EDI 环境中,发送方的业务几乎不变,业务合同的生成可以通过键盘输入来扩充。然而,合同以电子传输方式而非邮寄方式传递给对方时,接收方将接收到的数据直接用接受程序进行处理。

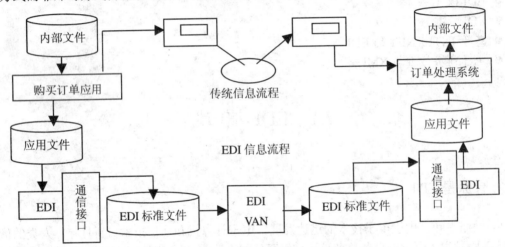

图 7.1 传统信息流程和 EDI 信息流程

在传统环境中,文档本质上具有一定的自由格式,经常需要人工干预来完成或在处理前加以校对。与此同时,机器可读的 EDI 事务必须能被计算机应用程序正确阅读和理解。如果其中存在任何歧义或错误,它们会被应用程序视作异常事务而拒绝接收,并提请当事人更正,从而增强了事务的可靠性。当然,此时引入了对内部错误处理的时间延迟,但与书面形式的事务错误处理相比,不仅能及时发现,而且能快速更正。

7.1.2 EDI 系统的工作原理

1. EDI 的基本工作流程

一个典型的贸易过程及文件流程如图 7.2 所示。EDI 将所有贸易单证的传送由 EDI 通信网络实现,并且买卖双方单证的处理全部(或大部分)由计算机自动完成。EDI 的工作流程可以划分为如下所述的三大部分。

(1) 文件的结构化和标准化处理

用户首先将原始的纸面商业或行政文件，经计算机处理，形成符合 EDI 标准的，具有标准格式的 EDI 数据文件。

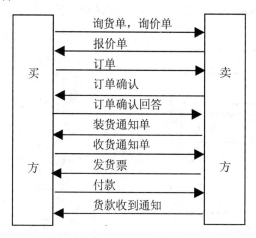

图 7.2　一个典型的贸易过程及文件流程

(2) 传输和交换

用户用自己的本地计算机系统将形成的标准数据文件，经过 EDI 数据通信和交换网，传送到登录的 EDI 服务中心，继而转发到对方用户的计算机系统。

(3) 文件的接收和自动处理

对方用户计算机系统收到发来的报文之后，立即按照特定的程序自动进行处理，愈是自动化程度高的系统，人的干预愈少，如有必要，则输出纸面文件。

从以上讨论中，可以归纳出 EDI 概念的四个要点：

- 定义的主体是行政、商业、运输等方面的格式化信息；
- 文件特征是标准化的结构性文件；
- 文件传输路径是计算机—通信网络—计算机；
- 信息的最终用户是计算机应用软件系统，从标准格式转换为工作文件是自动处理的。

EDI 的工作流程如图 7.3 所示。

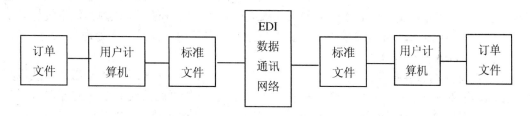

图 7.3　EDI 的工作流程

对于一个生产企业来说，其 EDI 系统的工作过程可以描述为：企业收到一份 EDI 订单，则系统自动处理该订单，检查订单是否符合要求；然后通知企业内部管理系统安排生产；向零配件供应商订购零配件；向交通运输部门预订货运集装箱；向海关、商检等部门报关、报检；通知银行并给订货方开 EDI 发票；向保险公司申请保险单等。从而使整个商贸活动在最短时间内准确完成。

2. EDI 的功能模型

EDI 用户系统的功能模型包括报文生成和处理模块、格式转换模块、通信模块和联系模块四部分，如图 7.4 所示。

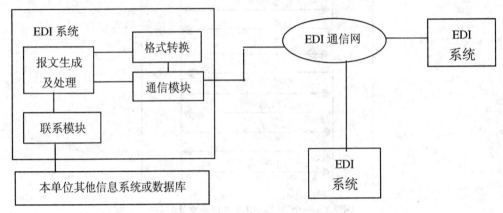

图 7.4　EDI 系统功能模型

（1）联系模块

联系模块是 EDI 系统和本部门内的其他信息系统和数据库的接口，同时通过联系模块与 EDI 用户接口，为用户提供友好的接口和良好的人机界面。

电子数据处理（EDP）系统是一个企业自身业务的计算机化系统，它是 EDI 应用的前提。使用企业内的其他信息系统或数据库，一方面可向 EDI 系统提供数据元、报文和各类资料，另一方面可将 EDI 系统的有关结果通知信息系统。

EDI 系统不是将贸易单证直接传递或简单印出，而是通过单证审核、生产组织、货运安排、海关手续办理等业务的 EDI 处理后，将有关结果传送给企业内部的 EDP 系统，或输出必要的文件进行物理归档。

（2）报文生成及处理模块

该模块是将来自用户或其他信息系统的命令与信息，按 EDI 标准方式，产生订单、发票或其他 EDI 报文，递交给"通信模块"而发送给其他 EDI 用户，或将其他 EDI 系统经通信模块转来的 EDI 报文，按其不同类型的要求进行处理，以适应本单位内其他系统处理要求。据统计，不同公司或企业交换的商业文件，约有 70%的内容需经二次处理。

（3）格式转换模块

该模块将各种 EDI 报文，按照 EDI 结构化的要求进行结构化处理，根据 EDI 语法规则进行压缩、重复和嵌套，以及代码转换和语法控制后，提交给"通信模块"，发送给其他 EDI 用户系统。对经过通信模块接收到的结构化的 EDI 报文进行非结构化的处理，以便本单位内部的信息管理系统做进一步处理，使之成为日常工作文件。

（4）通信模块

该模块这是 EDI 系统与 EDI 通信网的接口，其作用为扫描呼叫、自动转发、地址转换、差错检测和报文传送等。接收 EDI 用户的报文后，进行审核和确认。

3. EDI 的数据处理流程

一般说来，通信模块和格式转换模块对于所有的 EDI 系统应该是相同的，而联系模块、报文生成和处理模块，因不同国家、地区和行政单位而有所不同，但是随着 EDI 标准化技术的发展，这些功能也将逐渐规范化。EDI 技术实现的是结构化标准报文在计算机应用系统之间的自动交换和处理。图 7.5 描述了 EDI 的单证处理过程。处理过程如下所述。

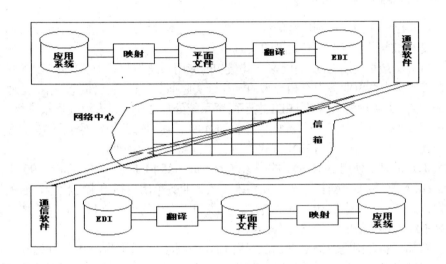

图 7.5 EDI 单证处理过程

（1）生成 EDI 平面文件

用户应用系统将用户的应用文件（如单证、票据等）或数据库中的数据取出，通过映射（Mapping）程序把用户格式的数据变换为一种标准的中间文件。这个中间文件称为平面文件（flat file），这一过程称为映射（Mapping）。

平面文件是一种普通的文本文件，其作用在于生成 EDI 电子单证，以及用于内部计算机系统的交换和处理等。应用文件是用户通过应用系统直接编辑、修改和操作的单证和票据文件，可直接阅读、显示和打印输出。

（2）翻译生成 EDI 标准格式文件

将平面文件通过翻译软件生成 EDI 标准格式文件。EDI 标准格式文件，就是所谓的 EDI 电子单证，或称电子票据。它是 EDI 用户之间进行贸易和业务往来的依据，具有法律效力。它是按照 EDI 数据交换标准（即 EDI 标准）的要求，将单证文件（平面文件）中的目录项，加上特定的分隔符、控制符和其他信息，生成的一种包括控制符、代码和单证信息在内的只有计算机才能阅读的 ASCII 码文件。

（3）通信

这一步由用户端计算机通信软件完成。通信软件将已转换成标准格式的 EDI 报文，经通信线路传送至网络中心，将 EDI 电子单证投递到对方的信箱中。信箱系统自动完成投递和转接，并按照 X.400（或 X.435）通信协议的要求，为电子单证加上信封、信头、信尾、投送地址、安全要求及其他辅助信息。

（4）EDI 文件的接收和处理

接收和处理过程是发送过程的逆过程。用户首先需要通过通信网络接入 EDI 信箱系统打开自己的信箱，将 EDI 报文接收到自己的计算机中，经格式检验、翻译和映射，还原成应用文件，最后对应用文件进行编辑、处理。

7.1.3 EDI 应用的现状

1. EDI 在国外的发展应用情况

目前，EDI 已经在国外得到广泛的应用，为了促进本国贸易的发展，各国政府都对本国 EDI 标准、技术和应用系统投入了大量的人力物力。

美国是世界上最早运用 EDI 的国家。其最初的应用系统都是基于 ANSI X.12 标准开发的，目前在美国国内商贸业务中有相当大的一部分实际商务单证、文件和票据都是通过 EDI 在网络上进行的。据美国海关统计，EDI 电子商贸系统处理的业务量占海关申报货物的 93%，占放行货物的 92%。电子资金托收占日均托收的 49%。美国海关规定对于用 EDI 方式的报关者将给予优先处理，对未采用 EDI 方式的海关手续将被推迟处理。

加拿大也是世界上使用 EDI 较早的国家之一，最初其 EDI 采用美国标准，90 年代以后开始参照 EDIFACT 标准重新规划和开发系统。系统业务范围包括申报、检验、通关放行、承运、货物数据分类、信息统计、资金转账、关税和国内税的电子支付等。目前加拿大每年进出口交易中经由该系统的业务量达 50% 以上。

日本、新加坡和韩国是亚洲最早开发利用 EDI 的国家。韩国从 1991 年开始开发和逐步推广应用其贸易网络系统。该系统包括：海关、银行、保险公司、运输、大型工业集团等，约 41 个部门的主要单证交换业务。功能首先从单一的单证报文数据交换开始，并逐步向预申报处理、仓单编排、货物分类、电子资金转账、统计分析等领域发展。

2. 我国 EDI 应用的紧迫性

随着对外开放的发展，特别是对外经济贸易活动规模的迅速扩大，我国与国外数据交换量急剧扩大。根据许多国家统计，单证费用占产品贸易额的 7% 左右，我国对外贸易每年的单证费用大约是 100 多亿美元，如果采用 EDI 技术，估计每年仅此一项就可节省数十亿美元。

此外，由于欧、美等发达国家海关均已采用 EDI，我国的亚洲邻国或地区（如亚洲"四小龙"等）也已开展了 EDI，因此不论是从创造国际贸易伙伴条件，提高通关效率，或是有效地参加国际商业竞争和创造巨大外贸效益考虑，EDI 的开发与应用都已成为我国经济贸易发展的一项急待解决的重大课题。美国海关规定，远洋船到港前 7 天，必须报关，否则作滞后处理，一切责任由运输部门负责。资料分析得知，一般装载 2700 箱集装箱的远洋轮，如压港一天，便要损失 5~6 万美元，由此延误交货日期所付的违约损失就更高。仅以 1991 年我国出口欧洲的纺织品为例，由于压关、压港和非法分子的活动所造成的经济损失就达 8000 万美元，不仅如此，由于与世界各国和地区信息交换不通或不及时，带来的无形损失，丧失的机会更是无法统计。由此可见，未来贸易的先决条件是谁拥有 EDI 手段，谁才有资格成为国际贸易伙伴。

同时，国内经济的快速增长，特别是各类市场的迅速发展，对 EDI 系统有着潜在的需求，以生产资料市场为例，过去，重要的生产资料完全由国家分配，每年召开一次或两次定货会议，生产厂家和用户代表在会上供需见面，落实订货，其结果是一方面库存总量高得惊人,另一方面是规格品种不对路现象严重,企业还需派出大批采购人员设法寻找,近年来,生产资料市场里逐步放开,但重要生产资料库存总量过高和采购人员满天飞的现象仍没有得到实质性的改变,这里原因很多,但是,信息交换少而且时效性差,缺少像 EDI 这样的信息交换系统不能不说是一个重要原因。

3. EDI 在我国的应用现状

EDI 进入我国的时间还不长,EDI 的应用还处于初始阶段,为了普及和提高我国的 EDI 应用水平,EDI 的应用和开发已纳入了国家有关部门的工作计划。

1990 年国家技术监督局与经贸部计算中心合作,翻译整理了联合国《贸易数据元目录》和《用于行政管理、商业、运输领域的电子数据交换规则》两本 EDI 标准的基本文献,并在此基础上拟定《经贸部 EDI 标准化体系表》。1991 年 8 月,由原国务院电子信息系统推广应用办公室牵头,成立了有国家科委、经贸部、海关总署、国家技术监督局、中国人民银行、保险公司、交通部、国家商检局、中国贸促会等部门参加的"促进 EDI 应用协调小组"(CEC),并以该组织的名义加入了"亚洲 EDIFACT 理事会"。随后成立了中国 EDIFACT 理事会秘书组和 EDI 标准化组。1992 年 5 月又召开了"中国 EDI 发展战略与标准化"研讨会,草拟了"中国 EDI 发展战略总体规划建议"。同时决定建立国家 EDI 试验系统(海关总署、中国远洋运输集团公司),地区 EDI 试验系统(广东、山东、江苏、上海、福建)和行业 EDI 试验系统(山东抽纱企业集团公司、中国电子工业总公司行业 EDI 试点工程)等。1993 年,我国提出了"四金工程",从整体上确立了我国的信息化框架。目前,EDI 已在我国远洋运输、海关和外贸企业中得到一定程度的应用。

7.2 EDIFACT 标准

7.2.1 EDI 报文标准

1. EDI 标准发展过程

EDI 标准的发展经历了从专业标准、行业标准、国家标准,一直到今天的国际标准的四个阶段演化过程。

(1) 专业标准阶段

专业标准起始于美国及欧洲一些国家的大型的、国际化的公司内部,如福特汽车公司、飞利浦公司等,他们为简化自身业务而自行定义了企业标准。这些标准由于为其内部使用带有相当大的局限性。

(2) 行业标准阶段(1970~1980)

这个阶段从 20 世纪 70 年代初开始,一些行业为满足行业内部业务往来的要求而制定的。典型的有美国运输业制定的 TDCC 标准、美国汽车业制定的 AIAG 标准、欧洲汽车业制定的 ODIFICE 标准、零售业制定的 UCS 标准、仓储业制定的 WINS 标准、电子业的 EDIFICE 标准、医学界的 TEEDI 标准、建筑业的 EDICONSTRAUCT 标准等,这些标准的制定为行业 EDI 的开展奠定了基础。

（3）国家标准阶段（1980~1985）

随着经济及计算机技术的发展，行业标准已不能适应发展的需求，于是国家标准应运而生。1979年，美国国家标准协会授权ASC X12委员会依据TDCC标准，开始开发、建立跨行业且具一般性EDI国家标准ANSI X.12。

同时，欧洲也由官方机构及贸易程序简化组织共同推动统一的EDI标准，并获联合国的授权，由联合国欧洲经济理事会从事于国际贸易程序简化工作的第四小组（UN/ECE/WP.4）负责发展及制定EDI的标准，并在80年代早期提出TDI（Trade Data Interchange）及GTDI（Guildlines For TDI）的标准，但该标准只定义了商业文件的语法规则，还欠缺报文标准。

（4）国际标准阶段（1985~）

鉴于全球EDI发展的趋势，各国的国家标准为国际标准提供了完整的技术和应用结构，在此基础上，联合国欧洲经济委员会（UN/ECE）为简化贸易程序促进国际贸易活动，公布了一套用于行政、商业和运输业的EDI国际标准——UN/EDIFACT标准。国际标准化组织为EDIFACT制定了ISO9735 EDI语法规则和ISO7372贸易数据元国际标准。同时，ANSI X.12于1992年决定在其第四版标准制定后，不再继续发展维护，全力与UN/EDIFACT结合，最终将使全球EDI标准统一于EDIFACT标准，EDIFACT作为国际标准，已被世界上大多数国家所接受，我国的EDI标准也确定以EDIFACT标准为基础制定。因此，掌握EDI的国际标准——EDIFACT对实施EDI至关重要。

所以本节重点对EDIFACT进行讨论。

2. EDI标准的构成要素

为了实现各公司计算机系统间传递贸易单证，必须保证这种贸易单证具有标准格式并能够为各公司的计算机所识别。正如语言在人类交流中的媒介作用一样，EDI标准是实施EDI必不可少的，它是计算机系统之间的语言。作为EDI标准，应达到以下目的：

（1）提供一种任何贸易伙伴都可使用的语句，这种语句是无歧义的，可以使使用者明白其含义的；

（2）这种标准是不受计算机机型影响的，是既适用于计算机间的数据交换，同时又独立于计算机之外的。

（3）EDI传递的贸易单证是电子单证，目的是为了以电子手段完成传统贸易单证的传递，从而加速单证的周转，缩短贸易进程。EDI标准的制定正是基于此目的的，因此贸易数据元就是EDI标准的重要组成部分。

贸易数据元是电子单证最基本的单位，任何电子单证都由贸易数据元组成。订立EDI标准首先就要定义此标准所涉及的贸易数据元，对贸易数据元的名称、使用范围、数据类型和数据段长度做出详细的规定。贸易数据元是制定EDI标准的基础，它决定了标准的适用范围，起到对标准的支持和限定作用。

任何贸易单证都是由一些具有一定功能的项组成的。例如一张发票是由发货人、货物名称、货物价格等项组成。那么电子单证为实现贸易单证的功能而与贸易单证的项相对应的就是段。

每一个段都是由多个数据元组成的，与现在贸易单证中的各项所起的作用一样，段在电子单证中完成一定的功能，是组成电子单证的单元。电子单证是以报文形式在计算机网络上传输的,它除包含相应的贸易单证的内容外,还包含一些必要的控制段。因此,段的种类就分成数据段和控制段。在 EDI 标准中数据段的定义包括段标识、段名、段功能和组成段的数据项,其中段标识是由段名的英文首字母缩写构成的。控制段的定义结构与数据段差不多,所不同的是,在功能上,一个数据段完成的功能基本上是贸易单证中一个项所起的作用,而控制段是对整个 EDI 报文的控制、标识与描述;在使用上,不同类型的 EDI 报文都具有相同的控制段,而数据段的取舍则取决于 EDI 报文的类型。EDI 标准中定义的段是 EDI 报文设计中所需段的集合,任何在此标准下设计的 EDI 报文中涉及的段都不超出标准定义的范围。

EDI 标准如果仅有数据元目录和段目录,而公司计算机系统间传递的电子单证格式由用户自行定义,那么用户间传递的报文将不能被彼此理解,EDI 的应用将处于混乱状态,其优越性就无从体现。因此,EDI 标准除包括贸易数据元目录和段目录外,还应包括标准报文格式,即用户都能识别的电子单证式样。

标准报文格式一般包括两部分:报文控制部分和报文内容部分。报文控制部分由控制段构成,至少包括报文头(Message Header)和报文尾(Message Tailer)两个段;报文内容部分由数据段构成,涉及的段由报文性质决定,例如订单报文与发票报文涉及的数据段就有所不同。报文中用到的数据段根据需要从相应的段目录中选取出来,并根据报文设计需要按一定先后次序出现在标准报文中。这样,必要的控制段,加上一定数量有序的数据段就构成了 EDI 报文标准。

总之,为达到 EDI 标准所希望的目的,起到 EDI 标准所应起的作用,EDI 标准至少要包括数据元目录、段目录和 EDI 标准报文格式。图 7.6 描述了这三部分关系。因此,数据元、段和标准报文格式是 EDI 标准的三要素。

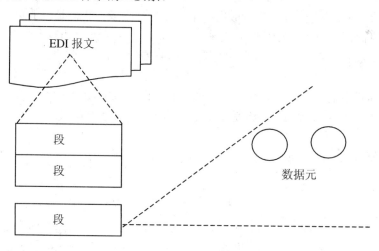

图 7.6　EDI 标准三要素的关系

7.2.2　EDIFACT 标准构成

EDIFACT 标准包括一系列涉及电子数据交换的标准、指南和规则,包括以下 8 个方面的内容:
(1) EDIFACT 应用级语法规则(ISO9735)
应用级语法规则规定了用户数据结构的应用层语法规则和报文的互换结构。

(2) EDIFACT 报文设计指南

报文设计指南是为从事标准报文的设计者提供技术依据。

(3) EDIFACT 应用级语法规则实施指南

这一指南的目的是帮助 EDI 用户使用 EDIFACT 语法规则。

(4) EDIFACT 数据元目录（ISO7372）

EDIFACT 数据元目录收录了 200 个与设计 EDIFACT 报文相关的数据元，并对每个数据元的名称、定义、数据类型和长度都予以具体的描述。

(5) EDIFACT 代码目录

代码目录给出数据元中的代码型数据元的代码集，收录了 103 个数据元的代码，这些数据元选自 EDIFACT 数据元目录，并通过数据元号与数据元目录联系起来。

(6) EDIFACT 复合数据元目录

所谓复合数据元是由别的数据元组成的，其功能更强，包含的信息量更多。目录收录了在设计 EDIFACT 报文时涉及的 60 多个复合数据元。目录中对每个复合数据元的用途进行描述，罗列了组成复合数据元的数据元，并在数据元后面注明其类型，注有字母"M"的表示该数据元在此复合数据元中是必须具备的，注有字母"C"的表示该数据元在此复合数据元中的出现与否是根据具体条件而定的。复合数据元通过复合数据元号与段目录相联系，组成复合数据元的数据元通过数据元号与数据元目录、代码表相联系。

(7) EDIFACT 段目录

段目录定义了 EDIFACT 报文中用到的段。目录中注明了组成段的简单数据元和复合数据元，并在数据元后面注明此数据元是"必备型"或"条件型"。段目录中除有段名外，每个段前均标有段的标识。"段标识"一般由三个英文字母组成，它们是段的英文首字母缩写。每个段通过"段标识"与 EDIFACT 标准报文相联系，简单数据元和复合数据元通过数据元号和复合数据元事情与 EDIFACT 数据元目录和复合数据元目录相联系。

(8) EDIFACT 标准报文目录

这是已得到联系合批准的贸易单证标准报文的集合。EDIFACT 标准报文格式分三级：0 级、1 级和 2 级。0 级是草案级，1 级是试用推荐草案，2 级是推荐报文标准级。

7.2.3 EDIFACT 应用结构

1. 语法规则

ISO9735 规定了 A 级和 B 级字符集，对应于 A 级和 B 级字符集有 A 级和 B 级语法规则，它们除了字符集的使用外，其余各方面均相同。主要是终止符和分隔符的表示有所差别。A 级和 B 级终止符和分隔符的表示如表 7.1 所示。A 级和 B 级字符集分别如表 7.2 和表 7.3 所示，在一般情况下，缺省使用 A 级字符集，即采用 A 级语法规则。

表7.1　A 级、B 级的终止符和分隔符

名称与作用	A 级	B 级
段终止符	'	IS4
段标记与数据元分隔符	+	IS3
成分数据元分隔符	:	IS1

表 7.2 A 级字符集

大写字母	A~Z	右圆括号	)
数字	0~9	斜线号	/
间隔符		等号	=
句号	。	撇号	' 段终止符
逗号	,	加号	+ 段标记和数据元分隔符
连字符/负号	-	冒号	: 成分数据元的分隔符
左圆括号	(	问号	? 释放字符
感叹号	!	星号	*
引号	"	分号	;
百分号	%	大于号	>
和号	&	小于号	<

表 7.3 B 级字符集

大写字母	A~Z	等号	=
小写字母	a~z	问号	? 释放字符
数字	0~9	感叹号	!
间隔符		引号	"
句号	。	百分号	%
逗号	,	和号	&
连字符/负号	-	星号	*
左圆括号	(	分号	;
右圆括号	)	小于号	<
斜线号	/	大于号	>
撇号	'	信息分隔符	IS4 段终止符
加号	+	信息分隔符	IS3 数据元分隔符
冒号	:	信息分隔符	IS1 成分数据元分隔符

2. 段和数据元的结构

(1) 数据元结构

在 EDIFACT 中,数据段、控制段和数据元都是有一定结构的,数据元的结构如图 7.7 所示,数据元分为简单数据元和复合数据元,它不能单独存在于一个报文中,是被用来构造段的材料(元素),若干数据元按照一定的顺序和结构定义在一起,组成了一个段。数据元之间用数据元分隔符隔开。简单数据元和复合数据元在相关的段定义中被规定为条件型或必备型。复合数据元由成分数据元和成分数据元分隔符组成,成分数据元分隔符是必备型,不论其前后的成分数据元存在与否,分隔符都将存在。而成分数据元是一种特殊的简单数据元,一系列成分数据元组合在一起,表达一个比较复杂的内容,也就是复合数据元所要表达的意义。在复合数据元中最后一个成分数据元之后不应有成分数据元分隔符,复合数据元有两类:CXXX 是表示用户数据,SXXX 是服务复合数据元,是服务段的组成部分,当然,服务段也可以有普通的数据元。一般情况下,数据元指的就是简单数据元。

在 EDIFACT 数据元目录中规定采用 4 位数字作为数据元的标识,为了方便用户使用,将数据元标识空间划分成了 9 个组,在每组里,前 500 个号划分给经国际间协商而定的数据元,随后的 300 个号由各国标准化团体统一制定使用,最后 200 个号由公司使用,这样的规定给使用者提供了相对的灵活性。如果有国际统一的数据元,便采用国际统一的数据元;如果国际统一数据元中没有本国使用的一些数据元,各国可发展自己的数据元子集;国家未定义的数据元,各公司可以自行定义。但是,无论是各国或各公司对数据元的定义,必须按照这种划分规定来进行,在相应的标识空间中编码,以免发生冲突,造成混乱。

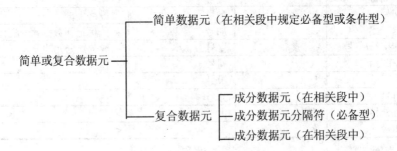

图 7.7 数据元的结构

在标准中,用具体的图表格式给出了每个数据元的定义。每个数据元的定义分为几部分,对数据元的功能、结构、应用范围等给予了详细描述。在标准中,数据元是按照代码的顺序进行排列的。定义的描述表示为:

XXXX	数据元代码
标题（title）	数据元名称
说明（desc）	对该数据元的解释和说明
表示（repr）	数据元值的表示方法,给出了数据输入的可用空间和位置
注释（note）	适当的附加说明,描述数据元的功能、应用范围等
参考（refe）	在"注释"的解释不完全时,用以指示信息出处的参考
同义词	描述该数据元的同义词

在这些条目中,前 4 项是必须有的,后面三项则根据具体情况来决定。图 7.8 给出了一个数据元的例子。

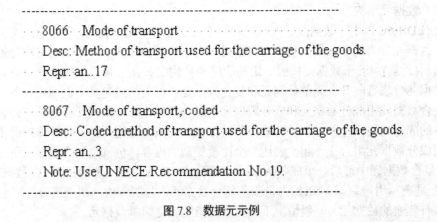

图 7.8 数据元示例

表 7.4 的左边给出了数据元表示的定义,右边解释了将值代入数据元应遵从的含义。

表7.4 数据元值的表示

表 示 法	含 义
a	字母字符
n	数字字符
an	定长，数字字母字符
a3	定长，3个字母字符
n3	定长，3个数字字符
an3	定长，3个数字字母字符
a...3	变长，3个字母字符
n...3	变长，3个数字字符
an...3	变长，3个数字字母字符

（2）段的结构

EDIFACT 段是由段标记、数据元分隔符、简单或复合数据元序列和段终止符组成的。图7.9表示了段的结构。段标记包括段代码、成分数据元分隔符和嵌套、重复指示。实际上，段标记可以看作是一个特殊的复合数据元；段代码是一个必备型成分数据元，表示为段的名称之缩写，如名字和地址段（Name And Address）的段代码为 NAD；段标记中的成分数据元分隔符是条件型的，这是段标记与其他复合数据元不同的显著特征；嵌套和重复指示是用数字来表示该段重复次数和嵌套层次的，在下面会予以详细说明。在 EDIFACT 中，每个段都定义了一系列相关的简单或复合数据元，这些数据元要么为必备型，要么为条件型。

段	段标记	段代码（必备型成分数据元）
		成分数据元分隔符（条件型）
		嵌套和重复指示（条件型成分数据元）
	数据元分隔符（必备型）	
	简单或复合数据元（根据需要为必备型或条件型）	
	段终止符	

图7.9 段的结构

3. 报文的交换结构

EDI 报文的交换用数据元、数据段、功能组和报文来标识。报文由用户数据段和报文头、报文尾组成，其中报文头与报文尾是服务段。数据段等同于贸易单证中的一个栏目，它是由一些预先定义的、功能上相关的数据元组成的，例如发货方、收货方、日期和地址等。数据段由段标识符表示，在报文中的每个数据段有一个确定的位置，即用段序来表示，这是标准预先定义好的。段可以重复和嵌套。功能上相关的报文组成功能组，功能组是由组头和组尾来标识的。数据段内有简单数据元和复合数据元。复合数据元由成分数据元组成。成分数据元是电子单证中最基本的、不可分割的单元。成分数据元之间用语法分隔符隔开。因此，一个 EDIFACT 报文中，服务串通知 UNA 和服务段 UNB-UNZ 按下列顺序出现（如图7.10所示）。

服务串通知	UNA	条件
交换头	UNB	必备
功能组头	UNG	条件
报文头	UNH	必备
用户数据段	……	……
报文尾	UNT	必备
功能组尾	UNE	条件
交换尾	UNZ	必备

图 7.10　EDIFACT 报文一次交换的格式

下面对各个主要服务段包含的信息和应用方法进行说明。

（1）服务串通知 UNA

定义在该次交换中被选择用作定界符和指示符的字符。在 UNB 段中，服务串通知中的分类优先于定界符的分类。它有一个固定的长度，为 9 个字符，前三个为 UNA。

在进行传输时，服务串通知必须在交换头 UNB 之前出现，并且在开始时使用大写字符 UNA，紧接着是由发送器指示选择的 6 个字符，其功能如表 7.5 所示。

表 7.5　UNA 结构

表示	状态	名称	附注
an1	M	成分数据元分隔符	
an1	M	数据元分隔符	
an1	M	十进制记数法	逗号或句号
an1	M	释放指示符	如不使用，插入空格
an1	M	保留将来使用	插入空格字符
an1	M	段终止符	

（2）交换头——UNB 段

除段代码 UNB 外，下列必要的服务数据元必须以下列顺序出现：

语法标识符与版本号；交换发送者的地址；交换接收者的地址；传输日期和时间；交换控制参照符。

如果规定使用交换协议，下列某些或所有条件型服务数据元可包括在段中，如包括在段中，它们就必须按照下列顺序：

接收方的传输参照符；应用参照符；处理优先权代码；确认需求；通信协议标识；试验指示符。

例如，一个使用 A 级语法的，并且包含所有数据元的 UNB 段的可能取值如下：

UNB+UNOA:1+123:AB:PO168+3572:DN:B1342+960406:1215+A143+B26AZ+DELINS+X+1+CANDE+1

在这里，UNB 是段代码；

UNOA（语法标识符与版本号）：1 标识第 1 版本，语法规则为 A 级以及控制机构是 UNO。若使用 B 级语法，则可能表示为 UNOB：1。版本号的作用是为了对标准进行维护，未来对语法的每次修订都会使版本号由 1 开始递增；

123：AB：PO168（交换发送者的地址）以代码形式标识传输的发送方，AB 是限定符，用来标识正使用的代码集，下一个代码（PO168）表示接收方做出应答向反方向发送的地址；

3572：DN：N1342（交换接收者的地址） 以代码形式标识传输的接收方，并加上一个附言代码。DN 为限定符。如果没有使用功能组，便可使用向前发送的附言代码；

960406:1215 960406（传输日期和时间）是日期，意为 1996 年 4 月 6 日，1215 是传输的时间，意为 12 点 15 分，这些是交换进行传输的日期或时间；

A143（交换控制参照符）是由交换的发送方安排的本次传输的惟一交换控制参照符；

B26AZ（接收方的传输参照符或由发送方提供的口令）是接收方的参照符或口令；

DELINS（应用参照符）是一个应用参照符的例子。此域的一个基本用法是在惟一的一次传输中，保持所有段报文具有同样类型，并在此域中带有合适的报文标记符。这一用法允许由接收方从传输前便包含有不同类型报文的邮政服务对特种报文进行检索。如果既使用功能组又使用含有不同报文混合体的交换时，此技术不能使用。在这种情况下，可能会留下空白；

X（处理优先权代码）是一个优先处理代码，使用一个在交换协议(或如不使用即留空白)中已定义的代码；

1（确认需求）表示发送方需要对交换进行确认。还表示接收方已对此次交换成功地接收与识别了报文头与报文尾段（UNB 与 UNZ）。接收方将使用一个"CONTRAL"应答。这种确认并不意味着交换的内容已经正确处理并对接收方来说可以接受。如果不需要确认，此域置为零；

CANDE（通信协议标识）是一个规定在交换协议中的代码例子，标识了通信协议的类型，按此通信协议，交换可得到控制（如不使用便留为空白）；

1（试验指示符）表示这是一个试验传输。对当前数据的传输，此域设置为零。

(3) 交换尾——UNZ 段

一个交换的尾部包括如下信息：

● 交换中的文件数或功能组数
● 交换控制参照符（与 UNB 中的值相同）

除段代码 UNZ 外，此服务段包含两个强制型的服务数据元。第一个是交换控制读数，如果使用了功能组，则它既可包含交换中报文的读数，又可包含交换中功能组的读数。

第二个数据元是交换控制参照符，它包含对于同一交换在 UNB 交换头段的同一区域进行传送的相同参照符。检查这两个区的相同性可保证一组交换数据被成功地接收。用于指示具有交换控制参照符 A143 的 UNZ 段含有 7 个功能组，将以 UNZ+7+A143′的形式传输。对于还没使用功能组并具有同样参照符的传输以及含有 2500 条信息的传输，UNZ 段应以 UNZ+2500+A143′的形式传输。

(4) 功能组头——UNG 段

使用功能组的主要好处在于它允许具有多功能处理的大部门或数据处理中心产生他们自己可标识的应用数据包裹，此包裹能从一个起始部门发送到接收方部门的系统。

一个功能组的头部包括如下信息：

功能组中报文类型的标识符；发送者的标识符（如：组织的名称）；接收者的标识符；传输的日期和时间；功能组参照符；对报文结构类型的部门责任；报文类型的版本；口令

一个功能组（具有段代码（UNG））可以下列形式传输：

UNG+INVOIC+15623+23457+960405:1835+CD1352+UN+89:1+A3P52′

其中：UNG 是段标记代码；

INVOIC（功能组中报文类型的标识符）是功能标识，常用来标识包含在功能组中的报文的类型，这里表示是发票（INVOICE）报文；

15623（发送者的标识符）是发送方的标识，它是一个用来标识某个特殊的单位、部门、地区等项目的代码，来自包含在功能组中的报文，或对包含在功能组中的报文负责。如果需要，数据元可以包含一个限定符的次要分量，用来标识正在使用的代码集；

23457（接收者的标识符）是接收方的标识，它是一个用来标识特殊单位、部门、地区等项目的代码，对此代码，最终要指定功能组中的报文。如有必要，它也可能受到标识正在使用的代码集的次要分量所限止；

960405:1835（传输的日期和时间）是汇编在一起的报文功能组的日期和时间，这里的日期和时间常常先于 UNB 中的日期和时间；

CD1352（功能组参照符）是用于功能组的惟一参照符的号码，由部门分配；

UN（对报文结构类型的部门责任）是控制机构代码，对于包含在组中的报文类型，用它来标识对报文标准负有制定与维护责任的机构；

89:1（报文类型的版本）是组中所有报文的版本号与发布号。该组的报文必须有同样的报文类型，对于指定代码的应用，复合数据应包含一个附加成分数据元。应注意到，如果环境要求在分配代码区的联系中存在一个号码，作为复合需要的相同数据便不会在报文头 UNH 的相同区重复，而该服务段优先于功能组中的每条报文；

A3P52（口令）是一个应用口令，并且是段中惟一的条件型的数据元，其余均为强制数据元。如果规定了交换协议（或双方协商）并获得许可进入将要进行处理的该功能组的用户系统时，则使用口令。

（5）功能组尾——UNE 段

一个功能组的尾部包括如下信息：

功能组中的报文数；功能组参照符（与 UNG 中的值相同）。

除了段代码 UNE 外，此服务段包含两个强制型服务数据元。第一个数据元是"报文数目"，它包含功能组中报文的总数。第二个数据元是"功能组参照符"，它包含与 UNG 中值相同的参照符，此参照符作为功能组在相同的 UNG 段中传送，检查这两个数据元是否相同，以保证功能组被成功接收。若一个功能组的参照符为 CD1352，具有 72 条报文的功能组尾，则以下列形式传输：UNE+72+CD1352′。

（6）报文头——UNH 段

此段用于数据及服务段，其段代码为 UNH。它包含两个强制型服务数据元：

报文参照符；报文标识符

报文标识符是一个复合数据元，它有五个成分数据元：

- 报文类型　　　　（强制型）
- 报文版本号　　　（强制型）
- 报文释放代码　　（条件型）*
- 控制机构　　　　（条件型）*
- 联合分配机构　　（条件型）*

（7）报文尾——UNT 段

报文的尾部包含如下信息：

- 报文内的段数

第 7 章 电子商务与 EDI

- 报文参照符（与 UNH 中的值相同）

除了段代码 UNT 外，该段包含两上强制型服务数据元。第一个是报文中段的数目，它包含了报文中的全部段的总数目，并包括了 UNH 和 UNT 段。第二个是报文参照符，它包含同样的参照符，该参照符对同样的报文可在 UNH 报文头段的相同区中传送。

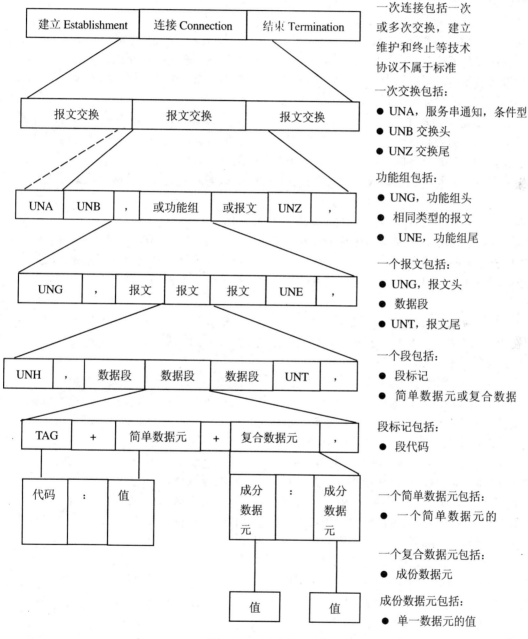

图 7.11 一次交换的层次结构

在贸易伙伴的计算机系统之间建立一次联接后，可以进行一次或多次交换。图 7.11 表示了一次交换从交换级到数据元级的层次结构。

4. 段和数据元的压缩、重复与嵌套

在 EDIFACT 应用级语法规则中定义了段和数据元的压缩、段的重复和嵌套。EDI 报文的压缩可采用段和数据元的压缩来实现，可用段删除、省略法和截断法来删除数据元或成分数据元。对于数据元目录中规定长度可变的和没有其他限制的数据元应压缩无效字符，也就是压缩或删除数据元值的前导零和尾随的空格。

（1）段和数据元的压缩

所谓段压缩就是删除不含数据的条件段（包括其段标记）。因为在组成一个报文的所有段中，有些段是可选的，在一些情况下，选用这些段来描述一些信息，而在另一些情况下，这些段没有被使用，所有的未被选中的可选段都可以删除，以便节约空间，缩短报文长度，这在进行通信传输时非常有利。

数据元是用它在段中的序列位置来标识的，当一个可选型数据元没有被选用时，可以省略该数据元，但必须保留它的数据元分隔符来指示它的位置，以便接收者能够正确理解报文的含义，这就是数据元的省略删除法。如果在某段的尾部有一个或多个可选型数据元被删除，可用段的终止符来截断该段，并且不必保留其后的数据元分隔符，这就是数据元的截断删除法。

同样的，在一个复合数据元内部的成分数据元是由它们给出的顺序位置标识的，省略法删除成分数据元是当需要省略可选型成分数据元时，仅用保留它的成分数据元分隔符来指示它的位置；截断法删除成分数据元是在段的尾部用段终止符或者在复合数据元尾部用数据元分隔符来截断一个或多个未被选用的条件型成分数据元，不必保留尾随的成分数据元分隔符。

段的压缩和数据元的删除都是针对可选型段或数据元的，目的是去掉无意义的内容，使报文变得短小精炼，这是对报文的优化措施。但是要把需要说明的内容表示清楚。

（2）段的重复与嵌套

段的重复是指同一个段可以在报文中多次出现，段的重复有显式重复指示和隐式重复指示两种形式。段的显式重复是指在段标记中，第一个成分数据元是段代码，而位于最后的成分数据元的值指出段的重复次数。隐式重复是通过段的顺序位置的标识，隐含地指示段的重复，这时，报文中的段应严格按照报文类型规定的顺序出现。

一个段中的数据元也可以多次重复，但重复次数不能超过相关段目录中规定的次数。如果少于规定的次数，可以应用相应的方法对其进行省略或截断。

对于许多类型的报文来说，一个实际存在的要求就是需要重复报文中的一些段。例如，一张发票可以包含很多项目，而每个项目可包含产品代码、质量、价格等，也就是说这些项目的内容、结构是相同的。这就是重复段的现实需求。

有时一个段的几次重复可能发生在一个已经重复过的段中，这就是段的嵌套。例如，一个集装箱中可能有几种物品或在一次交付中有几个集装箱，物品项目的数据元便汇集在一个重复的数据段中，而每个集装箱详细情况汇集在另一个高层的重复数据段中，与段的重复相似，段的嵌套也有显式嵌套和隐式嵌套两种指示方式。

段的显式嵌套是在段标记中指出的，段标记的第一个成分数据元是段代码，后随的成分数据元指出段的嵌套层次，两者以成分数据元分隔符隔开。隐式嵌套是通过段在报文中的顺序，按照从上到下，从左到右的规则隐式指示段的嵌套，段之间的嵌套关系是隐含的，处理时无需再进一步指示。

7.3 基于 Internet 的 EDI

EDI 的价值在于在企业之间自动实现数据交换，这也是实现 B2B 电子商务的关键。EDI 的实施不仅要克服各企业计算平台的异构，更困难的是，还要克服企业之间的事务集合和商业规则的"异构"，所以，尽管 EDI 前景十分诱人，但目前并没有得到广泛的应用。而因特网技术的发展，尤其是 XML 的出现，为传统 EDI 重新注入了活力，这里我们主要讨论 Internet 环境下 EDI 的实现

7.3.1 Internet EDI 的产生

1. 传统 EDI 的困惑

在过去的几十年中，企业在内部事务处理自动化方面都投入了大量的资金，取得了明显的效果，提高了工作效率，但在企业外部事务自动化处理方面，改善的程度是非常有限的。结果，企业建立了与它们的商业伙伴——供货商和客户，孤立开来的信息孤岛。企业间以及它们与其商业伙伴间的交流仍旧是依赖人工处理，因此效率很低。

EDI（电子数据交换）是一种在异构的应用或平台间用电子格式交换数据的过程，它是连接信息孤岛的有效手段。EDI 并非简单地把数据从一个系统输出到另一个系统，而是在系统间进行真正的交互操作。例如，如果公司 B 是公司 A 的供货商，那么它们不必以硬拷贝的形式发送购货订单、账单和支票，而是将它们的计算机系统连接起来，用电子方式交换同样这些数据。最初，EDI 主要是为了提高公司的效率而实施的，它消除了费用高昂而低效的手工处理方法，如对购货订单和账单的处理。两个或多个公司的计算机之间共享这些信息，可以显著地提高效率。

首先，使用 EDI，公司能更有效地管理它们的供应链，从而把从发放订单到收到货物所需的平均时间从几周缩短到几天。通过加强对存货清单的控制，公司能够减少在此方面的投资，同时还能帮助找出公司业务中存在的问题。对于那些存货清单的开销在业务中占很大比例的企业，如制造业，这意味着可以节省大量的费用。

其次，EDI 能有效缩短典型的订单产生、交付和处理的整个过程，从而减轻流动资金的压力。把 EDI 和电子资金传输（EFT: Electronical Fund Transmission）结合起来以后，公司还可以进一步缩短资金周转周期。

第三，由于缺乏足够的数据来判断危机的严重程度，等到察觉时可能为时已晚。EDI 能为公司决策提供所需要的大量实时信息，从而避免这种情况的发生。用了 EDI 以后，公司就能实时地访问完整的数据，搜集和操作与供货商及客户之间的信息，并对其做出权衡，这对于公司的成功是至关重要的。

公司与供货商建立了 EDI 之后，可以把它用于其他潜在客户，并由此增长了业务。随着 EDI 应用范围的扩展，公司可能会不接受那些无 EDI 能力的供货商，这可能会成为一种趋势。如果全世界的业务能全部转向 EDI，所节省的费用将是惊人的。EDI 自产生应用至今已经 20 多年了，但仍未得到广泛的普及，EDI 的效益并不像人们所预想的那样，其原因何在？我们从企业采用 EDI 的过程来分析其症结所在。

企业要实现传统的 EDI，商业伙伴必须采取以下步骤：
（1）达成称为商业协议的某种协议。
（2）选取某种增值网（VAN）。
（3）然后，商业伙伴订购或自己编写客户软件，对双方所使用的两种数据集合的格式进行映射。
（4）每当有新的商业伙伴加入时，都要编写新的软件，以便将发送方的数据集合翻译成接收方所能识别的格式。当一个新的商业伙伴加入时，上述步骤都要从头做起。

首先，EDI 数据通过各种标准（专业、行业、国家和国际标准）进行交换，但实际上往往会有例外。例如商业规则中的填订购单，销售商可能想增加注释，因为这些注释反映了一定的商业操作，必须支持它们；现实世界中的标准、每个国家的特殊要求会使标准变得非常复杂；实现 EDI 时，不同企业根据需要对标准进行一定的选择，去掉他们根本不使用的部分，形成被裁剪了的标准信息版本，花费很高，且不同版本之间的消息不能相互处理，所以在传统 EDI 中定义了严格的事务集合。这些事务集合对数据的内容、结构和处理需求进行了阐述。换句话说，在事务集合中嵌入了商业规则。商业规则与事务集合定义的结合引起了许多问题，其原因有以下几点：

（1）固定的事务集合

传统 EDI 最严重的问题就是建立在固定的事务集合的基础上，而公司不能为了适应一套固定不变的事务集合，就使自己也保持不变。事务集合会妨碍它们发展新的服务和产品，并妨碍它们改变计算机系统和改善对业务的处理。由于每一对商业伙伴之间都需要进行数据映射的专用客户软件，所以这种方法非常不灵活。

（2）固定的商业规则

商业规则，作为实现指南封装在事务集合的定义中。一个大企业所用的商业规则可能在一个中小型企业中完全不适用。为一个中等规模的企业所制订的商业规则，在一个小企业中也可能根本不适用。

不同行业间的商业规则也不同，甚至同一行业中具有同等规模的公司也会实现不同的商业规则。而且，商业规则是随时间变化的。

其次，实现 EDI 需要高额的费用，尤其是针对于中小型企业，其原因在于：

（1）实现传统的 EDI 需要对 EDI 概念有深入的了解，同商业伙伴达成一致意见，然后改造现有的系统，购买(或开发)相应的转换软件，购买 VAN(Value Added Networks)服务，这些对于中小企业(SME)来说难以轻易实现。加之早期计算机昂贵，Modem 只有 300bps，商品软件少，许多应用程序需要自行开发，因此只有很大的公司才有能力使用 EDI。

（2）大公司实施 EDI，可以带来明显的经济效益和高效率，中小型企业则不然。这是因为实现 EDI 需要高额的固定费用，这笔费用与它所能节省出来的费用必须达到某种平衡。大型企业实现 EDI，不一定比中小型企业贵多少，因为两者的自动化程度不一样。实际上，由于大型企业的自动化程度高，为中小型企业实现 EDI 反而要更贵一些。大公司通常只要实现一个 EDI 标准，而中小型企业必须适应其大商业伙伴们的各种各样的 EDI 标准，这会增加另外的成本。

（3）传统的 EDI 主要通过增值网络（VAN）进行，存在着技术复杂、费用高的缺陷，使得 EDI 在企业中尤其是在中小企业中的普及和发展受到严重制约。据美国的一家信息技术顾问公司 Gartner Group Inc.调查显示在美国仅有不到 1%的企业使用 EDI（Wilde, 1997），其主要原因就是使用 EDI 的高昂费用和使用的不便。使用增值网 EDI 的用户除了要付给增值网络服务商电子邮箱的租用费外，还要按实际收发的报文数收费，大约是每页 25 美分，如果一个公司每月要处理 125,000 份报文就要开支 50000 到 100000 美元。而使用基于 Internet 的 EDI，不仅相当的简单便捷，而且同样的业务量只需要 10000 美元左右。

总之，传统 EDI 不仅实现起来很难，而且代价很大。更糟的是，对于每对商业伙伴，都需要一种专用的解决方案。在外联网中提供某种公共协议也只是一个部分解决方案，因为每个公司所实现的系统都基于不同的平台、应用、数据格式（表示法）、协议、模式、商业规则等，把这些系统简单地连接到因特网上并不能解决根本问题。

2. Internet 为 EDI 带来了新的生机

近 20 年来，PC 机降价、普及、上网，Internet 迅速发展；另一方面，中小企业的作用越来越大，与大公司有许多贸易单证往来。因此，让中小企业能够顺利使用 EDI，使传统 EDI 走出困惑，显得必要而且可能。

Internet 是世界上最大的计算机网络，近年来得到迅速发展，它对 EDI 有如下影响：
- Internet 是个全球性的网络，可以大大扩大参与交易的范围；
- 相对于私有网络和传统的增值网来说，Internet 可以实现世界范围的连接，花费很少；企业利用现有的 Internet 比直接使用费用较高的 VAN，大约能节省近 75%的 EDI 实施资金；
- 基于 Internet 的 EDI 系统容易实现，技术上不复杂；
- 基于 Internet 的 EDI 还使商业用户可以使用其他一些电子商务工具，如多媒体能力和交互式 EDI 通信等，使商业用户可以进行实时通信并将图片和其他一些多媒体信息嵌入其传输事务之中。基于 Internet 的 EDI 可以帮助公司与那些没有 EDI 的小交易伙伴进行 EDI 活动。

Internet 和 EDI 的联系，为 EDI 发展带来了生机，基于 Internet 的 EDI(简称 Internet EDI) 成为新一代的 EDI，前景诱人。据 Forrester 研究公司调查显示，近半数的企业打算在 2000 年之前使用 Internet EDI。用 VAN 进行网络传输、交易和将 EDI 信息输入传统处理系统的 EDI 用户，正在转向使用基于 Internet 的系统，以取代昂贵的 VAN。

目前，虽然基于 Internet 的 EDI 还处于初始阶段，但是已有一些应用系统出现。典型的有：

Premenos 公司开发的 Templar 系统，该系统包括安全认证、故障恢复、报文传输等功能并能核查报文发送或接收的状态，可在 Windows NT 平台中和 UNIX 平台下运行。

美国电子通信系统公司（Electronic Communication Systems Inc. ECS）开发的 Netvan 系统，该系统采用 FTP 协议并使用标准 Internet 加密对数据进行安全性处理，通过用户 ID 号和用户口令识别交易对象。

Harbinger 公司的 Harbinger Express 是一个基于 Web 的 EDI 服务，它允许用户与不具备 EDI 能力的贸易伙伴进行商业文件交换。Harbinger 是第一个利用 VANs 提供 Web EDI 的系统。

通用电器信息服务公司（GEIS）是全美最大的 VAN EDI 服务提供商。他们开发的 GE TradeWeb 系统是一个与 Harbinger Express 相似的系统。GE TradeWeb 可使用 GEIS's VAN 的大公司通过它与那些小的以前没有使用 EDI 的贸易伙伴进行 EDI 数据交换。其低廉的费用非常具有吸引力，初装费为 25 美元，月租费为 65 美元，或 650 美元每年，用户每月可以最多发30份报文,接收报文不受限制,在这些费用中还包含了技术支持费用。

有些企业已开始在 Internet 上使用 EDI 进行商务活动。德克萨斯仪器公司(TI)就是其中的一个。通过使用,他们发现不仅提高了报文的传输速度,使他们能更广泛地接触市场,而且降低了费用。TI 公司每个月大约处理 180000 个 EDI 报文,绝大多数的报文传输利用了增值网络服务。为期四个月的通过 Internet 传输报文的结果是费用节省了四个数量级,并且使以往通过增值网络的响应时间从几个小时降低到 7 到 10 分钟。

Owens Corning, Inc.是在 Internet 网上进行电子数据交换的另一家公司。他们的 EDI 系统采用的是在其 VAN 网络服务商 Sterling Commerce, Inc.的基础上开发的基于 Web 的 EDI 系统,该系统允许其分销商使用浏览器在一个安全的 Web 站点上查阅产品价格目录和发出定单。定单由 VAN 转换为 EDI 格式并被加密后传送给 Owens Corning 公司。Sterling 公司的负责人认为,用户之所以对 Internet 上的 EDI 业务发生兴趣,主要是因为要拓展他们目前的 EDI 运作范围。

EDI 是一项涉及面广,影响力大的技术,已成为当今参与国际贸易竞争的重要手段。传统 EDI 的弱点阻碍了它的发展普及,Internet 赋予 EDI 新的生机,基于 Internet 的 EDI 逐渐成为 EDI 的较好方式。而 XML(eXtensible Markup Language 可扩展标记语言)的应用所引导的 Web 革命,将带来新一代的 Internet EDI。

7.3.2 Internet EDI

基于 Internet 的 EDI 主要有三种基本形式即:使用 E-mail 进行的 EDI、使用 Web 页面进行的 EDI、使用 FTP 进行的 EDI 应用系统,其实现框架如图 7.12 所示。

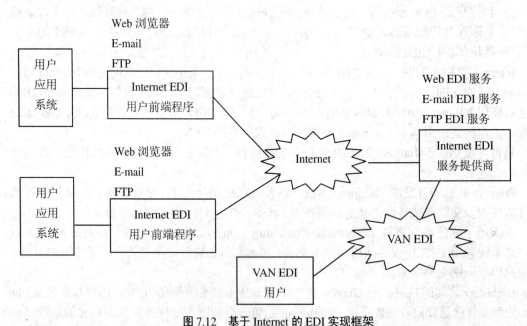

图 7.12 基于 Internet 的 EDI 实现框架

1. 基于 E-mail 的 Internet EDI

MHS 虽然是一个很好的专用报文处理系统,但它是一个基于广域网的系统,在使用时对用户所在地域的网络环境和用户的网络知识有一定的要求。这对于那些大公司不会有什么困难，而对一些中小企业来说就会遇到一些困难。通过使用 Internet 上的 E-mail 功能来实现报文数据交换的最大好处就是不需要与广域网直接挂钩，用户只需要通过电话拨号就可以在网上收发电子邮件。

在使用 E-mail 进行 EDI 时，用户通过应用程序接口从其电子数据处理系统（EDP）或管理信息系统（MIS）中获取所要的数据，并经 Internet EDI 用户前端程序处理后形成标准 EDI 格式的报文后，再通过加密处理后交由 E-mail 客户端程序发往提供 Internet E-mail EDI 服务的 EDI 服务商，Internet EDI 服务提供商接收到用户发送的报文后，将它转发给接收方的 E-mail 信箱。

接收报文时，用户从自己的 E-mail 信箱中收取报文，经解密后还原成标准 EDI 报文，再通过翻译程序将标准 EDI 报文翻译成用户平面文件，并根据用户需求与用户数据库相连接。

使用 E-mail 是 Internet 上最早的 EDI 应用，用 ISP 代替了传统 EDI 依赖的 VAN，解决了信道的廉价问题，并且具有使用简单的特点，但不太适应交互式实时报文传输的需求。同时也应注意到其局限性，由于简单电子邮件协议(STMP)缺少：

- 保密性，E-mail 在 Internet 上传送明文；
- 不可抵赖性，E-mail 很容易伪造，并且发送者可以否认自己是 E-mail 的作者；
- 确认交付，STMP 不能保证你正确交付了 E-mail，无法知道是否丢失。

虽然电文加密、电子认证和应用级的确认部分地解决了这些问题，但还是约束了其应用的扩展。

2. 基于 Web 的 Internet EDI

使用 Web 进行 EDI 的过程如下：

当用户希望发送报文时，利用浏览器直接浏览 Web EDI 服务提供商的 Web 页面，根据 Web 页面的指示选择需要的电子表格，并填写表格后提交。Web 提供商的服务器收到提交的内容后，对提交的内容进行检查，看是否符合 EDI 报文的各项规定，若符合则将提交内容转换为标准 EDI 格式的文本，作为电子邮件发送给指定的接受方，同时给提交方反馈正常提交信息；若不符合规定，则将不符合规定的地方指出，并反馈给提交方修改。

接收时，用户使用浏览器进入 Web EDI 提供商的页面，并提供用户标识和密码，Web EDI 提供商的服务器接收到用户信息后，对用户身份进行检查，看其是否为授权的用户，检查通过后，Web 服务器检查该用户的电子信箱，若有内容，则经翻译后，以 Web 页面的形式返回给用户浏览，并记录用户的使用情况。

Web EDI 方式被认为是目前 Internet EDI 中最好的方式。Web EDI 的目标是允许中小企业只需通过浏览器和 Internet 连接去执行 EDI 交换。Web 是 EDI 消息的接口，典型情况下，其中一个参与者一般是较大的公司，针对每个 EDI 信息开发或购买相应的 Web 表单，改造成适合自己的数据格式要求，然后把它们放在 Web 站点上，此时，表单就成为 EDI 系统的接口。另一个参与者一般为较小的公司，登录到 Web 站点上，选择他们所感兴趣的表单，然后填写它，结果提交给 Web 服务器后，通过服务器端程序进行合法性检查，把它变成通常的 EDI 消息，此后消息处理就与传统的 EDI 消息处理一样了。很明显，这种解决方案对中小企业来说是负担得起的，只需一个浏览器和 Internet 连接就可完成，EDI 软件和映射的费用则花在服务器端。Web EDI 方式对现有企业应用只需做很小改动，就可以方便快速地扩展成为 EDI 系统应用。

目前，广州市电信局已经在传统的 CHINAEDI 系统基础上，建设了 Web-EDI 系统（网站：www.ec-gz.com）。该系统提供加密通信，支持 HTML、VB 表格形式的商业单证，简单易用的界面使广大的中小企业可以花费低廉且方便地组建自己的商业资料交换网或加入传统 EDI 客户的 EDI 应用。

Web 方式的 EDI 适用于中小型缺乏专业人员的企业，是拓展 EDI 应用的一种有效手段，使中小型企业能参加到 EDI 应用之中，并且具有价格低廉的特点，但很难与企业内部系统整合，且不能提供交互式 EDI 的功能。

3. 基于 FTP 的 Internet EDI

使用 FTP 进行 EDI 与使用 E-mail 进行 EDI 的过程相似，只是报文传输采用 FTP 方式进行。发送报文时采用 FTP 上传文件；接收时利用 FTP 下载报文。报文的生成、翻译和解释在客户端进行。如果要通过 FTP 来交换 EDI 信息，贸易伙伴之间的协议必须包括一些设定的标准。通常每一个贸易伙伴要登入 FTP，必须先建立一个账号，并包括密码的设定。将来每一个 EDIFACT 信息会存储在一个文档中，而贸易伙伴协议则必须定义信息文档与目录的命名规则。

贸易伙伴之间的协议通常包括：
- FTP 登录名称与密码，以及可接受登录的主机；
- 目录与文档命名规则；
- 文档加密协议与密钥；
- EDI 资料的包装方式；
- 信息格式的协议，即 X.12 或 EDIFACT。

此种方式能实现与企业内部系统的结合，与基于 E-mail 的 Internet EDI 相同，它也较适合批式报文交换，不适于实现交互式报文交换。

7.4 XML 与电子商务标准

7.4.1 什么是 XML 标记语言

1. SGML 标识语言

20 世纪 60 年代，IBM 便着手研究通用标识语言（GML，Generalized Markup Language）来描述文件及其格式。1978 年，美国国家标准局（ANSI）将 GML 规范成 SGML（Standard Generalized Markup Language）标准。1986 年，国际标准化组织（ISO）发布了 SGML 的正式文本——SGML ISO8879:1986，使 SGML 成为通用的描述各种电子文件的结构及内容的国际标准，为创建结构化、可交换的电子文件提供了依据。利用 SGML，可以将来源不同的原始资料，如 SGML 片断、字处理文件、数据库查询结果、图形文件、视频文件等各方面的资料，组装在同一个文件中，利用文件格式定义（DTD，Document Type Definition）自由定义文件结构、添加标记或验证电子文件是否遵循 DTD 所定义的结构。

2. HTML 标识语言

SGML 过于繁复，许多可选特性 Web 开发不必要，难以应用。Internet 的广泛应用，需要人人都易上手的描述语言。作为 SGML 的子集，超文本标识语言（HTML，Hyper Text Markup Language）应运而生。

HTML 语言简单易用，它提供了一种文本结构和格式，使其能够在浏览器上呈现给访问它的用户。HTML 不同于一般的 ASCII 文件，是对 ASCII 文件的一种增强版本。它在文件中加入标签，使其可以显示各种各样的字体、图形及闪烁，还增加了结构的标记，如头元素、列表和段落等，并且提供了到 Internet 上其他文档的超文本链接。HTML 成为 Web 上的通用语言，用它可以方便地制作网页、建立链接，很快它便成为了 Web 蓬勃发展的基石。

但是，HTML 过于简单，随着 Web 文件内容的增多和形式多样化，越来越显得不适应，原因是 HTML 定义了惟一的文件类型，并且标记集不能被改动，简单易用却牺牲了语言性能。

3. XML 标识语言

1996 年 11 月，波士顿 SGML 年会上，新的数据描述语言 XML（eXtensible Markup Language）可扩展标识语言公布于世，并向 W3C（World Wide Web Consortium）正式提案。相对于 HTML 只是 SGML 衍生出来的一种文件格式，XML 则免除了 SGML 的繁复但仍保持其威力，这使 SGML 的优秀品质能方便而直接地被用在 Web 开发上。

XML 继承了 SGML 具有的可扩展性、结构性及可校验性，与 HTML 语言相比，区别主要在三方面：

- 可扩展性方面：HTML 不允许用户自行定义他们自己的标识或属性，而在 XML 中，用户能够根据需要，自行定义新的标识及属性名，以便更好地从语义上修饰数据。
- 结构性方面：HTML 不支持深层的结构描述，XML 的文件结构嵌套可以复杂到任意程度，能表示面向对象的等级层次。
- 可校验性方面：HTML 没有提供规范文件以支持应用软件对 HTML 文件进行结构校验；而 XML 文件可以包括一个语法描述，使应用程序可以对此文件进行结构确认。

表面上看，XML 文件与 HTML 文件比较相似，都以一对相互匹配的起始和结束标记符来标记信息，但二者功能不同，HTML 可以提供大量描述页面格式的标记，但它不能描述页面的具体内容，即不能解释页面上数据的含义。

与此相反，XML 则可以描述页面的内容。此外，XML 还有数据更新跟踪能力，这将改变数据共享的方式以及检索数据库和文件的方式。

XML 的其他优点包括：

- 它可以提供元数据（关于信息的数据），这些元数据将帮助人们找到信息，并帮助信息的使用者和提供者彼此找到对方；
- 用户可以用低成本的软件处理数据；
- 简化企业间数据交换，有助于产生独立于平台的协议，这些协议将丰富电子商务的数据；
- 为服务于企业或个人的电子商务代理提供有助于自动业务处理的信息。

正是这些优点，使得 XML 得到广泛关注，并快速应用于电子商务的应用中。

7.4.2 XML 对 Internet EDI 的影响

各种 Internet EDI 的方式，使传统 EDI 走出了困惑，特别是使中小企业能够接受。但另一方面，目前 HTML 标识语言过于简单也给应用带来了限制。近年来，XML 越来越受到关注，对电子商务的应用带来巨大的影响。

由于 XML 负责内容和结构，把商业规则与数据分离开来。贸易伙伴能集中于数据内容和结构的交换，运用各自的商业规则。利用 XML 很容易为支持新的交易过程而扩展通信。

基于 XML 的 Internet EDI 不再囿于古板严格的标准。但这并不意味着利用 XML 的 EDI 不需遵循任何规范。

贸易双方为了能够理解交换的信息，仍需认可其格式和内容。

XML EDI 有许多优点：

（1）XML 所采用的标准技术已被证明最适合 Web 开发，应用于 Internet EDI，则可以得到真正 Web 风格的 EDI——XML/EDI。XML 支持结构化的数据，可以更详细地定义某个数据对象的数据结构，如描述产品，详细定义该产品的生产厂、产品名、产品号、产地等信息，不仅为标记该产品提供方便，而且这种 XML 数据很容易按生产厂、产品名等排序，查询更方便。如果出现商业规则的例外，例如填写一个订购单，销售商可能想增加注释，反映一定的商业操作，XML 编写的 Web，指定的数据放入文档中后，便可以加入一些注释，解决了以前固定格式 EDI 的困难。

（2）XML/EDI 引进模板（Template）的概念，解决了 EDI 的主要问题：映射。模板描述的不是消息的数据，而是消息的结构以及如何解释消息，能做到无须编程就可实现消息的映射。在用户计算机上，软件代理用最佳方式解释模板和处理消息，如果用户应用程序实现了 XML/EDI，那么代理可以自动完成映射，并产生正确的消息，同时，代理可以为用户生成一个 Web 表单。与 Web EDI 不同，XML/EDI 可以在客户端处理消息，自动完成映射，花费很小。通过模板，用户可以得到对其环境的最佳集成，模板可以存储在别处，动态结合到本地应用程序中，这些使 XML/EDI 成为名符其实的 Web 风格的 EDI。

（3）Web EDI 允许中小企业只需通过浏览器和 Internet 连接去执行 EDI 交换，但它是不对称的。一方实现 EDI 交换，承担所有实现 EDI 的费用，一般是较大的公司，它对 EDI 消息开发或购买相应的 Web 表格、改造成适合自己的 IC，然后放在 Web 站点上，成为 EDI 的接口，于是，它可以享受 EDI 带来的全部好处；另一方只参与 EDI 交换，但不能从 EDI 中得到好处；因此，Web EDI 只能让中小企业负担得起上 EDI 的费用，但在得到 EDI 的好处方面，与实现 EDI 方（较大公司）是不均等的。XML/EDI 则不同，它能让所有的参与者都从 EDI 中得到好处，它是对称的 EDI。这一方面由 XML 的结构化和文件格式定义（DTD）特点所致；另一方面则由于 XML 的超链接，可以进一步指定目标找到后的动作。XML 本身的互操作性，使 XML/EDI 的参与者都能从中获得好处，无论是大企业，还是中小企业。

XML 优秀性能带来了新一代 Web，更使 Internet 与 EDI 相融合，令 EDI 真正具备 Web 风格。发展中的 XML/EDI 将与电子商务（EC）和商务智能（BI）良好相容，使所有的企业都体会到 EDI 和电子商务所带来的好处。

2. HTML 标识语言

SGML 过于繁复，许多可选特性 Web 开发不必要，难以应用。Internet 的广泛应用，需要人人都易上手的描述语言。作为 SGML 的子集，超文本标识语言（HTML，Hyper Text Markup Language）应运而生。

HTML 语言简单易用，它提供了一种文本结构和格式，使其能够在浏览器上呈现给访问它的用户。HTML 不同于一般的 ASCII 文件，是对 ASCII 文件的一种增强版本。它在文件中加入标签，使其可以显示各种各样的字体、图形及闪烁，还增加了结构的标记，如头元素、列表和段落等，并且提供了到 Internet 上其他文档的超文本链接。HTML 成为 Web 上的通用语言，用它可以方便地制作网页、建立链接，很快它便成为了 Web 蓬勃发展的基石。

但是，HTML 过于简单，随着 Web 文件内容的增多和形式多样化，越来越显得不适应，原因是 HTML 定义了惟一的文件类型，并且标记集不能被改动，简单易用却牺牲了语言性能。

3. XML 标识语言

1996 年 11 月，波士顿 SGML 年会上，新的数据描述语言 XML（eXtensible Markup Language）可扩展标识语言公布于世，并向 W3C（World Wide Web Consortium）正式提案。相对于 HTML 只是 SGML 衍生出来的一种文件格式，XML 则免除了 SGML 的繁复但仍保持其威力，这使 SGML 的优秀品质能方便而直接地被用在 Web 开发上。

XML 继承了 SGML 具有的可扩展性、结构性及可校验性，与 HTML 语言相比，区别主要在三方面：

- 可扩展性方面：HTML 不允许用户自行定义他们自己的标识或属性，而在 XML 中，用户能够根据需要，自行定义新的标识及属性名，以便更好地从语义上修饰数据。
- 结构性方面：HTML 不支持深层的结构描述，XML 的文件结构嵌套可以复杂到任意程度，能表示面向对象的等级层次。
- 可校验性方面：HTML 没有提供规范文件以支持应用软件对 HTML 文件进行结构校验；而 XML 文件可以包括一个语法描述，使应用程序可以对此文件进行结构确认。

表面上看，XML 文件与 HTML 文件比较相似，都以一对相互匹配的起始和结束标记符来标记信息，但二者功能不同，HTML 可以提供大量描述页面格式的标记，但它不能描述页面的具体内容，即不能解释页面上数据的含义。

与此相反，XML 则可以描述页面的内容。此外，XML 还有数据更新跟踪能力，这将改变数据共享的方式以及检索数据库和文件的方式。

XML 的其他优点包括：

- 它可以提供元数据（关于信息的数据），这些元数据将帮助人们找到信息，并帮助信息的使用者和提供者彼此找到对方；
- 用户可以用低成本的软件处理数据；
- 简化企业间数据交换，有助于产生独立于平台的协议，这些协议将丰富电子商务的数据；
- 为服务于企业或个人的电子商务代理提供有助于自动业务处理的信息。

正是这些优点，使得 XML 得到广泛关注，并快速应用于电子商务的应用中。

7.4.2 XML 对 Internet EDI 的影响

各种 Internet EDI 的方式，使传统 EDI 走出了困惑，特别是使中小企业能够接受。但另一方面，目前 HTML 标识语言过于简单也给应用带来了限制。近年来，XML 越来越受到关注，对电子商务的应用带来巨大的影响。

由于 XML 负责内容和结构，把商业规则与数据分离开来。贸易伙伴能集中于数据内容和结构的交换，运用各自的商业规则。利用 XML 很容易为支持新的交易过程而扩展通信。

基于 XML 的 Internet EDI 不再囿于古板严格的标准。但这并不意味着利用 XML 的 EDI 不需遵循任何规范。

贸易双方为了能够理解交换的信息，仍需认可其格式和内容。

XML EDI 有许多优点：

（1）XML 所采用的标准技术已被证明最适合 Web 开发，应用于 Internet EDI，则可以得到真正 Web 风格的 EDI——XML/EDI。XML 支持结构化的数据，可以更详细地定义某个数据对象的数据结构，如描述产品，详细定义该产品的生产厂、产品名、产品号、产地等信息，不仅为标记该产品提供方便，而且这种 XML 数据很容易按生产厂、产品名等排序，查询更方便。如果出现商业规则的例外，例如填写一个订购单，销售商可能想增加注释，反映一定的商业操作，XML 编写的 Web，指定的数据放入文档中后，便可以加入一些注释，解决了以前固定格式 EDI 的困难。

（2）XML/EDI 引进模板（Template）的概念，解决了 EDI 的主要问题：映射。模板描述的不是消息的数据，而是消息的结构以及如何解释消息，能做到无须编程就可实现消息的映射。在用户计算机上，软件代理用最佳方式解释模板和处理消息，如果用户应用程序实现了 XML/EDI，那么代理可以自动完成映射，并产生正确的消息，同时，代理可以为用户生成一个 Web 表单。与 Web EDI 不同，XML/EDI 可以在客户端处理消息，自动完成映射，花费很小。通过模板，用户可以得到对其环境的最佳集成，模板可以存储在别处，动态结合到本地应用程序中，这些使 XML/EDI 成为名符其实的 Web 风格的 EDI。

（3）Web EDI 允许中小企业只需通过浏览器和 Internet 连接去执行 EDI 交换，但它是不对称的。一方实现 EDI 交换，承担所有实现 EDI 的费用，一般是较大的公司，它对 EDI 消息开发或购买相应的 Web 表格、改造成适合自己的 IC，然后放在 Web 站点上，成为 EDI 的接口，于是，它可以享受 EDI 带来的全部好处；另一方只参与 EDI 交换，但不能从 EDI 中得到好处；因此，Web EDI 只能让中小企业负担得起上 EDI 的费用，但在得到 EDI 的好处方面，与实现 EDI 方（较大公司）是不均等的。XML/EDI 则不同，它能让所有的参与者都从 EDI 中得到好处，它是对称的 EDI。这一方面由 XML 的结构化和文件格式定义（DTD）特点所致；另一方面则由于 XML 的超链接，可以进一步指定目标找到后的动作。XML 本身的互操作性，使 XML/EDI 的参与者都能从中获得好处，无论是大企业，还是中小企业。

XML 优秀性能带来了新一代 Web，更使 Internet 与 EDI 相融合，令 EDI 真正具备 Web 风格。发展中的 XML/EDI 将与电子商务（EC）和商务智能（BI）良好相容，使所有的企业都体会到 EDI 和电子商务所带来的好处。

7.4.3 XML 与电子商务标准

1. 电子商务标准与 XML

目前,人们对于电子商务发展过程中的许多问题都进行了比较深入的探讨,但是对电子商务标准化问题的研究还十分薄弱。实际上,电子商务的发展历程是标准化的发展历程,标准化是电子商务最重要的组成部分。

电子商务是一项跨地区、跨部门、跨学科的超大工程,也是多种技术的综合应用与社会经济文化背景形成的习俗不断冲突、不断协调和不断统一的系统工程。在这样一个庞大的系统工程建设中,标准化的重要性显得尤为突出,并受到国际社会和世界各国的广泛重视。

电子商务是将商业和行政事务处理中的文件和数据通过一定的标准格式,利用计算机网络自动传送给对方而无需人为的介入,就能够由计算机自动处理接收的信息,这使得电子商务标准化成为实现电子商务的关键。因为虽然计算机具有人类所没有的计算速度和精确度,但它却没有人类的智能。比如录入人员可以阅读两份形式完全不同的订单,并能从这些订单中轻松地抽取所需要的信息(如商品、数量、单价等),但计算机却做不到这一点,因为它不能识别不同格式或不同位置上的同样信息。因此,必须对不同类型的信息制定相应的格式和确定的位置,才能使计算机读取、理解和处理所接收的信息。所以,标准化是实现电子商务的关键。

另一方面,由于国际贸易范围广泛,涉及单据五花八门,要在不同行业,不同国家间实现电子商务,就必须制定出国际通用的信息交换和协议国际标准,并在遵循这一标准的前提下,发送方按国际通用的报文形式发送信息,接收方按国际规定的语法规则接收、处理信息,才能实现真正意义上的电子数据交换。因此,国际标准化是电子商务的根本特征。

作为电子商务的初级阶段 EDI 主要解决的就是企业之间的数据交换标准问题,但在过去的 20 到 30 年的时间内,由于这项技术是和一套预先定义好的,非常生硬的消息集合,以及增值网络(VAN)紧密地联系起来的。在跨行业的商务活动当中,EDI 的通用语言是 ASC X12 和 EDIFACT。X12 在北美非常流行,而 EDIFACT 在别的国家和地区应用很广,而有些企业两种语言都用。虽然 EDI 的应用使企业之间的交易能大大减少时间、金钱和效率上的开销,但是,传统 EDI 的使用存在这样一个非常奇怪的问题:在世界前 1000 强的企业当中,有 98%运用了 EDI,而在前 1000 强之外的公司中,使用 EDI 的比例却只有 5%。

为什么会有如此大的区别呢?最根本的一点就是实现 EDI 的成本过于昂贵。对于中小型的企业来说,维护 VAN 的开销是难以承受的。这就是为什么在大型企业当中,电子消息往来如梭,而在中小企业当中还是电话加传真的老式办公方法。传统 EDI 的消息被人为地分成了几块,块中又分为子块,子块又分域。消息的形式非常固定。相关的信息必须被放在相应的位置,否则极有可能造成信息被忽略。此外,数据也不是自解释的。专门为 EDI 服务的工具一般都是特制的,所以价格也就很贵。

在电子商务的发展过程中,由于 B2C 的电子商务在流程和数据处理上环节比较少,商家和购买人是单步购买-支付关系,中间的环节是和技术关系不大的配送,人们在 B2C 的商业流程中还感觉不到电子商务中技术的瓶颈,因为。但是在 B2B 的业务中,往往一个看上去很简单的交易要牵扯到很多的环节,而在这些环节当中,每一个厂商使用的数据都有自己的格式,相互之间不能识别,所以在交易的流程当中就出现了阻碍,"电子商务"的信息往往就通过电子邮件甚至是电话或传真来发送。在企业的内部，信息化的进程一般还停留在各种信息系统独立运作的阶段，财务软件和 ERP 软件之间的数据不能相互通信，更不要说电子商务信息的交互。没有数据标准的统一，电子商务的发展就没有基础。电子商务发展中的这个问题在全世界范围内受到了普遍的重视，几乎所有的 IT 巨头都关注解决电子商务数据标准的问题。

自从 1998 年 2 月 W3C 公布了用于规定、认证和共享文件格式的可扩展标记语言（XML），提供了一种以标准的方式互换数据的机制以来。由于 XML 允许系统运行在因特网上，也无需购买翻译软件，能够降低 EDI 的建议和使用费用，让更多的企业参与进来，使得越来越多的厂家认为 XML 是解决这个问题的答案。XML 能够在电子商务应用之间存储、转换和传送数据，应用平台与软件相对独立，数据不必因软件或平台的变化而改变。此外，XML 数据容易转换，可以将数据从一种 Schema 规范转换为另一种，并且可以有多种输出的格式，如 HTML 和 PDF 等。XML 同时使动态文档成为可能，通过操纵 XML 的片段，可以将信息重新包装来满足个人的需求。在这种背景下，很多组织开始致力于将传统 EDI 的消息格式与传送 EDI 业务的 VAN 分离开来，把已经成熟的传统 EDI 消息与 XML 结合起来，既加快因特网商务数据交换标准的制定，也可以节省资源。

目前，已有一些初步电子商务数据交换标准或规范已经出台了：

cXML——它是 12 种常用交易的 XML DTD（文档类型定义）的子集，包括订单，发票和订单修改等。可以在企业之间用标准格式交换常用商业信息。使用 XML 在数据解析的时候遵循文档类型定义 DTD，保证了文档结构的一致性。

OBI——基于因特网的开放式采购：一个在因特网上进行国际性的商业间购物的标准。

OTP——开放式贸易协议：一个在 Web 上向消费者售物的一致的，可共同操作的环境。规则将包括从如何降价促销，付款选择，到产品运输，接收和问题解决。

ICE——因特网内容和交换：能够在站点之间交换在线资产，无论是内容，应用程序，或是元数据。

美国许多大公司，如 Microsoft、IBM、SUN、Oracle 等在电子商务文书交换标准化过程中走在了世界的前列，它们与联合国所属的有关机构，如 UN/CEFACT 等达成了协议，共同开发第二代 E-Business 的电子文书标准 ebXML，ebXML 是基于 XML 标准的，其标准倡议是 1999 年 9 月提出来的。ebXML 的目标是"提供一种全球化的、开放的、基于 XML 的架构，使不同企业规模的用户之间的电子商务交换能够成功、安全和可靠地进行。"ebXML 整个工作组被分为 8 个项目小组，计划在 12 至 18 个月之内完成标准的所有制定工作。这 8 个小组分别为：ebXML 需求；商业过程方法；技术架构；核心组建；传输路由和打包；资源库；技术协调支持和市场教育。ebXML 每隔几个月都要推出草案，而且它是完全开放的。

ebXML 设计目标是提出一种技术框架，既可以利用 XML 技术上的新特性，又能保留 EDI 在商务处理中的原有投资。

在 ebXML 所描述的两个贸易伙伴进行商业交易的理论模型中，首先要搭建应用框架，然后从事简单的商务交易。ebXML 中引入了以下概念和基本体系结构：

● 一种描述商务处理流程和相关信息模型的标准机制；

● 一种注册和存储商务处理流程和信息元模型的机制，用来实现共享和重用；

● 每个参与者要公布的信息的商务处理流程；

● 一种注册上述信息的机制，用于查找和获取；

- 对达成的商业协议的描述机制,这些协议主要基于第 3 项提供的内容;
- 标准化的消息服务,保证双方消息交换易操作,安全和可靠;
- 配置各方消息服务的机制,从而可以根据商业协议中的约束进行双方同意的商务处理流程。

全球商务促进委员会(GCI)的所有成员企业在随即就宣布将采用 ebXML 作为未来 B2B 电子商务的主要数据交换标准。目前,全球已有超过 85 万家公司准备采用 ebXML。这标志着 ebXML 正在从开发阶段走向最终的发布。当前,尽管 ebXML 标准尚需进一步完善,但它的健壮性和可用性已经得到充分的表现。

2. 中国电子商务标准 cnXML

随着国内企业信息化的逐步普及与深入,企业商务信息化的标准的重要性日趋显著。当今企业不仅需大量企业内部应用软件,也需要能够通过互联网或其他数字通信方式与其他贸易伙伴无障碍地进行快速的信息交换或电子商务活动。在这样复杂而频繁的信息处理的过程中,一个共同的数据标准,以及企业内部工作流规范与企业间数据商业交换的协议共识,将是企业有效和低成本地实施企业 e 化的基本保障。一旦这一标准体系形成,企业购买符合此标准的任何一个应用软件都将能与企业内其他符合标准的软件进行互接并交流信息,例如:企业内的财务软件将可以与人事管理软件进行直接的集成,企业主管可以迅速地估算人员增减对企业财务状况的准确影响,从而可以制定最有效的人力资源调整计划。进一步,若一个企业的供应商购买了基于共同标准的采购软件,该企业将可以直接地在网上进行在线采购并能及时地获得货物库存资料,该供应商生产线生产能力利用程度,以及货物交运状态,这将给企业的库存管理带来革命性的变化,使零库存或最小库存成为现实。

在这种背景下,发展具有我国自主知识产权的电子商务交易标准语言 cnXML 及其支撑平台,通过适合我国国情的标准化工作,形成非贸易壁垒,使大量的资金投入体内循环,帮助国家节约大量外汇,在经济方面具有重要意义。另一方面,它又直接关系到我国的国家利益和社会稳定,国民经济的关键领域只有采用我国自主开发的电子商务支撑平台和框架,才能更好地保证我国的流通领域的综合安全,这是一个重要的战略问题。

为了保证中国企业的信息化的顺利展开和深入发展,中科院软件所电子商务技术研究中心通过近一年的潜心研究,提出了以国际 XML 标准为基础、与国际其他相关标准可相互转换的、具有中国特色的电子商务信息化规范——cnXML。cnXML 在数据结构上首次提出了中英双语标准的概念,不仅支持英文标签,还全面支持中文标签。在双语的标准的构架下,中国企业不仅在使用这个规范的时候没有母语的障碍,同时在从事国际交易的时候又不给国外企业造成语言上的新障碍。

cnXML 的目标是基于 XML 技术,建立一个符合中国大陆商业习惯、传统和商业流程的 B2B、B2C 电子商务语言规范,提供一套统一、灵活、开放和可扩充的交易语言,使各个贸易方,包括购买者、供货者、组装者及中介机构等,能够方便地通过电子网络进行各种商业活动,降低企业的运营成本,提高企业产品的竞争力和对市场的响应速度,同时能够方便地与国内外其他电子商务交易语言进行交互。

由中国 cnXML 联盟所提出的《电子商务交易语言 cnXML 规范》共分五个部分,第一部分对 cnXML 进行了简单的介绍,包括目标、设计原则、命名约定、文档状态等内容;第二部分给出了 cnXML 遵循的商业流程,包括基于 OBI 购买模型的 cnXML 商业流程和 cnXML

基本商业流程；第三部分详细定义 cnXML 的消息规范，包括通信方式、消息结构以及消息有效性检查等内容；第四部分定义 cnXML 的商业文档规范，包括产品目录、价格查询、订单、发票、货单等近 20 个商业文档的格式描述；第五部分为附录，列出了 cnXML 消息规范实例、cnXML 商业文档的 DTD 和 Schema 定义、cnXML 商业文档实例等内容。详细内容参见 www.cnxml.org.cn。

cnXML 对文件的表达采用了三段一体，即信头、内容和附件。同时，cnXML 具有良好的模块结构，一个消息可以包括多个 cnXML 文件、一般 XML 文档或其他数据对象，具有广泛性、灵活性和可扩展性；cnXML 还支持多种通信方式。包括请求/回应、单向发送、多点发送等。

cnXML 在文件的网上传输上采用多协议支持，遵循消息和传输方式分离的原则；在企业间 cnXML 文件的处理上支持多种国际上通用的电子商务规范，如 ebXML 等，国外的非 cnXML 文件也可以由国内实施、基于 cnXML 标准的信息化的企业进行有效的处理。

在商业流程上，cnXML 支持 OBI 协会提出的 OBI（Open Buying on the Internet）模型，可以使用 OBI 模型来驱动订单流程，这个模型定义了一个非常完善的商业流程，主要针对企业日常生产的小商品和耗材的购买，具有很强的适应性，能够满足一般企业 80%的物品采购。但是对于不同的行业和不同类型的商业活动来说，可能具有特殊的商业流程。为了适应不同行业和不同企业的特殊需求，cnXML 对所支持的商业流程进行扩充和完善，逐步加入不同行业和不同类型交易的特点，形成一个功能更强、流程更完善的交易语言规范。

随着全球电子商务的迅速发展，商务竞争环境也日益激烈。标准问题已经由技术驱动向市场驱动方向发展，cnXML 也是市场驱动下的产物。随着中国加入 WTO，市场开放的程度将进一步加大，国内企业面临着国际市场的机遇与挑战，信息化是企业取得市场竞争优势的必然之路，而中国电子商务的标准——cnXML 正是这条道路的奠基石。

7.5 本章小结

本章首先介绍了 EDI 的概况，包括 EDI 概念、工作原理与流程、EDI 的发展现状等内容。在此基础上重点介绍 EDI 交换标准 EDIFACT，如 EDIFACT 标准构成、EDIFACT 的语法规则、报文交换结构等。

对于 Internet EDI 的产生及其实现方式，包括基于 E-mail 的 EDI、基于 Web 的 EDI 和基于 FTP 的 EDI 等做了讨论。

本章最后重点讨论电子商务数据交换标准的制定情况，主要讨论基于 XML 的电子商务数据交换标准制定情况，如 ebXML 和 cnXML。

7.6 本章习题

1. 什么是 EDI？
2. EDI 的功能模型包括哪几部分，各有什么作用？

3. EDI 报文的构成要素有哪些？它们之间有什么关系？
4. 阐述 EDIFACT 的一次互换结构。
5. 传统 EDI 在应用过程中面临什么困难？Internet 对 EDI 产生了什么影响？
6. Internet EDI 实现方式有哪几种？
7. 阐述基于 Web 的 EDI 的实现原理。
8. XML 对 Internet EDI 产生什么样的影响？
9. 电子商务为什么需要统一的数据交换标准？
10. XML 对电子商务有什么样影响？

第 8 章 企业电子商务应用战略

在过去的几十年中,电子计算机在企业管理和商务中的应用逐渐普及。随着 20 世纪 90 年代因特网的迅速发展,基于广域网的企业电子商务应用逐步深化,并扩展到了中小企业。新型电子商务环境下的企业变革,导致企业管理和商务模式的创新。本章通过电子商务应用框架的建立,阐述了企业供应链管理系统的基本组成、方法和特点,介绍了企业构造供应链管理系统的基础——企业流程再造,并基于供应链管理系统讨论了互联网环境下的网络营销。本章描绘出企业电子商务应用的整体轮廓,指出对于现代企业而言,电子商务模式与企业管理的结合是企业价值获取的源泉。

本章主要内容:
- 企业电子商务应用框架
- 供应链管理的思想与技术
- 业务流程重组(BPR)的概念和特点
- 企业网络营销应用

8.1 企业电子商务应用框架

互联网的发展已经波及到各个行业。对企业而言,基于互联网的电子商务意味着极大地降低成本,降低库存和生产周期。互联网使得企业可以获得新的价值、新的增长、新的商机、新的管理,面对这种新经济模式,如何尽快利用互联网开展电子商务成为企业面临的最大挑战。

不同性质、不同规模的企业,其电子商务系统的组成和应用有所不同。如在商务模式上有的企业需要 B2B,有的企业需要 B2C,有的企业两种模式都需要;在商务内容上,生产型企业有研发、生产等内容,而非生产型企业无此内容;在应用技术方面,有的企业需要 Internet、EDI、ERP、CRM 等技术的综合全面应用,有的企业只需要其中部分技术的应用。所以每个企业都必须根据企业的自身情况,选择合适的电子商务框架或组成部分,如图 8.1 所示。

在企业电子商务框架中,供应链管理系统(SCM)贯穿企业内外,成为整合企业信息系统的基础。对于大型企业而言,企业电子商务应用的核心是依托因特网技术提高企业的内部信息化水平,与上游供应商、下游销售商或顾客合作,建立方便灵活的供应链管理系统。在建立供应链管理系统的过程中,必须注意优化企业业务流程,一方面基于业务特点建立高效的业务运作方式,另一方面要保证这种运作方式可以更好地与信息技术集成。本章将介绍以优化业务流程为目标的业务企业流程再造理论(BPR)。

在业务流程重组完成的基础上,以供应链管理为基础的企业电子商务系统进入实施阶段。供应链管理系统完成以后，企业的生产活动高效运行，以互联网为基础的网络营销成为重要的企业业务活动之一。

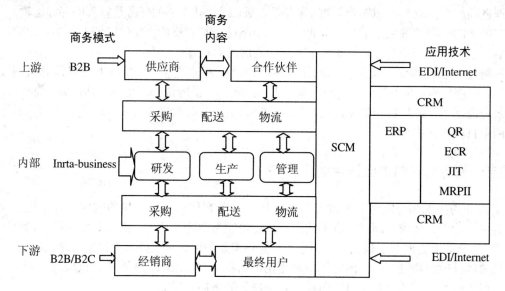

图 8.1　企业电子商务应用框架图

8.2　供应链管理

随着因特网及相关的技术在企业信息系统中的应用，针对因特网用户的信息服务与企业内部的生产管理系统逐渐结合，产生了面向电子商务的企业内部生产管理信息系统，不仅支持企业内部生产，而且提供基于因特网的全部商务活动。此类信息系统都包含在企业供应链管理及其系统环境的框架之中。

8.2.1　供应链管理的概念

供应链（Supply Chain）是指围绕核心企业，通过对信息、物流、资金流的控制，从采购原材料开始，制成中间产品以及最终产品，最后由销售网络把产品送到消费者手中的将供应商、制造商、分销商、零售商、直到最终用户连成一个整体的基于功能的网链结构模式。

物流涉及通过供应链从供应商流向顾客的物理产品流，以及通过产品返回、服务、再循环和最后处理的反向流；信息流涉及需求预测、订单传送和交货状态报告；资金流涉及信用卡信息，信息期限，支付日期安排，发货和名称拥有权安排等。

供应链管理（Supply Chain Management，SCM）是一种集成的管理思想和方法，它执行供应链中从供应商到最终用户的物流计划和控制等职能。SCM 是一个整合的过程，其目标在于最优化地提供基本与客户化的服务。简单地说，SCM 将信息与产品流程最优化，包括自收到订单、采购原料，到制成品的提供与消费。SCM 不仅在跨功能与部门的作业流程管理上扮演重要的角色，它也超越了组织的界限，整合了供应商和顾客。

以前的 SCM 重点放在管理库存上，作为平衡有限的生产能力和适应用户需求变化的缓冲手段，它通过各种协调手段，寻求把产品迅速、可靠地送到用户手中所需要的费用与生产、库存管理之间的平衡点，从而确定最佳的库存投资额。因此其主要的任务是管理库存和运输。

现在的 SCM 则把供应链上各个企业作为一个不可分割的整体，使供应链上各个企业分担的采购、生产、分销和销售职能成为一个协调发展的有机体。

供应链管理以同步化、集成化生产计划为指导，以各种技术为支持，尤其以计算机网络为依托，围绕供应、生产作业、物流、满足需求来实施。供应链管理主要包括计划、合作、控制从供应商到用户的物料和信息，其目标在于提高用户服务水平和降低总的交易成本，并且寻求两个目标之间的平衡。

8.2.2 电子商务时代的供应链管理

电子商务的出现强迫制造商和批发商对零售商和顾客作出更加积极的响应，并创造出对供应链规划能力的要求。同时，竞争的压力正逼迫制造商降低成本，缩短订货时间，提高操作效率。因此，制造商处于极大的压力之下，他们需要利用计算机技术更好地管理供应链，提高制造效率并改善物流工作，同时保持对变化市场和顾客需求的积极响应。供应商、制造商、零售商和顾客之间的交互正日益向复杂和全球化的方向发展。

建立在新技术的平台之上的供应链应用取得了进步，提高了组织通过协作信息共享和规划来集成过程的能力。在电子商务时代的供应链管理模式之下，信息正在取代库存，擅长管理信息的企业不会有昂贵的库存积压。当竞争从企业对企业转向供应链对供应链时，不理解这一趋势的企业将被淘汰，利用先进的供应链管理实践会为企业带来巨大的竞争优势。

8.2.3 供应链管理的模式与功能

1. 供应链管理的模式

企业集成是 SCM 的核心。供应链管理具有两种主要模式：推动（Push）与拉动（Pull）、如图 8.2 所示。

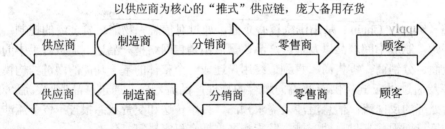

图 8.2 从后推式到前拉式的供应链转变

推动模式是传统的供应链模式，指根据商品的库存情况，有计划地将商品推销给客户。

拉动模式中，消费者是供应链的前端，又称为需求驱动模式。拉动模式中顾客在收款台结账时，POS 记录下其购买细节数据；配送中心根据这些数据向商店补货；各个配送中心的数据在生产商处汇集后，生产商就可以此向配送中心补货；生产商的生产程序会根据送货安排进行更新，并对采购安排作出相应调整；最后，原材料供应商也要随之改变配送计划。

与推动模式相比，拉动模式具有以下优势：
(1) 支持产品的不断变化；
(2) 缩短交货周期；
(3) 提高客户服务质量，降低单位成本；
(4) 提高经营效率；
(5) 能够全面衡量业绩，更易于实施控制。

2. 供应链管理的功能

供应链管理主要有以下四种功能：
- 客户关系管理：通过客户需求信息的管理，充分了解和预测市场和用户需求。企业通过利用客户服务、销售支持以及其他职能系统收集信息，筛选从客户运作过程中采集的信息，从而做到事先控制。
- 综合后勤管理：管理自供应商开始到顾客的物流工作，包括生产计划、采购和库存管理。
- 生产过程管理：管理生产的全部过程，降低生产成本，提高生产效率。
- 财会管理：利用网络化财务管理系统，与供应商及客户共同管理资金流。
- 以上供应链功能的共同点在于业务流程协调和数据的集成。

供应链功能的集成要求供应链各方在关键技术和业务流程目标上要能达成一致，即消除浪费，使长期利益最大化，增加顾客价值。为此，企业必须找出供应链中缺乏竞争力的环节及未得到满足的顾客需求，建立并迅速改进目标。

8.2.4 供应链管理系统的组成

供应链管理系统的实施可以概括为三个过程：计划、执行和业绩衡量。在此三个过程中，必须考虑顾客需求，同时优化企业内部流程，从传统的面向功能的观点转向面向过程的观点。

1. 计划系统

计划系统是指在适当的时间、适当的地点得到适当的产品。计划系统为企业接受订单履行提供了便利，加快了顾客信息的收集速度，使得信息在整个供应链中的流动更为流畅。

计划系统需要了解顾客的需求，使之成为整个供应链管理系统的关键。前拉式供应链管理系统要求能够有效收集关于顾客需求的信息，根据需求信息确定存货投资，包括安全存货、存货周转和补货频率。要求集成以下系统：
(1) 订单生成和计划，要求预测顾客需要；
(2) 订单接受和输入，即为补货计划提供了输入。

计划系统包含了分销需求计划（DRP）、厂商管理库存和连续补货计划（CRP）。

2. 执行系统

执行系统促进了商品在供应链中的实际运动。一般包括客户订单履行、采购、库存控制、生产和后勤等系统。执行系统的最终目的是综合利用这些系统提高货物和服务在供应链中的的流动效率。

供应链执行系统的关键在于将单个商业应用提升为能够运作于整个商业过程的集成系统，实现跨部门的集成，加强供应链的协调，建立一套适用于整个供应链的电子商务解决方案，包括实施框架、优化业务流程、技术标准、通信技术以及软件硬件设备等等。

3. 执行业绩衡量系统

执行业绩衡量系统是对供应链运行情况的跟踪，以便制定更开放的决策，是保证供应链正常运行基础，能够更有效地反应变化的市场需求。业绩衡量系统主要由会计和财务管理系统组成。目前大多数业务系统和传统的报表工具都是为事务处理而设计的，无法满足决策支持对信息访问的需求。为了解决这个问题，很多企业开始运用集成的数据仓库工具进行审计和分析，使得管理者能够在不影响系统运作性能的情形下分析商业信息。

业绩衡量的另一个趋势是利用基于互联网的代理程序进行事前分析。代理程序是指代替用户运行的程序。它适合于海量数据的环境，因为信息数量庞大，需要把管理者注意的信息优先考虑。由于用户对事件的重要性具有不同的看法，代理程序就可以让用户建立自己的筛选标准。代理程序的作用是使管理者对运行情况进行事前监控，对重大事件作出迅速反应。

8.3 供应链管理的方法

供应链管理的方法包括快速供应、效率型消费者响应、及时生产方式、材料需求计划、制造资源计划、企业资源计划、客户关系管理等等。

8.3.1 快速响应（QR）

1. 快速响应的概念

作为供应链管理的方法之一，快速响应（Quick Response，QR）出现在 20 世纪 70 年代后期的美国。当时美国纺织服装的进口急剧增加，占到总销售量的 40%。为了改变被动的局面，美国纺织服装企业一方面要求政府阻止纺织品的大量进口，一方面进行设备投资提高企业的生产率。但是这种局面仍未改观。

在这种情况下，零售业咨询企业 Kurt Salmon 接受委托从事提高生产力的调查，结果显示，虽然纺织品产业供应链各个环节都十分重视提高各自的经营效率，但是整个供应链全体的效率并不高。为此，Kurt Salmon 企业建议零售业者和纺织服装生产厂家通力合作，共享信息资源，建立一个快速供应系统来实现销售额的增长；实现投资回报率（ROI——Return On Investment）和顾客服务的最大化；以及库存量、商品缺货、商品风险和减价最小化的目标。

快速响应是一种全新的业务方式，它体现了技术支持的业务管理思想：即在供应链中，为了实现共同的目标，各环节之间进行紧密合作。快速响应业务成功的前提是零售商和制造商具有良好的关系，建立起贸易伙伴关系，提高向顾客供货的能力，同时降低整个供应链的库存和总成本。

2. 快速响应成功的条件

快速响应原来是大型零售商获取市场份额并进行全球竞争的工具,现在已经成为所有制造商和中间商的标准战略行为。它意味着以更低的成本增加销售额、更好地对商品进行分类以及向顾客提供优质的服务,企业成功实施 QR 的应具备以下条件:

(1) 必须改变传统经营方式,革新企业的经营意识和组织。企业不能局限于依靠本企业独自的力量来提高经营效率和传统的经营意识,要树立通过与供应链各方建立合作伙伴关系,努力利用各方资源提高经营效率的现代经营意识;

(2) 必须开发和应用现代信息技术,这是 QR 活动的前提条件。信息技术包括商品条形码技术(Barcode)、物流条形码技术(SCM)、电子订货系统(EOS)、POS 数据读取系统、EDI 系统、预先发货清单技术(ASN)、电子支付系统(EFT)、生产厂家管理的库存方式(VMI)、连续补充库存方式(CRP)等。

(3) 必须与供应链各方建立战略伙伴关系。一方面积极寻找和发现战略合作伙伴;另一方面在合作伙伴之间建立分工和协作关系。合作的目标定为削减库存、避免缺货现象的发生,降低商品风险,避免大幅度降价现象发生,减少作业人员的简化事务性作业等。实现固定周期补货、供应商管理库存、零售空间管理以及制造商和零售商之间的联合产品开发。

(4) 必须改变传统的对企业商业信息保密的做法,将销售信息、库存信息、生产信息、成本信息等与合作伙伴交流分享,并在此基础上,要求各方一起发现问题、分析问题和解决问题。

(5) 供应方必须缩短生产周期,降低商品库存。现在,QR 方法已经成为零售商实现竞争优势的工具。同时随着零售商和供应商结成战略联盟,竞争方式也从企业与企业间的竞争转变为战略联盟与战略联盟之间的竞争。

3. 快速响应的意义

快速响应对于制造商和零售商都具有重要的意义。

对于制造商而言,快速响应改善了顾客服务,这种改善从根本上来源于同零售商的良好合作关系。

(1) 长期的良好顾客服务会增加制造商的市场份额;

(2) 快速响应能够降低流通费用。由于将对顾客需求的预测和生产规划集成在一起,可以缩短库存周转时间,减少存货,降低流通费用;

(3) 管理费用从以下三个方面得以降低:无需手工输入订单,提高了采购订单的准确率;减少了额外的发票;货物发出之前,仓库扫描运输标签并向零售商发出提前运输通知;

(4) 由于可对销售进行预测并得到准确的销售信息,制造商可以准确地安排生产计划。

对于零售商而言,快速响应的意义表现在顾客服务水平和获利能力的显著提高。

首先,快速响应利用先进的信息技术,使得零售商能够跟踪各种商品的销售和库存情况,准确跟踪存货情况,在库存真正降低时订货;

其次,降低订货周期,实施自动补货系统,运用存货模型确定何时采购,最终提高销售额;

第三,快速响应使得采购流程大大简化,降低采购成本。例如,零售商通过扫描制造商运输标签减少手工检查到货所发生的成本。

总之,采用快速响应的方法以后,虽然单位商品的采购成本会增加很多,但通过频繁的小批量采购商品,顾客服务水平就会提高,零售商就更能适应市场的变化,同时其他成本也会降低,如库存成本等,最终提高了利润。

8.3.2 效率型消费者响应(ECR)

1. ECR 供应链管理方法的提出

在 20 世纪 80 年代以前,美国的百货业的竞争主要在生产厂商之间展开,竞争的中心是品牌、商品、销售渠道和大量的广告和促销,在零售商和生产厂家的关系中,生产厂家占据了主要地位。而在 80 年代以后,特别是进入 90 年代,在零售商和生产厂家的交易关系中,零售商开始占据主要地位,竞争中心转向流通中心、商家自有品牌(PB)、供应链效率和 POS 系统。

同时在供应链内部,零售商和生产厂家之间为取得供应链主导权的控制,同时为商家品牌和厂家品牌占据零售商铺货架空间的份额展开激烈竞争。这种竞争使得在供应链的各个环节的成本不断转移,导致供应链整体的成本上升,而且容易牺牲力量较弱一方的利益。

在这种情况下,从零售商的角度看,大量零售业者的出现使得商品价格很低,竞争愈加激烈,许多传统超市业者开始寻找针对这种竞争的新型管理方法;从生产厂家角度来看,由于日杂百货技术含量不高,使得生产厂家竞争趋同化,所以经常采取直接或间接降价的方式作为促销的手段,往往牺牲厂家自身的利益;从消费者角度看,过度竞争使得企业在竞争中忽视消费者需求,而仅仅采用诱导性的促销方法。

在这样的背景之下,美国食品市场营销协会联合多家企业组成研究小组,对食品业供应链进行调查总结分析,于 1993 年提出了改进供应链的详细报告,提出效率型消费者响应(Efficient Consumer Response,ECR)。

2. ECR 的概念和特征

ECR 的核心是通过向消费者传递价值来提高业绩,要求生产厂家、批发商和零售商等供应链组成各方面相互协调和合作,更好、更快地以更低的成本满足消费者需要为目的的供应链管理系统。

ECR 概念提出者认为 ECR 活动是一个过程,这个过程主要由贯穿供应链各方的四个核心过程组成(如图 8.3 所示)。

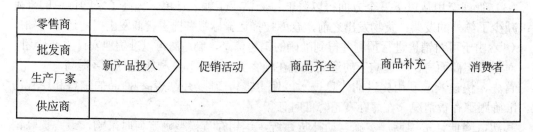

图 8.3 ECR 的核心过程

ECR 战略主要集中在以下四个领域:

(1) 效率的店铺空间安排(Efficient Store Assortment):零售商通过有效利用店铺空间和店内布局最大限度提高商品的获利能力。零售商可以通过空间管理系统提高货架的利用率。有效的商品分类要求店铺储存消费者需要的商品，把商品范围局限在高销售率的商品上，从而提高销售业绩。

（2）效率商品补充（Efficient Replenishment）：效率商品补充的目的在于通过降低系统的运行成本，从而降低商品的价格。其目标是以最有效的方式将适当数量的适当商品在适当时间、适当地点提供给消费者。

（3）效率的促销活动（Efficient Promotions）：主要内容在于简化贸易关系，将经营重点从采购转移到销售上来，使消费者从促销活动带来的低成本中获利。

（4）效率的新产品开发与市场投入（Efficient New Product Introduction）：新产品的导入为消费者带来新的兴趣和价值，为企业创造新的业务机会。

ECR 的特征表现在以下四个方面：

管理意识的创新：传统的产销双方的交易关系是一种此消彼长的对立型关系，是一种输赢关系（Win-Lose）。ECR 要求产销双方的交易关系是一种合作型关系，即交易各方通过相互协调合作，实现以低成本向消费者提供更高价值服务的目标，在此基础上追求双方利益，是一种双赢关系（Win-Win）；

供应链整体协调：传统的流通活动缺乏效率的主要原因在于厂家、批发商和零售商之间存在企业间联系的非效率性和企业内采购、生产、销售和物流等部门或职能之间存在部门间联系的非效率性。ECR 要求各部门、职能以及企业之间的隔阂，进行跨部门、跨职能和跨企业的管理和协调，使商品流和信息流在企业内和供应链内顺畅地流动；

涉及范围广：ECR 要求对供应链整体进行管理和协调，其所涉及的范围必然包括零售业、批发业和制造业等相关多个行业。为了最大限度发挥 ECR 的优势，必须对关联的行业进行分析研究，对促成供应链的各类企业进行管理和协调。

有效的成本降低：ECR 对成本的节约主要来自于两个方面，一方面是通过减少额外活动和费用直接降低的直接成本；另一方面是通过实现单位销售额的存货要求降低的间接成本。具体而言，节约的成本包括商品的成本、营销费用、销售和采购费用、后勤费用、管理费用和店铺经营费用等等。

3. ECR 的原则

（1）ECR 的目的是以低成本向消费者提供高价值的服务，表现在更好的商品功能、更高的商品质量、品种齐全以及更好的便利性；

（2）ECR 要求供需双方关系必须从传统的输赢型关系向双赢型联盟伙伴关系转化。企业主管必须对其组织文化和经营习惯进行改革，使供需双方的关系转化为双赢型联盟伙伴关系成为可能。

（3）及时准确的信息在有效地进行市场营销、生产制造、物流运送等决策方面起到重要作用。ECR 要求利用行业 EDI 系统在组成供应链的企业间交换和分享信息。

（4）ECR 要求从生产线末端的包装作业开始到消费者获得商品为止的整个商品移动过程产生最大的附加价值，使消费者在需要的时间能及时获得所需要的商品。

（5）ECR 为了提高供应链整体的效果，要求建立共同的成果评价体系，在供应链的范围之内进行公平的利益分配。

总之，ECR 是供应链各方推进真诚合作来实现消费者满意和实现基于各方利益的整体效益最大化过程。

4. ECR 系统实施

ECR 概念是流通管理思想的革新，ECR 作为一个供应链管理系统需要把市场营销、物流管理、信息技术和组织革新技术有机结合起来作为一个整体使用，以实现 ECR 目标。

构筑 ECR 系统的具体目标，是实现低成本的流通、基础关联设施建设、消除组织间的隔阂、协调合作满足消费者的需要。组成 ECR 系统的技术要素主要有信息技术、物流技术、营销技术和组织革新技术（如图 8.4 所示）。

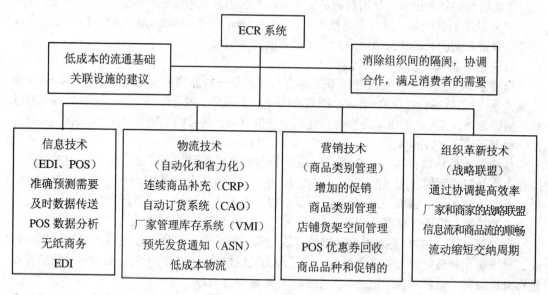

图 8.4 ECR 系统技术构成

ECR 供应链管理追求各方推进真诚合作来实现消费者满意和实现基于各方利益的整体效益最大化的过程。供应链全体协调合作所产生的利益需要在所有企业之间进行分配，所以必须把按部门和产品区分的成本计算方式改变为基于活动的成本计算方式（Activity Based Costing，ABC）。ABC 于 80 年代后期在美国开始使用，它把成本按活动进行分摊，确定每个活动在各个产品上的分配，以此为基础计算出产品的成本。同时进行基于活动的管理（ABM），即改进活动内容，排除不需要的无效率的活动，从而减少成本。

8.3.3 及时生产方式（JIT）

及时生产方式作为重要的库存管理技术之一，也是电子商务时代供应链管理的重要内容。

与传统的库存概念相反，及时生产方式（Just-In-Time，JIT）认为库存是一种浪费，要求尽量实现"零库存"。虽然 JIT 系统应用范围很广，但库存管理是其核心。与 MRP 的"推动"系统正相反，JIT 系统是一个"拉动"系统。即首先由供应链最终端的需求"拉动"产品进入市场，然后由产品需求决定零部件的需求和生产流程。表现在生产制造系统上，就是上一道工序加工的品种、数量、时间由下一道需求决定。JIT 方式最早由日本丰田汽车以"看板"管理的名称开发出来，并应用于生产制造系统。

理论上说，在需要的时间及时供应所需要的数量意味着在生产过程中的每一个阶段或工序上不会出现闲置的零部件,从而也就不会产生库存,所以,及时管理方式往往被称为零库存管理方式。实际上,实践中绝对的零库存是不可能的,但是,及时生产方式所采用的拉动概念具有重大的意义,它强调及时服务、过硬品质,通过消除浪费使库存减少到尽可能低的水平。

及时生产方式成功的条件可以归纳为以下几个方面:

(1) 严格拉动的概念

及时生产方式要求严格按照拉动的概念,以最终需求为起点,由后道作业向前道作业按看板所示的信息提取材料,前道作业按看板所示的信息进行补充生产。在生产流程安排上,要求生产制造过程(可以推广到整个供应链)保持平准化,即生产过程安定化、标准化和同步化。保证从原材料到成品的整个过程畅通无阻,不出现瓶颈现象,这样,不仅可以满足顾客的需求,提高顾客服务水平,而且可以提高实现低水平的库存,降低成本。

(2) 重视人力资源的开发和利用

及时生产方式要求重视人力资源的开发和利用,包括对员工的培训使其掌握多种技能。同时要求给予作业现场员工处理问题的责任,做到不将不良品移送到下道作业,确保产品的质量,做到零缺陷。及时生产方式要求企业的所有员工具有团队精神,共同协作解决问题。

(3) 小批量生产

小批量生产的优势在于能够减少在制品库存,降低库存、维持成本、节约库存空间,易于现场管理。可以及时跟踪质量缺陷,在生产进度的安排上具有一定的弹性,对市场需求能够做出迅速而及时的反应。而且小批量生产要求在变换产品组合时,生产线的切换程序简便化和标准化,进而使生产切换速度加快。为此,要求供应商小批量、频繁及时供货。

(4) 与供应商长期可靠的合作关系

及时生产方式要求供应商在需要的时间提供需要的数量,要求稳定提供高质量的零部件以便节约检测时间,保证最终产品的质量,要求供应商能对订货的变化作出及时、迅速的反应,具有弹性。因此,必须选择少量优秀的供应商,建立长期可靠的合作伙伴关系,分享信息,共同协作解决问题。

(5) 高效率、低成本的物流运输方式

及时生产方式要求供应商小批量、频繁运送原材料,而且为了降低成本,必须寻求将多个供应商的小批量货物集中起来作为一个运输单位运送的进货集装运送(In-bound Consolidation Delivery)方法,选用使小批量物品快速装卸变得容易的设备。

(6) 决策层的支持

及时生产方式要求对企业整个体系进行改革甚至重建,这需要大量投资并花费很多时间,也存在较大的风险。因此,如果没有决策层的支持,企业不可能采用及时生产方式,即使采用了,也会由于部门间的不协调或投入资源不足,不能发挥及时生产方式的优势。

8.3.4 客户关系管理(CRM)

客户关系管理(Customer Relationship Management,CRM)由 Gartnet Group 提出,定义为企业与顾客之间建立的管理双方接触活动的信息系统。网络时代的客户关系管理应该是利用现代信息技术手段,在企业与顾客之间建立一种数字的、实时的、互动的交流管理系统。

CRM 是对供应链中的各种一线活动,如销售、市场情报收集和客户服务等的集成和协调。在前拉式的供应链管理战略中，顾客处于核心的地位，起到驱动的作用。CRM 不是一个纯粹的概念，也不单纯是一种技术，而是一套体系。在这个体系中，企业把客户看成企业最有价值的资产，与客户的每次交互都很重要，而且能够增加价值。

CRM 战略的目的在于：
- 帮助企业市场人员发现重要客户；
- 以清晰的目标策划和管理市场营销；
- 通过雇员之间的信息共享，帮助企业更好地进行电话销售和销售管理，促进当前业务流程的流水线化；
- 与客户之间形成紧密的往来关系，改善客户服务，最大化企业收益；
- 使员工能够遵循科学的流程来了解客户需求。

CRM 战略对于客户信息系统提出了新的要求，以前独立的系统形成多个信息孤岛，现在需要集成的软件包；传统的销售自动化系统只能用于销售阶段，而客户关系管理系统则是在整个客户生命周期的各个阶段跟踪客户，一般 CRM 主要包括以下功能：
- 在线销售自动化：联系管理、活动管理、机会管理、电话报告、销售线索跟踪、订单输入和支持、客户联系和远程推销；
- 在线客户服务和支持：客户管理、维护/服务台和现场服务；
- 市场情报：客户情报、趋势分析、供应商管理；
- 营销管理：业绩分析、营销计划、销售预测和人力资源管理。

8.3.5 MRPII 与 ERP

库存管理是供应链管理的重要组成部分。从企业整体来看，企业的库存水平与企业的生产制造方式、销售方式、采购方式以及信息管理方式等存在着密切的联系。因此，需要改进和整合各个部门的活动，实现最佳库存管理。从整个供应链整体来看，组成供应链的各个企业之间的合作协调不仅有可能减少各个企业的库存水平，从而减少整个供应链整体的库存水平，还会提高对顾客的服务水平。总而言之，需要新的思路和新的方法解决库存问题，实现库存管理的目标。

制造资源计划（Manufacturing Resource Plan）是以库存管理为核心的供应链管理技术。

MRPII 是美国企业自 20 世纪 60 年代开始，在国内外激烈的竞争压力下，借助日益发展的计算机技术，在探索生产与库存管理规律的实践中，开发出的一套具有代表性的、完整的计算机辅助企业管理技术与方法，既可以保证不出现短缺，又不出现积压库存的计划方法。其发展经历了四个阶段：

1. 物料需求计划（MRP）阶段

美国企业早期通常借助库存模型采用订货点的方法控制物料库存。订货点法比较适合于需求货消费量比较稳定的物料，但对于需求量随时间变化的物料，由于订货点随消费速度的快慢而增减，而其又不能按照各种物料真正需要的时间来确定订货日期，往往造成较多的库存积压。库存作为管理成本的主要来源，因而订货点法并不适用。

为了解决在需要的时间得到需用物料的问题，60 年代中期，美国 IBM 企业的 Joseph A. Orlicky 博士提出将产品中的各种物料分为独立需求和依赖需求两种类型，并按时间阶段确定不同时期的物料需求，从而产生了解决库存物料管理的新方法，就是物料需求计划——

MRP（Material requirement planning）。MRP 根据产品结构层次的从属关系，以产品的零件为计划对象，以完工日期为计划基准倒排计划，按提前期长短区别各个物料下达订单的优先级，从而在需用的时刻把所有物流配套备齐，不需用的时候不要过早积压，达到减少库存量和降低资金占用的目的。

2. 闭环 MRP 阶段

MRP 可以将产品生产计划变成零部件投入生产计划和外购件、原材料的需求计划。但是没有考虑企业内部资源是否有能力切实实现上述计划。为了使 MRP 制定的计划切实可行，人们将 MRP 发展成闭环的 MRP。

闭环 MRP 不单纯考虑物料需求计划，还将与之有关的能力需求、车间生产作业计划和采购等方面的情况考虑进去，使整个问题形成闭环。

3. MRPII 阶段

企业的经济效益最终以货币形式来表达，因此企业都希望 MRP 系统能反映财务信息。在这一需求的驱动下，闭环 MRP 在 70 年代末发展成 MRPII（Manufacturing resource plan），将市场信息、财务信息、工程数据、生产与库存信息有效地结合在一起，实现了管理职能的集成。

MRPII 包括对生产和采购进行规划的功能，利用基本的计划规则预测特定生产项目的生产能力和物料需求。此系统也能够生成发货单，跟踪在制品和工作成本。MRPII 的前提是当物料需求大量增加时，可以把订单集中起来，进行分类，从而形成有效率的生产过程。

与闭环 MRP 相比，MRPII 扩展了以下功能：
- 把企业的财务管理、成本控制与物料需求计划结合在一起，通过数据共享和实时反馈，加强了企业资金和产品成本的控制；
- 增加了企业的长远规划，并将经营规划、销售规划、生产规划纳入统一管理之下；
- 增加了销售管理功能，建立了销售与客户、订单及报价、应收账物等系统对销售业务进行统一管理，并将销售与市场方面的信息及时反馈给其他系统；
- MRPII 具有模拟功能，能够根据不同的决策方针模拟出各种未来将会发生的结果，因此也是上层管理机构的决策工具；
- MRPII 的所有数据来源于企业中央数据库，各系统在统一的数据环境下工作，实现了信息的集成。

传统的 MRPII 已经不能满足顾客驱动的现代商业模式，因为系统只是制定计划，而对于生产作业所需要的资源不了解，导致计划和执行之间的严重分离。

4. ERP 阶段

为了提高企业在国际市场上的竞争力，MRPII 在实践中不断发展和完善，从而进入企业资源计划（Enterprise Resource Plan，ERP）阶段。

企业的资源贯穿于企业供应链和价值链之中，包括企业的人、财、物以及供应链中各个环节的资源。ERP 就是在 MRPII 的基础上通过前馈的物流和反馈的信息流和资金流，把客户需求和企业内部的生产活动，以及供应商的制造资源整合在一起，体现完全按照用户需求制造的一种供应链管理思想的功能网链结构模式。ERP 管理是一种全新的管理方法，它通过加强企业间的合作，强调对市场需求的快速反应、高度柔性的战略管理以及降低风险成本、实现高收益目标等优势，从集成化的角度管理供应链问题。

传统的 ERP 系统，侧重于整合企业内部的资源，将各个业务环节贯穿起来，实现内部效率的最大化。ERP 系统要求所有信息实时在业务部门之间传递，保证了企业在任何时间点都是一个整合的实体运作，对于采购、库存、生产、成本和变异的监控提供了坚实、高效的基础。

现代 ERP 系统又可理解为扩展的 ERP 系统（extended ERP，eERP），其在强调提高企业内部效率的同时，注重对企业外部资源，如供应商、客户和营运商的协调管理。它更加符合现代供应链管理的理念，强调和提高渠道效率。传统的 ERP 系统主要包括财务及成本管理、人事管理、采购库存管理、生产计划及管理、销售分销管理、服务管理等。而 eERP 系统在此基础上扩展了客户关系管理、营销管理、跨企业物流管理、产品生命周期管理。

ERP 系统并不是第二代的物料需求计划系统。物料需求计划系统只能为一个工厂进行生产计划，而 ERP 可以支持多个工厂、多个供应商、多种货币体系，可以为多个生产地点的跨国公司提供生产计划，包括生产现场管理、存货控制和订单处理等，而且可以与其他应用如人力资源管理、采购管理、运输管理、分销管理等等联系起来。

ERP 也不是原来意义上的业务或会计系统，而是通过与生产现场作业和其他系统的集成，发展成为一种应用范围更广的系统。

尽管 ERP 系统有很强的功能，却没有能力对生产现场的动态生产过程进行管理，这一部分是由制造执行系统（MES）完成的。

8.4 企业流程再造（BPR）

8.4.1 企业流程再造的概念

企业流程再造（Business Process Reengineering，BPR）是指为了在衡量绩效的关键指标上取得显著改善，从根本上重新思考、彻底改造业务流程。其中衡量绩效的关键指标包括产品和服务质量、顾客满意度、成本、员工工作效率等等。

电子商务流程再造是组织为满足顾客的要求和市场竞争的需要，充分利用 Internet/Intranet 技术，对组织内部以及组织之间的商务流程进行重新的设计和建立，以达到资源及时准确共享的目的，从而降低成本，提高效率和质量。

BPR 从现代组织学的观点看，属于组织转型的范畴；从管理理论学派划分的角度看，起源于管理过程学派，是对管理过程学派的创新；从管理理论的经济学原理看，是对古典分工理论的否定，提出了"合工"的思想。BPR 并不是一门科学，而是电子商务时代的一种管理技术。

BPR 是供应链、工作流、物流、信息流、资金流的接口，是企业快速响应市场需求的重要技术方法。基于因特网、WWW 和电子商务的企业流程再造是使企业最大限度地连接到全世界，成为包括全球性的企业，不断改变、修正和重组企业过程，包括供应、购买、销售生产和企业运营的全过程，是企业进行理顺和规范化的管理技术。将 ERP 与 BPR 相结合，对企业总体结构、组织、流程以及所有的环节进行考察和重组，建立新的管理程序，真正实现企业合理化和现代化。
可以从以下四个方面深入了解企业流程再造的概念：
（1）企业流程再造需要从根本上（Fundamental）重新思考企业业已形成的基本信念，即对长期以来企业在经营中遵循的基本概念如分工思想、等级制度、规模经营、标准化生产和官僚体制进行重新思考。需要打破定势，进行创造性思维；
（2）企业流程再造是一次彻底的（Radical）变革，是脱胎换骨式的改革，抛弃现有的业务流程和组织结构以及成规陋习，而不是修修补补；
（3）企业流程再造可望取得显著的（Dramatic）进步；
（4）企业流程再造从重新设计业务流程（Processes）入手。业务流程是企业以输入各种原材料和顾客需求为起点到企业创造出对顾客有价值的产品或服务为终点的一系列活动。BPR确定再造的流程包括绩效低下的流程、重要的流程以及具有再造可行性的流程。

BPR与以前渐进式的变革理论有本质的区别，是电子商务环境下组织的再生策略，需要全面检查和彻底翻新原有的工作方式，把分散的业务流程重新组装，建立一个扁平化的、富有弹性的新型组织。BPR主要是为了大幅度提高企业的整体绩效而对企业的现有业务流程进行彻底的重新塑造；更深层次的含义是以部门为中心的传统企业转变为以流程为中心的新型企业；再进一步，是要求企业走出自身的界限，将企业纳入整个社会系统中重新审视和定位。

8.4.2 电子商务与流程再造

流程再造是信息技术革命的产物。信息技术的大量应用打破了企业的传统规则，信息技术可以帮助实现传统企业无法实现的工作方式，采用全新的工作流程。电子商务是最新的信息技术的集成和商业应用，对传统商业模式提出的挑战更加深刻，对企业旧规则的突破将更多。通过利用电子商务来改变业务流程，不仅会对流程再造的理论研究提供新的视角，而且在将电子商务的各种技术应用于增加企业价值的过程中，提供了探索其发展的新机会。

电子商务时代，全球一体化的发展和市场空间的不断扩大，使企业之间的竞争日趋激烈，顾客成为企业的主宰，迫使企业以顾客为中心，不断提高企业的满意度。为此，企业必须具有良好的应变能力，不断为顾客提供价格优惠质量过硬的产品。业务流程再造为企业迎接新时期的挑战提供了良好的机遇。一方面，它抛开传统的劳动分工的思想，强调按自然的工作流程组织生产和管理，将原来因任务分工而被分割的流程重新整合为面向用户的完整流程；另一方面，提出包括组织结构变化、新管理系统设计、企业价值与文化重构在内的一整套企业变革的理论框架。电子商务是一种基于因特网的商务活动过程，在此过程中，对企业经营中大量的业务活动进行再造，提高业务管理的集成化和自动化水平，使其管理工作得以有效地运转，业务工作变得准确而便捷，密切了与合作伙伴间的关系，客户与企业融为一体，从根本上改变了企业传统的封闭式生产经营模式，使企业产品的开发和生产完全根据客户需求动态变化。

所以，企业流程再造和电子商务相互补充和促进，利用现代先进的信息和通信技术对企业的流程进行改造和重新设计是电子商务流程再造的重要发展方向，也是电子商务应用推广的重要基础。

8.4.3 企业流程再造的原则

BPR 的指导思想包括三个方面，即顾客至上、以人为本和彻底改造。尽管这些管理变革思想早已提出过，但随着信息技术的发展和人类总体生活水平的提高，已经使得这些管理思想具有新的含义，BPR 将使得这些富有新含义的管理思想在实践中得以付诸实现，从而使企业再造运动具有划时代的意义。

（1）BPR 的立足点充分显示"优化流程"是为顾客提供增值，提高企业效益。减少企业业务过程中不必要的浪费，使得关键业务流程达到合理有效，可以显著地缩短时间，提高业务工作质量和工作效率，降低整个业务流程成本；

（2）BPR 以客户为中心的原则，客户是企业最重要的资源，本着提高客户满意度而服务并提高企业核心竞争能力；

（3）BPR 以"速度和效率"为核心，而不是以专业职能部门为核心，在业务流程中体现"以客户为中心"和以速度和效率为中心的特征；

（4）BPR 以"标准化"为原则，把业务工作流程的"规则"定好，既要满足客户化的业务工作要求，又要考虑 ERP 系统处理的要求。只有定好了规则，才能发挥快捷、流畅、高效运作的性能。

BPR 是以往全部管理科学研究与实践基础上，充分运用现代信息技术和网络技术进行的一场全新的管理革命。流程再造使人们重新认识企业本质和企业运营过程的结果，摆脱僵化的企业观念，使企业具有更为灵活而开放的形态。

从理论上讲，所有企业再造的最终目的是为了提升顾客在价值链上的价值分配，以重新设计新流程替代原有流程的根本目的，就是运用新的组织结构和管理方式更好地为顾客提供所需要的产品和服务，且增加其价值增值的的程度。反映到具体的流程设计上，就是尽一切可能减少流程中的非增值活动，调整流程中的核心增值活动，其基本原则就是 ESIA：

（1）清除（Eliminate）

清除主要对企业原有流程内的非增加价值活动予以清除。企业内部容易存在的多余非增值环节主要包括过量产出、活动间等待、不必要信息与资源的传递、反复的加工、过量的库存、产品的缺陷、故障和返工、重复的活动、活动的重组、反复的检验以及跨部门的协调所带来的冗余，从而导致效率不高的情况。

非增值活动的清除是所有系统流程再造进行改造的首要目标。如何清除这些活动或使其最小化，同时又不会给流程带来负面影响是重新设计流程的主要问题。

（2）简化（Simplify）

在尽可能清除了不必要的非增值环节之后，剩下的仍然是应该进一步进行简化。流程中运转的各种要素需要根据流程清除以后的现状加以简化，这些因素包括：流程表格、程序、各方面的沟通、技术的指导、处于关键流程之间而不易觉察到的流程间的组织以及经常出现问题的区域。

（3）任务整合（Integrate）

对流程的任务体系充分简化以后，需要对被分解的流程进行整合，以使流程通畅、连贯，更好地满足顾客的需求。任务整合过程是一个不可缺少的环节，因为与原有的流程设计和初始时的流程基本要素状况相比，现有的要素情况已经发生了根本性的改变。作为流程承担者的人，对于任务或是信息的处理能力大大增加了，原先不得不交给几个人的任务，现在一个人就可以完成,这是对流程任务系统进行整合的原因所在。从流程的整体眼光来看,一个流程可以被整合的主要环节包括:任务、任务的承担者、流程的上下游。

(4) 流程任务的自动化(Automate)

流程任务的自动化并不仅仅是计算机化,对于很多流程,计算机的应用往往使得流程更加复杂和繁琐。因此,在流程自动化之前,应该先完成对流程任务的清除、简化和整合。

在流程自动化阶段,需要注意两个重要的问题。其一,自动化并非对于任何流程的管理与控制都是有效的,它仅能加强那些本身控制和运行良好的流程。对于那些流程本身存在问题还未合理解决的企业,只会在增加费用的同时使得流程更加混乱;其二,在对流程进行自动化改造时,没有必要追求完全的计算机系统支持。主要因为这种方式成本高昂,开发时间较长;另一方面,完全自动化的流程对于流程的变化方面具有极大的刚性,使得它随流程再造而改变的难度变得很大,所以,一般采用二八率的原则,即尽量用 20%的时间和成本,设计和应用一个能完成 80%流程功能的自动化系统,以求得流程效率的最大化。

8.4.4 企业流程再造的步骤

BPR 所需变革的规模和范围意味着主要的挑战不是理解和设计流程,而是在于实施这些变革,取得预期的目标。

BPR 的具体步骤包括以下 3 个方面:

(1) 业务流程诊断:包括确定流程的主要问题是什么、问题出在某个流程内部还是出在流程之间的关系上、管理流程与经营流程是否一致。

业务流程诊断首先是要营造业务流程再造的环境,利用先进的技术方法进行业务流程的诊断工作。主要任务包括获得企业高层领导的有利支持;做好企业电子商务流程再造的宣传工作;组成企业电子商务流程再造的工作小组并制订工作计划;确定企业的核心业务流程和选定企业电子商务流程再造的备选流程,以及识别电子商务技术环境。

业务流程诊断主要是再造流程分析和流程重新设计。工作包括:对备选流程的进一步分析;制订流程再造计划;对备选流程进行诊断,分析流程中存在的问题;重新设计流程;设计与之相适应的人力资源结构;选择电子商务平台。

(2) 业务流程改造策略:即利用创造性的策略,构造新流程。

利用各种流程再造方法,例如角色扮演、文件处理测试以及工作流设计等方法确认流程进一步改造的机会,将全部流程以直观的方式描述新流程展示给高层管理者。并将采纳的方案就需要对流程各个阶段的人力资源重新组织、信息服务开发和执行、流程程序简化等提供整体的策略方案。

在改造策略实施时必须注意各种问题,如在设计人员资源结构时尽量减少员工的不满;在以新的流程为基础的环境中,对员工的培训十分重要等等。

(3) 监控与评价:再造流程的监控和评价包括对在流程再造启动阶段设置的质量目标以及新流程进行动态监控。对流程的度量需要考虑以下方面:流程表现,即循环期、成本、顾客满意度、资源消耗;信息技术表现,即故障时间、文件减少;生产率指数,即每小时的订单处理,销售数量等。评价阶段和诊断和实施阶段之间的有效反馈是必要的。一方面提供对重新设计流程行为的审计,另一方面也为新流程的进一步调整提供依据。新流程与其使用的信息技术的协调是有一个过程的,而且新流程的执行过程是一个不断调整的过程。

8.5 网络营销

在完成企业供应链管理系统的构架之后，网络营销作为一项重要的系统应用进入管理者的视野。网络营销是电子商务的基础和必然产物。本节从传统市场营销的基本理论出发，阐述网络营销的基本概念、特点、现状和发展，重点突出网络营销与传统市场营销的不同。

8.5.1 从传统市场营销到网络营销

市场营销学作为一门科学，于 20 世纪初诞生于美国，其间经历了创立、发展、革命和成熟四个阶段，并形成了以下主要特点：

（1）形成了"依需定产"的经营思想；

（2）对市场由静态研究转为动态研究，强调供求之间的信息传递和沟通；

（3）由研究销售职能扩大到研究企业各部门之间整体协调活动；

（4）形成了以产品（Product）、价格（Price）、渠道（Place）和促销（Promotion）为核心的营销组合或营销策略；

（5）市场调研、市场分析与细分、目标市场选择与市场定位、产品策略、价格策略、促销策略、分销策略等具体的营销活动组成了严密而庞大的营销体系。

市场营销学的生命力源泉是其与生俱来的应用性与变革和创新性。市场营销学发展到今天，由于集通信技术、信息技术、计算机技术为一体的因特网络的建立以及 Web 系统软件的广泛应用，形成了对传统经营模式的强大冲击，网络营销应运而生。

网络营销作为一种新兴的营销方式，和传统营销并不存在取代与被取代的关系，而是迎合信息科技的发展，来创新和重组营销方式。网络营销的特点表现在以下几个方面：

（1）以因特网、计算机通信、数字化方式为技术手段，跨越时空的局限，使企业直接面对全球性、无间歇的市场；

（2）减少中间环节，开展直接营销。网络营销减少和省略了许多环节，企业直接和用户开展交易；

（3）交互式、个性化促销。企业利用因特网展示商品目录，与顾客做双向沟通，收集市场情报，了解顾客信息，提供个性化服务；

（4）降低成本。通过因特网进行信息交换，代替以往事物交换，减少成本。

8.5.2 网络营销战略

1. 网络营销的理论基础

网络营销区别于传统营销的根本之处在于，网络本身的特性和消费者需求个性的回归。这导致传统营销理论不能完全胜任对网络营销的指导。网络营销的理论基础依托于网络的特征和消费者需求变化对网络营销的重新理解。

（1）网络整合营销理论

网络使得顾客在整个营销过程中的地位得到提高，网络发展使得顾客可以直接与产品和服务生产或提供者进行沟通。顾客对营销活动的参与性增强，而且选择的主动性也得到增强。在此基础上，企业必须执行以消费者需求为出发点，以满足消费者需求为归宿点的现代市场营销思想，将消费者整合到整个营销过程中来，从他们的需求出发开始整个营销过程，在营销过程中，不断与顾客交流，每个营销策略都从消费者的角度出发。

这样，一方面顾客的个性化需求不断得到越来越好的满足，建立起对企业产品的忠诚意识；另一方面，由于这种满足针对差异性很强的个性化需求，使得其他企业的进入成本很高，形成了企业与顾客之间非常牢固的关系。我们把以上的理论框架称为网络整合营销理论。

（2）软营销理论

软营销理论认为顾客购买商品不但为了满足基本的生理需求，还满足高层的精神和心理需求，因此传统的营销策略只注重强调在满足顾客的基本需求前提下更多考虑的是企业自身营销目标的需要。网络的交互性和虚拟性为企业和顾客之间提供了便捷沟通的渠道，顾客可以主动有选择地与企业沟通，因此企业必须转变传统的以我为主的方式，以加强企业内涵，增强企业自身吸引力。

（3）直复营销理论

直复营销理论认为，网络的出现为企业和顾客提供了直接交互式营销网络渠道，企业和顾客可以直接在网上展开交互式营销活动，顾客可通过网络直接向企业下订单付款，顾客对企业的营销努力有一个明确的回复，企业可以统计到这种明确回复的数据，由此对营销活动的成效作出评价。从而使得营销具有可测试性、可度量性和及时改进等特点。

2. 网络营销战略

（1）产品和产品策略

产品是市场营销组合中最重要的因素。任何企业的市场营销活动总是首先从确定向目标市场提供何种产品开始的，然后才会涉及定价、促销、分销等方面的因素。因此，产品策略是市场营销组合策略的基础。

传统意义的产品及产品策略主要关注以下问题：产品内涵的界定；产品市场寿命周期理论；产品组合及策略、商标及商标策略，包装与包装策略、产品支持服务及其策略。作为新型媒体，互联网络的运用对传统的产品策略必然带来冲击，网络营销具有其适用的产品范围和策略。

首先，从产品与媒体的适用性上来看，产品或服务的目标应该与网络用户相一致。根据网络用户的特征，适合于互联网络上销售的产品通常具有特定属性；其次，利用网络提供的商品，以提供信息作为主要的服务内容，除了将产品的性能、特点、品质，以及与顾客服务的内容充分显示以外，重要的是以人性化为顾客导向的方式，针对个别需求提供一对一的营销服务。例如，利用电子布告栏（BBS）或电子邮件（E-mail）提供在线售后服务或与消费者双向沟通；提供消费者、消费者与企业在互联网络上的讨论区，以此了解消费需求、市场趋势等，作为企业改进产品、开发产品的参考；提供网上自动服务系统，依据客户需求，自动适时地利用网络提供有关产品的服务信息；企业各个部门人员利用网络进行网上研发讨论，公告产品构想，引发全球各地有关人员的讨论；通过网络对消费者进行意见调查，借以了解消费者对于产品特性、品质、商标、包装以及式样等方面的意见，协助产品的研究开发与改进；在网络上提供与产品相关的专业知识，增加企业产品价值的同时提高企业形象；开发电子书报、电子杂志、电子资料库等信息产品，利用网络提供物美价廉的全球服务；让消费者在网络上充分展示个人需求并亲自参与设计，企业据此提供顾客化的产品和服务。

（2）价格与价格策略

价格是市场营销组合中惟一为企业提供收益的因素，同时价格又是市场竞争的一种重要手段。如何为产品制定适当的价格，已经成为各类企业经营者面临的具有现实意义的重大决策课题。传统的价格及定价策略主要研究的问题包括：企业定价目标和定价程序的确定；影响定价的因素；新产品定价与老产品价格调整方式；定价技巧或策略。

在网络条件下，网络交易成本低廉，网上交易可以充分互动沟通。网络顾客选择余地增大，交易形式出现多样化的趋势，造成商品的需求价格弹性增大。因此在网络营销中，企业必须充分考虑所有销售渠道的价格结构，设计合理的网上交易价格。主要表现在以下方面：

网上查询功能可以充分揭露市场相关产品的价格，消费者能够理性判断产品价格的合理性；利用网上会员制，依据会员过去的交易记录和偏好，给予顾客折扣，鼓励网上消费，节省渠道运行成本；开发智能型网上议价系统，充分考虑顾客信用、购买数量、产品供需情形、后续购买机会等，协商出双方满意的价格；开发自动调价系统，根据季节、市场供需、竞争产品价格变动、促销活动等，自动调整价格。

（3）渠道与渠道策略

营销渠道，是指产品从生产者转移到消费者或使用者所经过的途径。传统的营销渠道因其建立过程缓慢性，建成后的不易改变性和企业对其难以控制性，成为企业营销组合策略中的难点和主要组成部分之一。

传统的营销渠道组织是指"生产者——批发商——零售商——消费者"这样的渠道组织。为了充分发挥渠道优势，保证各方的利益，在实践上采用垂直式营销渠道组织，即由生产者、批发商、零售商作为统一体组成的营销渠道组织；或采用水平营销渠道组织，由同一渠道层次上的两个或以上的成员联合起来，共同开拓新的市场机会和营销渠道组织。

网络贸易对企业的现有渠道结构形成了巨大挑战，因为互联网直接把生产者和消费者连到一起，将商品直接展示在顾客面前，回答顾客疑问，接受顾客订单。这种直接互动与超越时空的电子购物，无疑是营销渠道上的革命。

具体展现在营销渠道上的形态包括利用虚拟实境的手法在网络上展示商品，服务全球顾客；网络上的长期商品展览会，并与顾客互动销售等等。

（4）促销与促销策略

促销是企业为了激发顾客的购买欲望，扩大产品销售而进行的促进性工作。作为企业与市场联系的主要手段，促销包括多种活动，其中主要有人员推销、广告、营业推广和公共关系等内容，企业的促销策略实际上是对各种不同促销活动的有机组合。

与传统促销一样，网上促销的核心问题是如何吸引消费者，为其提供具有价值诱因的商品信息。网络手段的应用，使传统的促销活动具有了新的含义和形式。常见的网上促销包括建立虚拟公共关系室，结合本企业优势，利用网络推动公共服务；利用网上对话功能举行网上消费者联谊活动或网上记者招待会；利用网络提供新产品信息，提供折扣券或赠品，提高消费者上网搜寻及购买产品的意愿；发布网上广告；积极参加网络资源索引，尽可能使顾客查询到企业的推广资料，快速获得所需信息；与非竞争性厂商进行网上促销的策略联盟，利用相互的网上资料库，增加与潜在消费者接触的机会。

总而言之，以网络为基础的营销活动，首先使得地域和范围的概念消失了；其次是宣传和销售的渠道统一到了网上，三是削减了商业成本之后，产品的价格大幅度降低，而且营销策略的范围在无限扩张。因此，网络营销已经逐步改变了传统的 4P 网络营销模式，而成为基于 4C 的网络营销模式，即消费者的需要及欲望（Consumer's needs and wants）；消费者获取满足的成本（Cost to satisfy wants and needs）；用户购买的方便性（Convenience to buy）；与用户的沟通（Communication）。

8.5.3 网络营销的优势

相对与传统的市场营销，网络营销具有独特的优势。表现在以下几个方面：

（1）网络营销具有极强的互动性，可以帮助企业实现全程目标的管理

现代营销管理必须遵循一个原则，即实行全程营销目标的管理，就是从产品的设计阶段就开始充分考虑消费者的需求和意愿。但是由于企业与消费者之间缺乏合适的沟通渠道或沟通成本过高，使得这一理想无法很好地实现。

而在网络环境下，这种状况得以改观。企业可以利用电子公告栏、在线讨论系统和电子邮件方式，以极低的成本在营销的全过程之中收集消费者信息，也为消费者有机会对产品的设计、包装、定价、服务等问题发表意见提供了方便。通过这种双向互动的沟通方式，确实提高了消费者的参与性和积极性，而且提高了企业营销策略的针对性，有助于实现企业的全程营销目标。

（2）网络营销有助于企业降低成本费用

首先，利用网络营销降低企业的采购成本。企业原材料采购是一项程序繁杂的过程，通过网络营销活动，可以加强企业与主要供应商之间的协作关系，将原材料的采购与产品的制造过程有机结合，形成一体化的信息传递和信息处理体系。

其次，利用网络营销可以降低促销成本。尽管采用网络营销，建立和维护企业站点需要投资，但相对于其他销售渠道而言，成本已经大大降低。网络营销降低了材料费用、节省广告宣传费用、降低了调研费用，而且在提高售后服务的同时，大大降低了运作成本。

（3）网络营销能够帮助企业增加销售、提高市场占有率

首先，网络营销可以提供全天候的广告及服务而无需增加开支；其次网络营销还可以将广告与订购联为一体，促成购买意愿，形成更快速、更直接的购买渠道；再次，通过互联网络，可以即时连通国际市场，减少市场壁垒。互联网络创造了一个即时的全球社区，消除了不同国家的企业与客户之间贸易的时间和地域障碍。网络营销关键在于是否能切实满足消费者的需求，是否有独特的创意，减少了市场歧视，为中小企业带来了公平竞争的机会。

（4）通过互联网络可以有效地服务于顾客，满足顾客的需要

当今世界买方市场的形成更加突出了商业竞争的激烈，企业获得竞争的优势的惟一出路是充分考虑顾客需求。网络营销正是实现这一目标的最好方式。

首先，网络营销是以顾客为导向，强调个性化的营销方式，比传统市场营销的任何一种方式或阶段都更能体现顾客的"中心地位"，顾客可以根据自己的特点和需求在全球范围内不受限制地寻找满意的商品。

其次，网络营销能满足顾客对于购物方便性的要求，提高顾客的购物效率。在销售之前，通过网络向顾客提供丰富生动的产品信息和相关资料，顾客可以在不受任何干扰的环境中理智地比较同类商品的优劣，做出购物决策；在销售过程之中，顾客无需花费时间去商场购物，只需通过网络付款就可以在家等待送货上门；在用户购买发生之后，如果发生任何问题，就可以随时与厂家联系，得到来自卖方及时的服务和技术支持。

最后，网络营销能使企业节省传统营销方式下不得不花费的巨额促销和流通费用，从而使商品成本和价格的下降成为可能。顾客还可以广泛寻求最优惠的价格，甚至可以绕过中间商直接向生产者订货，可能以更低的价格实现购买。

当然，就目前而言，网络营销还存在很多问题，包括网络安全问题、税收的问题、企业与消费者的认知问题、网络基础建设问题等等。但是，随着各方面条件的逐渐成熟，网络营销将成为企业市场营销的最主要方式，并将得到迅猛发展。

8.6 企业电子商务战略

8.6.1 电子商务战略的层次性

在企业电子商务框架之中，企业电子商务战略的选择包括三个方面，既 B2B 战略选择、企业内部信息化战略选择以及 B2C 战略选择。三个方面合成在一起称为企业供应链管理电子商务战略选择。从整体来看，企业电子商务应用依赖于运作的主体与核心，表现出层次性。根据企业电子商务运作的程度，可以分为三个层次：

1. 初级电子商务战略

初级电子商务战略是指企业开始在传统的商务活动之中，部分引入计算机网络信息处理与交换技术，代替企业内部或外部的信息存贮和传递方式。如建立企业内部 Intranet，实现企业信息资源的存贮和处理；在 Internet 上建立网页宣传企业形象；通过内部网实现电子邮件传递。

初级电子商务战略投资成本低，易于操作。在初级电子商务战略之下，并未构成交易成立的有效条件，并不涉及复杂的技术和法律问题。

2. 中级电子商务战略

中级电子商务战略之下企业利用计算机网络的信息传递构成了履行商务合同的部分义务。例如企业实施网上在线交易系统，贸易伙伴之间约定文件或单据的传输等。使企业逐渐走上了建立企业外联网（Extranet）的道路。

相对于初级层次，中级电子商务战略程度有所加深，但仍需要不同程度的人工干预，但已经构成合同履行的一部分，从而涉及到复杂的技术和法律问题。

3. 高级电子商务战略

高级电子商务战略将企业商务活动全过程利用计算机网络的信息处理和信息传输所代替，最大限度降低了人工干预，实现信息流、商流、资金流和部分物流完整的实现。企业通过业务流程再造，为电子商务系统的建立奠定了坚实的基础。企业通过构架完整的供应链管理系统，开展基于因特网的营销活动。

这一层次的电子商务是企业与企业、企业与消费者、企业与政府的电子商务的有机结合，实现企业最大程度的内部办公自动化和外部交易电子化的联接。

8.6.2 企业电子商务战略模式

基于因特网的企业供应链管理系统的构架中，主要有两种典型的商业模式，即 B2C 模式和 B2B 模式。

两种商业模式根据其处于交易链中位置和作用的不同，又区别为以下三种模式：

首先，企业作为汇聚者的模式。企业通过及时的产品及价格信息和一站式服务帮助零碎市场购买者选择产品；

其次，作为在线拍卖者，向卖家提供可靠的渠道，以最佳的价格来处理易坏或多余的产品和服务，同时向买家提高了便宜的价格；

最后，作为交换中心，创造了较低的平均库存水平，并通过匹配投标和招标要求增强了市场交易活动。

以上三者充分展示了第三方中立者的作用，在基于因特网的商业世界里，新型的增值商涌现出来，形成产品评论、增值销售、利益共同体等等。

目前企业 B2C 战略经常采用的有产品目录网站、购物询价网站、低价目的网站、购物门户网站、拍卖网站等业务模式，如表 8.1 和 8.2 所示。

表 8.1　B2C 商业模式

类　型	公　司
产品目录网站	Dell Cisco
购物目的网站	Amazon.com
购物门户网站	AOL Yahoo! MSN
拍卖网站（持物）	Onsale
拍卖网站（个人对个人）	Ebay
低价目的网站	Buy.com
消费者购买服务网站（买者定价）	Priceline.com
购物询价网站	Mysimon

（资料来源 Major Share Holding Limited）

表 8.2　B2C 商业模式

类　型	公　司
企业间拍卖活动	Freemarket.com
分销渠道	Channel Point
管理复杂商务活动	BidCom
传统产业迁移	Altranet
交易撮合	Ariba
复杂商务模式	……

（资料来源 Major Share Holding Limited）

B2B 经常采用的有企业间的拍卖网站、分销渠道网站、交易撮合网站、复杂商务活动网站、传统企业转移网站等业务模式。Cisco、Dell、Amazon、Microsoft Expedia、1-800 Flowers、Onsale 和 Cdnow 等少数先驱企业，已经成功将其核心业务转移到网上进行，并取得极大收益。

有的企业试图经手一小部分网上交易，同时密切关注以后将其发展成一个额外的分销渠道。这种方式仅仅向其消费者和供应商提供一些企业及其产品的基本信息，并没有促进商业模式的根本进步。

有的企业利用因特网上收集和积累的大量用户数据，经过处理、分析、加工，使企业更准确地了解用户的消费习惯、爱好和购买力等，为用户提供更好的服务。这种"一对一"的营销方式可以实现单个用户精确定位和友好交流，节省了企业的成本和资源，提高了企业的竞争能力。

早期的成功企业电子商务模式是 B2C，诸如 Yahoo!、Amazon 等，主要是面向个体消费者的，而未来的成功电子商务模式将是 B2B，它具有整合整个产业的能力。

企业在电子商务战略选择时必须考虑到企业本身的特点和定位，一方面从低层次的战略向高层次战略进化；另一方面在业务流程再造的基础上集成企业的采购管理、生产管理、营销管理，选择合适的电子商务模式，促进企业电子商务的进一步深化和发展。

8.6.3 企业电子商务战略的实施步骤

电子商务战略的展开应当循序渐进地进行。从实现技术上来说，电子商务走过了从简单到复杂再到完善的过程。从企业经营管理角度上，也应当遵循这一过程。

企业首先应当健全信息机制，高效获取内部和外部信息，并通过网络实现企业内外的共享；企业需要进一步完善管理信息系统，使得其能够从仅处理内部信息扩展到能够处理外部信息，形成 Intranet 和 Extranet 相结合的网络，使得企业内部、分销商和企业、伙伴之间，都可以通过这个网络进行交流。

企业的电子商务战略实施步骤包括：

（1）商情发布阶段

多数企业都是先从电子邮件开始，简化并理顺企业内外的联系。这是企业开展电子商务的最简单方法。随着网络应用的普及，企业开始建立自己的网页并将信息发布上网，从而不必向每个人发布同样的电子邮件，Internet 提供了厂家与客户联系的新渠道。

目前，我国绝大多数企业迫切需要解决的问题就是信息渠道的的问题，其投入产出比相对于提高单证传递和贸易支付更有优势。因此，组建企业营销网站，把企业信息与产品信息发布上网，以取得更多的贸易机会和市场竞争力是企业走近电子商务的第一步。

（2）建立企业 Intranet

越过简单的商情发布阶段以后，企业要解决的问题是组建企业 Intranet，保证企业内部的工作流程和业务流程逐步实现自动化。这个阶段又称为办公自动化和企业内部 Intranet 阶段。再进一步，利用 Intranet 实现商业伙伴、供应商和分销商进行合作就成为可能，信息不仅在企业内部流动，也在企业之间流动，更多的动态信息将在网上出现，包括各类商业文件，这个阶段称为企业外联网（Extranet）阶段。

（3）在网上开展商务交易活动

完整的电子商务解决方案就是要通过新的市场和电子渠道增加企业收入。电子商务方案包括四个方面的具体应用：

- 市场与售前服务，主要通过建立主页等手段树立产品的品牌形象；
- 销售活动，如 POS 机管理、智能目录、安全付款等；

- 客户服务，即完成电子订单和售后服务；
- 电子购物与电子交易。

（4）建立完整运作规则之下的电子商务应用

在建设完整运作规则之下的企业电子商务系统时，应当考虑到以下几个方面：
- 电子商务关系到企业业务模式，而不仅仅是技术；
- 在现有的基础上构建电子商务；
- 从简单开始，快速增长；
- 制定期望的目标和计划。

通过以上几个步骤，企业根据合适的电子商务战略，选择先进的电子商务方案提供商的整体方案，最终实现全方位的电子商务应用。

8.7 本章小结

本章描述了企业电子商务应用的总体框架，详细介绍了电子商务时代供应链管理的概念、模式、功能和实施步骤，并针对供应链管理系统的方法做了具体的分析；特别针对构建供应链管理系统必须的企业业务流程再造活动的基础、原则、步骤和目标做了详尽的阐述；分析了互联网环境下基于供应链管理系统网络营销的基础和优势。

本章还讨论企业电子商务战略选择的层次性，并根据企业本身特点确定不同的电子商务模式，并付诸实施。

8.8 本章习题

1. 描述企业电子商务应用的基本框架结构。
2. 何为业务流程重组？它与电子商务的关系什么？
3. 业务流程重组的原则是什么？
4. 供应链管理系统的概念是什么？它由哪些系统构成？
5. 供应链管理有哪些方法？描述和比较每一种方法的特点和区别。
6. 何为网络营销？与传统市场营销相比，其特点和优势是什么？
7. 企业电子商务战略选择的层次性是什么？
8. 企业电子商务模式选择有哪些具体方式？

参 考 文 献

[1] 方美琪，电子商务概论，清华大学出版社，1999
[2] 吕廷杰，电子商务教程，电子工业出版社，2000
[3] 赵立平，电子商务概论，复旦大学出版社，2000
[4] 吴菲菲，电子商务教程，经济管理出版社，2001
[5] 黄京华，电子商务教程，清华大学出版社，1999
[6] 陈梦建，电子商务基础，电子工业出版社，2001
[7] 甄阜铭，电子商务基础教程，东北财经大学出版社，2001
[8] Ravi Kalakota，Andrew B.Whinston 著，陈学美 译，电子商务管理指南，清华大学出版社，2000
[9] 姚乐，务实电子商务，经济管理出版社，2001
[10] 成栋，电子商务，东北财经大学出版社，2001
[11] 李洪心，电子商务概论，东北财经大学出版社，2000
[12] 杨坚争，虚拟市场：经济全球化中的电子商务，上海社会科学院出版社，高等教育出版社，2000
[13] 梅绍祖，吕殿平，电子商务基础，清华大学出版社，2000
[14] 梁春晓，电子商务导论，电子工业出版社，2001
[15] 安徽，梁春晓，电子商务应用，电子工业出版社，2001
[16] 姚忠，电子贸易技术-EDI，电子工业出版社，1998
[17] Efraim Turan, Jae Lee, David King, H.Michael Chung，ELECTRONIC COMMERCE- A Managerial Perspective，Pearson Education Company，2000
[18] 张铎，电子商务下的物流模式，计算机世界，1999.12.20（PD24,25）
[19] 杨卫东，中国电子商务的现状与发展，http//:www.sina.com
[20] 安时，电子商务安全概述，计算机世界网，2001年7月
[21] 安时，安全电子支付系统，计算机世界网，2001年7月
[22] 陈海卫，电子商务安全技术综述，网络世界
[23] 唐正清，电子交易的安全性分析，微电脑世界
[24] 张家瑾，制约我国电子商务发展的物流瓶颈及对策，国际贸易问题，2001年8月
[25] 沈立，中国物流业的发展分析，http://www.enews.com.cn，2001
[26] 何明珂，中国电子商务的发展状况和物流对策，http://www.ec56.com
[27] 马蔚华，电子商务、网上支付与银行发展，http://www.fcmag.com.cn
[28] 君思电子商务世界，http://www.juns.com.cn
[29] 中国信息经济学会电子商务专业委员会，http://www.eccn.net
[30] 亚洲物流在线，http://www.56eb.com
[31] cnXML 联盟，http://www.cnxml.org.cn